Development of Cultural Resources and Cultural Industry

Cultural

文化资源开发与文化产业发展

张佑林　陈朝霞 ／ 著

图书在版编目（CIP）数据

文化资源开发与文化产业发展/张佑林，陈朝霞著.
—北京：经济科学出版社，2020.12
ISBN 978-7-5218-2199-4

Ⅰ.①文… Ⅱ.①张…②陈… Ⅲ.①文化产业-产业发展-研究-中国 Ⅳ.①G124

中国版本图书馆 CIP 数据核字（2020）第 257538 号

责任编辑：杨　洋　卢玥丞
责任校对：李　建
责任印制：范　艳　张佳裕

文化资源开发与文化产业发展
张佑林　陈朝霞　著
经济科学出版社出版、发行　新华书店经销
社址：北京市海淀区阜成路甲 28 号　邮编：100142
总编部电话：010-88191217　发行部电话：010-88191540
网址：www.esp.com.cn
电子邮箱：esp@esp.com.cn
天猫网店：经济科学出版社旗舰店
网址：http://jjkxcbs.tmall.com
北京季蜂印刷有限公司印装
710×1000　16 开　17.75 印张　270000 字
2021 年 4 月第 1 版　2021 年 4 月第 1 次印刷
ISBN 978-7-5218-2199-4　定价：69.00 元
（图书出现印装问题，本社负责调换。电话：010-88191510）

前言

中华民族具有五千年的悠久历史，是四大文明古国中历史文化唯一没有中断过的国家，留下了灿若星河的物质文化遗产与非物质文化遗产，具有发展文化产业的雄厚基础，如何利用宝贵的文化资源推进我国的文化产业发展，通过何种途径发挥中华“文化软实力”的作用？已经成为摆在各科研究者面前、需要迫切完成的一项重要历史使命！

党的十九大报告指出，推动中华优秀传统文化创造性转化、创新性发展，是提升国家文化软实力和中华文化影响力的基本途径，这为我国文化资源利用与文化产业发展、推动2035年建成社会主义文化强国，指明了前进的方向。

本书主要围绕着文化资源产业化开发路径与作用机制等核心问题展开研究。首先是提出问题，从世界范围来看，文化产业发展得比较好的国家，大都是文化资源丰富或是对文化资源利用得比较好，由此引申出文化资源与文化产业发展关系研究主题，并对文化资源与文化产业关系相关文献作出系统性的梳理和评述。其次是探讨文化资源产业化开发的基本路径，认为文化资源是通过与文化旅游产业、文化创意产业、文化服务产业、文化贸易产业、文化保护产业等五大产业的融合，实现文化资源的产业化开发目标。再次是对文化资源产业化开发的运行机制问题进行深入分析，对文化资源产业化开发手段、影响因素、作用路径、演化方向与互动关系进行系统分析，构建起一个文化资源产业化开发理论框架，然后运用这个分析框架，通过调研分析、战略分析、案例研究和系统分析等研究方法，对文化资源产业化开发理论进行实证研究。最后结合我国文化资源产业化开发实际及面临的问题，提出了促进我国文化资源产业化开发的具体对策建议。

目录

第一章

导　论

第一节 问题的提出

人类社会发展进入21世纪，在经济全球化的背景之下，随着经济的发展、收入的提高、生活的改善，人们对精神文化需求逐渐增强，文化产业呈现出爆炸式增长趋势，文化产业的崛起成为新的经济增长热点，被公认为21世纪全球经济社会发展的朝阳产业。

知识型经济时代，文化产业凭借其高融合性、高附加值、高科技含量，成为世界经济新的增长点。伴随着经济与文化的加速融合，文化产业成为国际现代经济增长最快的部门之一，成为现代世界经济竞争和综合国力竞争的一个重要手段。各国纷纷开发自身特色文化资源以求提升本国文化竞争力，文化竞争成为国际竞争的重要领域，文化产业也成为各国之间实力竞争的重要载体。

从国际上来看，以美国、欧盟和日本等为代表的发达国家和地区，凭借其高科技与先进的文化创意手段，率先发展文化产业和文化贸易，主导了世界文化产业发展的潮流，经过30多年大规模的发展，取得了令人瞩目的成就。美国是文化产业最为发达的国家，美国的视听产品出口产值早已远超其航空航天领域工业产品的出口值；英国是世界上第一个政策性推动文化创意产业发展的国家，其为英国创造的国内生产总值（GDP）年产值为600多亿镑；作为以动漫游戏为主体的文化娱乐业大国——日本，其文化产业产值早已超过汽车工业的年产值①。目前，世界各国文化产业总值占 GDP 总量的比重不等，美国是 31% 左右，日本是 20% 左右，欧洲平均在 10%~15% 之间，韩国高于 15%②。文化产业依靠高科技的手段与文化资源开发的有机结合，推动国际经济发展，是知识经济时代各国经济转型升级的重要抓手。

随着多媒体设备以及互联网科技的不断普及，全球文化市场规模高速增长，并且这种趋势在未来很长一段时间内都不会改变。2013 年，文化及创意产业在全世界范围产生了 22500 亿美元的营业收入，为 2900 万人提供了就业。据安永调查测算的分区结果来看，文化产业市场最大的是亚太地区，总收益为 7430 亿美元，占全球销售的 33%（见表 1－1）。

表 1－1　　2013 年世界主要地区文化产业状况

地区	就业人数（百万人）	占全球文化产业就业人数比例（%）	销售收入（亿美元）	占全球销售收入比例（%）	占地区 GDP 的比率（%）
亚太	12.7	43	7430	33	3
欧洲	7.7	26	7090	32	3
北美	4.7	16	6200	26	3.3
拉丁美洲	1.9	7	1240	6	2.2
中东和非洲	2.3	8	580	3	1.1

资料来源：Emst & Young（EY）. Cultural times：The first global map of cultural and creative industries [EB/OL]. Analysis & Policy Observatory，2015.

以世界文化产业第一大国美国为例，2015 年，美国核心版权产业增加值为 1.2356 万亿美元，占美国 GDP 的比重为 6.88%；总体版权产业增加值为 2.0972 万亿美元，占美国 GDP 的比重为 11.69%。从就业数量来看，核心版权产业就业量达到 554.03 万人，对美国的总就业贡献为 4.57%；总体版权产业就业量达到 1137.3 万人，对美国的总就业贡献为 9.39%。从国际文化贸易来看，对外销售的版权资源（主要包括唱片产业、电影产业、电视录像产业、软件产业、非软件类出版产业，如报纸、图书和期刊等）达到 1769.7 亿美元，高于化工业（不包括制药和药品）1358 亿美元，

①② 资料来源：《全球文化产业发展报告》，2012 年。

航空航天业 1346 亿美元，农产品 629 亿美元，食品业 603 亿美元，制药和药品业 583 亿美元。从增长速度来看，2012～2015 年，美国核心版权产业增加值的实际（不变价）年增长率均超过 3.71%，总体版权产业增加值的实际（不变价）年增长率均超过 2.90%，大大超过美国 GDP 的实际（不变价）增长 1.49% 的水平①。

根据 2017 年 7 月英国文体部发布的统计数据显示，目前英国创意产业就业人数近 200 万，比上年增长 5%，增速是英国整体就业增速的四倍②。同年 11 月英国文体部再次公布创意产业对英国经济的贡献创纪录，包括广告和市场营销、艺术和电影、电视和广播以及博物馆和画廊行业在内的文化创意部门对经济的贡献为每年增长 3.6%，接近 2500 亿英镑，占英国总增加值（GVA）的 14.2%③。

我国自改革开放之后便出现了文化产业，但其作为一个新兴产业出现在我国的经济舞台上，则是近十多年的事情。我国尽管文化资源丰富，但由于起步较晚，加上文化体制改革滞后于经济体制改革，因此，文化产业的规模化、集约化水平比较低，与发达国家相比尚有较大差距。

近年来，随着我国人民生活水平的提高，经济发展进入新常态，人民的消费需求逐渐由物质需求开始向精神需求转化，并且成为我国消费市场的重要增长点，从而推动我国的文化产业呈现出加速增长的趋势，在国民经济中所占比例持续增长。

根据国家统计局调查数据显示：2019 年，中国文化及相关产业规模以上企业实现营业收入 86624 亿元，按可比口径计算，比 2018 年增长了 7%，保持平稳快速地增长。

分行业类别看，2019 年中国文化及相关产业 9 个行业的营业收入均实现增长。其中，增速超过 10% 的行业有 3 个，分别是：新闻信息服务营业收入 6800 亿元，比 2018 年增长 23.0%；文化投资运营营业收入 221 亿元，增长了 13.8%；创意设计服务营业收入 12276 亿元，增长了 11.3%。其中，内容创作生产行业收入占比达到 21.5%，为最大细分行业市场。

---

① 资料来源：2016 年美国版权产业十大数据，IPRDAILY 中文网，2018：311.

②③ 资料来源：GOV. UK. Creative industries' record contribution to UK economy [R]. 2017－11－29.

分产业类型看，2019 年文化制造业实现营业收入 36739 亿元，比 2018 年增长了 3.2%；文化批发和零售业 14726 亿元，增长了 4.4%；文化服务业 35159 亿元，增长了 12.4%。文化制造业和文化服务业收入占比分别为 42% 和 41%。

分领域看，文化核心领域包括新闻信息服务、内容创作生产、创意设计服务、文化传播渠道、文化投资运营、文化娱乐休闲服务 6 个行业，文化相关领域包括文化辅助生产和中介服务、文化装备生产、文化消费终端生产 3 个行业。2019 年，文化核心领域营业收入 50471 亿元，比 2018 年增长了 9.8%，占比 58%；文化相关领域营业收入 36153 亿元，增长了 3.2%，占比 42%。

分区域看，东部地区实现营业收入 63702 亿元，比 2018 年增长了 6.1%，占全国比重高达 73.5%；中部、西部和东北地区分别为 13620 亿元、8393 亿元和 909 亿元，分别增长了 8.4%、11.8% 和 1.5%，占全国比重分别为 15.7%、9.7% 和 1.0%。[①]

从文化产业行业发展来看，根据目前所得的最新 2018 年数据，中国电影票房收入突破 600 亿元，占全球票房总量的约 19%。互联网的深度渗透给电影产业发展带来更多契机，中国电影公司需抓住“互联网 +”这一风口，突破单一、单向的业务架构，构建立体的体系化协同平台，实现全产业链协同运营。

2018 年中国音乐客户端用户规模累计达 5.43 亿人。分析师认为，中国音乐客户端用户规模渐趋饱和，市场格局稳定。在“大共享，小独家”的音乐版权格局下，音乐客户端平台差异化建设成趋势，大力扶持原创音乐，丰富歌曲库和发挥长尾音乐价值，建立各具特色的音乐生态。同时音乐客户端结合短视频发展潜力巨大，音乐客户端平台通过布局短视频，可丰富音乐生态，进一步挖掘用户市场。

2018 年在线音频用户规模增速达 19.5%，相较于移动视频及移动阅读行业，呈现较快增速。目前，在线音频行业主流企业已经探索出适合自身发展的商业模式，喜马拉雅 FM 和蜻蜓 FM 主要围绕广告、付费内容以及

① 2019 年数据根据国家统计局对 5.8 万家规模以上文化及相关产业企业调查数据整理而得。

硬件销售获得主要盈利，而转型语音互动社区的荔枝平台则主要以直播打赏、广告收入、主播培训、IP 打造等盈利。

中国知识付费用户规模呈高速增长态势，2018 年知识付费用户规模达 2.92 亿人。分析师认为，随着移动支付技术的发展和整个社会对知识的迫切需求，知识付费市场不断扩大，用户逐渐养成知识付费的消费习惯。随着 2018 年知识付费市场传播以及营销手段的不断演进，知识付费市场发展空间仍受人瞩目①。

在目前整个经济形势不太景气的氛围下，文化产业能够一枝独秀，这表明文化产业作为一股新生的经济增长力量，正在为我国新常态下经济转型发展提供新动力。在 2016 年 3 月召开的两会上，时任文化和旅游部部长雒树刚表示“将继续构建文化产业体系，使之在‘十三五’时期末成为国民经济支柱产业，在国家 GDP 比例的比重从 2014 年的 3.76%，增长到 2020 年的 5% 以上。”可以合理预见，文化产业必然会在我国的经济转型发展、经济结构战略调整中起到重大作用。推动我国文化产业发展，助其早日成为国民经济的支柱产业，因此，加速城市经济转型升级发展是势在必行的。

由此可见，文化产业作为 21 世纪的新型产业，目前正在蓬勃发展、方兴未艾。但从世界范围来看，文化产业的发展却呈现出不平衡的发展趋势。从国际上看，引领文化产业发展潮流的是英国、法国、意大利、希腊、西班牙、德国、日本、韩国、埃及等国，这些国家都有一个共同的特点，即都是历史文化资源丰富的国家。其中希腊、埃及主要是充分利用其西方文明发源地的独特地位与文化资源，全面推动文化旅游产业发展；韩国主要是利用其在儒家文化圈的影响力，大力发展“韩流”文化产业，影响遍及东亚和东南亚；日本则是对大和民族文化进行深入挖掘，以动漫文化产业占领国际市场。

从中国来看，文化产业发展得比较好的地区包括北京、西安、上海、苏州、杭州、洛阳、南京、长沙等城市，都是我国历史文化底蕴深厚的城市，并且大都是我国的古都或历史文化名城。从小的区域来看，我国著名

① 2018 年数据来自中国管理科学研究院模式研究所数字经济研究中心，文化产业大数据，2018 年中国文化创意产业现状及发展趋势分析报告。

的旅游胜地如丽江、凤凰、平遥等，本身就是对历史文化资源原汁原味的展示。故宫、万里长城、敦煌、五台山等，本身就是一个个独立的文化产品的展示。深圳作为我国文化产业发展得比较好的城市，是一个例外，即其是在一个小渔村的基础上发展而来的，号称“文化沙漠”，但其文化产业的发展仍然离不开文化元素。深圳文化产业实行的是“拿来主义”策略，即背靠华夏文明大树，把其他地区优秀的文化资源拿来，通过深入挖掘、科技创意，就形成了老少皆宜的文化产品，如其招牌式的文化产品“锦绣中华”“华侨城”等，属于同一发展模式。另外，无锡的三国城、水浒城，走的是把文化名著搬入现实生活中的道路；杭州的宋城则是把宋朝名画搬入人间，以满足人们穿越回千年之前南宋都城的愿望。

从整体上来看，作为四大文明古国和东方文明的代表，中国蕴藏着大量的文化资源，具有发展文化产业的先天优势。然而，相比较今天的文化产业国际竞争格局，中国与欧美等文化产业发达的国家、甚至与东亚近邻日韩等国家之间，都存在着很大的差距，说明我国的文化产业发展潜力还很大。

从国际国内来看，文化产业的发展是不平衡的，呈现出一种国度性、区域性的差别，而在这背后，起决定作用的是文化资源的丰腴度及其对文化资源的产业化开发能力。一般来说，历史文化资源悠久的国家或地区，发展文化产业具有先天的优势，有些甚至根本不用包装就可以成为文化产品直接出售；而一些历史文化资源缺乏的国家或地区，也可以通过借鉴、挖掘等手段，采取“拿来主义”的策略，对别人的文化资源进行创意、为我所用，照样获得了成功。但“万变不离其宗”，无论是就地取材，还是采取“拿来主义”的手段，都是在对文化资源充分利用的基础上，即对文化资源产业化的基础上，推动了本国文化产业的发展。

综上所述，作为现代新兴产业的代表，文化产业拥有巨大的市场发展潜力、广阔的产业发展前景以及强劲的内在发展动力，是21世纪最具发展前景的产业之一。文化资源的产业化，是一个国家发展文化产业的基本手段，它对一个国家或地区经济转型的升级与发展，起着非常重要的作用。而如何实现文化资源的产业化？文化资源与文化产业融合发展的路径是什么？如何破解文化资源产业化的作用机制？这成为那些文化资源丰富、冀望通过利用文化资源发展文化产业，实现经济转型发展的国家或地区所要解决的首要问题！

第二节 研究目的与研究方法

一、研究目的

中华民族具有五千年的悠久历史，文化遗产资源丰富，具有发展文化产业的雄厚基础。但由于起步较晚，这些各具特色的文化资源目前大都处于闲置状态。如何利用丰富的文化资源推进我国文化产业的发展，成为摆在经济学者面前需要迫切解决的任务。

从政治层面来看，通过文化资源的产业化开发，推进文化产业的发展，有助于促进人与社会、人与自然之间的和谐关系，从而实现社会的长治久安和稳定发展，是市场经济条件下构建社会主义和谐社会的润滑剂。随着世界各国竞争的日趋激烈，振兴与发展文化产业将成为增强国家文化软实力的共识。另外，城市文化产业的发展，可以成为城市的品牌，增添城市可持续发展的内在动力。

从经济层面来看，通过文化资源的产业化开发，推进文化产业的发展，有助于满足人们日益增长的精神消费需求，提高人民的生活质量；从产业结构调整来看，文化产业的发展，有助于现代服务产业的发展壮大，提升第三产业比重，推动区域经济和城市经济的转型升级发展，实现产业结构的高端化发展；从促进经济发展效应来看，文化产业的发展，有利于国民经济生成新的经济增长点，培植国民经济新的主导产业，实现经济与社会的良性循环与协调发展。

从社会层面来看，文化产业具有娱乐性，所提供的大众文化产品丰富了人们的情感世界，促进了人们的思想解放。文化产业作为国家的经济支柱在带来巨大经济收益的同时，也给人们带来了情感上的享受。文化产品通过影视、报刊、网络等一系列传播方式，潜在地影响着人们的衣、食、住、行，覆盖着人们的生活空间，促进了文化的民主化、普及化和平民化。

当前，中国正处在经济转型的关键时期，党的十七届六中全会提出大力发展文化产业，党的十九大报告再次提出文化创新发展战略，这是实现中国经济由第二产业向第三产业转型升级、推进经济可持续发展的关键战略决策。而通过文化资源的产业化开发，大力发展文化产业，对于实现中国经济结构的战略转型、缩小区域经济发展差距、增加社会就业和促进国民经济协调发展都起到重要的作用。

近年来，国内外出现了越来越多研究文化产业发展的理论，且角度各异。但从目前的研究成果看，大多论述范围都停留在文化与文化产业发展关系以及个案分析之上，而对文化资源影响文化产业发展的内在作用机制及路径等问题，则是着墨不多。鉴于此，本书将以国际国内文化资源丰富的国家作为研究对象，针对不同的文化产业发展模式，重点探索其文化资源产业化开发的作用机理，冀望总结出一套建立在文化资源产业化基础上的文化产业发展理论。

本书的研究是针对我国文化产业发展迫切需要解决的核心问题，即文化资源产业化的运行机制以及文化资源与文化产业融合发展的路径问题展开研究，这在理论和实践方面都具有现实意义。

第一，本书将从文化资源产业化开发的全新视角出发，探讨文化产业发展的动力源泉和发展路径，这将为产业经济学、文化经济学和发展经济学等学科的发展开辟新的研究方向，丰富其研究内容。

第二，以文化资源开发为手段，深入探讨文化产业发展的运行机制和作用路径，这对于促进我国文化产业发展、提高文化产业的国际竞争力，对推进我国经济转型发展具有重大的理论与现实意义。

第三，本书的研究成果及对策建议，将为我国文化资源丰富地区指出一条新的区域经济发展道路，即通过充分利用地域文化资源，大力发展文化产业，是推动区域经济可持续发展的重要途径。

通过探讨文化资源产业化开发的不同模式，来寻求文化产业发展的内在动力与路径，对一个国家或地区的文化产业发展与经济转型将起到促进作用。

作为世界文明古国，中国通过文化资源产业化开发，来推动文化产业发展的经验，对其他文化资源禀赋丰富的发展中国家，同样具有普遍的借鉴意义。

二、研究思路与方法

本书在对文化资源与文化产业相关文献进行梳理的基础上，首先，对文化资源与文化创业发展的关系进行深入研究，对文化资源的形成进行溯源并分类，为后面的研究奠定基础；其次，重点研究文化资源产业化开发的运行机制与作用机理，并对文化资源产业化开发的典型模式进行总结，尝试构建文化资源产业化开发理论，以此为基础，全面探讨文化资源与文化产业结合的基本路径；最后，提出推进我国文化资源产业化开发的对策建议。

文化资源的产业化问题牵涉很多学科方面的知识，包括经济学、哲学、社会学、文化学、宗教学、历史学等多种学科。为此，在研究过程中，本书将立足于经济学理论，全面吸收哲学、宗教学、社会学、人类文化学、历史学等有关学科的研究成果，对文化资源产业化作用机理问题进行深入研究。由于涉及面广，本书将采用系统论的研究方法，对文化资源的产业化开发问题进行全面的、跨学科的研究。

本书将以文化经济学与产业经济学基本原理作为研究的理论依据，对文化资源产业化的过程、路径、作用机制等问题展开深入研究，并在此基础上，构建文化资源产业化开发理论框架。然后以此为出发点，全面深入分析文化资源产业化的运行机制机理。因此，以文化产业发展理论为指南，然后对文化资源产业化进行全面分析，这种演绎法的研究方法，也构成了本书的基本研究方法。

文化资源是在一个国家或地区长期的生产与生活演变中形成的。因此，本书还将采用历史唯物主义的研究方法，把文化资源的形成、特点与文化产业发展有机地结合起来，说明不同类型的文化产业发展模式，是在对不同类型的文化资源的理念与价值进行深入挖掘基础上形成的。

此外，本书还将运用实证研究方法，以国际国内文化产业的典型案例作为分析模板，具体分析文化资源与文化产业的融合发展路径与模式，说明文化产业是在对文化资源进行深入挖掘的基础上发展起来的。

第三节 研究思路、体系与总体框架

本书研究的基本思路是：首先，引出研究主题。从世界范围来看，文化产业发展得比较好的国家，都是历史文化资源比较丰富的国家，大多数国家文化产业的发展，都是在对文化资源开发基础上发展起来的。其次，在对文化资源产业化开发与文化产业发展关系相关文献综述的基础上，对文化资源产业化开发的作用机理进行全面探讨，重点研究文化资源产业化开发的运行机制机理等核心问题。再次，以文化资源价值兑现作为出发点，详细探讨文化资源与文化产业融合发展的具体路径，完成对文化资源产业化开发的理论框架整体设计；并且结合国际国内典型案例，对本书尝试构建的文化资源产业化开发理论进行实证分析和检验。最后，结合我国文化产业发展的实际情况，有针对性地提出促进我国文化资源产业化的政策建议。

按照这个研究思路，本书的体系结构安排包括 8 个部分：

第一章为导论。主要有问题的提出、研究的目的、研究方法，主要研究思路、研究体系与总体框架。

第二章为文化资源产业化开发理论与实践文献综述。围绕着文化资源与文化产业发展关系、文化资源产业化开发以及文化资源产业化开发实践等问题展开文献综述，这不但可以厘清文化资源产业化开发与文化产业领域研究的现有成果，而且可为本书后面的研究提供理论依据与研究思路。

第三章为文化资源与文化产业发展渊源关系研究。在对文化资源概念界定的基础上，对文化资源的形成过程进行分析，并对文化资源进行分类，重点研究文化资源对文化产业发展的影响，以及文化资源与文化产业发展的内在渊源关系。

第四章为文化资源产业化开发运行机制研究。立足于文化资源产业化开发目标，对文化资源产业化开发的类型进行界定，确定文化资源产业化开发原则及开发意义，对文化资源产业化开发的运行机制与作用机理进行全面论证。此外，还从不同的视角出发，对文化资源产业化开发的不同模式进行全面总结。

第五章为文化资源与文化产业融合发展的路径选择。重点论述文化资源与文化产业融合发展的基本路径：第一，文化资源与旅游开发相结合，形成文化旅游产业；第二，文化资源与现代高科技相结合，形成文化创意产业；第三，文化资源与人文需求相结合，形成文化服务产业；第四，文化资源与对外开放相结合，形成文化贸易产业。

第六章为文化保护、传承与文化产业可持续发展。在对文化资源保护的必要性及意义进行总结的基础上，界定文化保护产业的概念，明确文化保护产业发展的基本目标，分析推动文化保护产业发展的具体路径，重点研究文化资源保护对文化传承、创新与发展的意义。

第七章为促进我国文化资源产业化开发的对策研究。立足于我国文化资源产业化开发的现状，全面梳理我国文化资源产业化开发面临的问题，并对产生原因进行剖析。在此基础上，从管理体制创新与政策体系完善两大方面，有针对性地提出促进我国文化资源产业化开发的对策建议。

第八章为文化资源产业化开发的典型案例分析。分别以北京故宫模式、杭州宋城文旅集团、成都休闲文化产业、美国影视大片、横店影视集团等典型案例，用实证分析文化资源产业化开发的基本规律，说明文化资源产业化开发是推进文化产业可持续发展的内在动力和基本途径。

第二章

文化资源产业化开发理论与实践文献综述

直到最近30年，文化资源与文化产业发展的关系在文化产业快速发展的大背景下，才逐渐成为经济学研究领域的一个热门话题。国际学术界围绕此主题展开的研究稍早，始于20世纪90年代。国内始于21世纪，并在2002年党的十六大报告中首次提出文化产业和文化事业的划分，至此，文化产业被国家正式承认，并明确与文化事业分开，这意味着文化产业获得了产业形态，成为一支全新的经济力量。此后，国内关于文化资源与文化产业发展的研究进入异常活跃期，出现了一大批研究成果，主要形成了以下一系列的理论与观点。

第一节 文化资源与文化产业发展关系文献综述

一、国外关于文化资源与文化产业发展关系研究

亚当·芬恩、司徒亚特·麦克法蒂因和科林·霍斯金斯（1991）在《开放型经济中的文化发展问题》中认为，应该把资源投向市场需求的项目上去，而且必须以竞争的姿态来处理所有的商业事务。

西布伯格（1995）在《博物馆和遗产地的文化旅游和商业机会》中提出，修建主题公园是一些文化产业发达国家发展文化产业的重要手段，比

如美国利用当地的文化资源开发的迪士尼乐园和环球影城等主题公园，不仅给区域经济提升带来了极大利益，更提升了其所在城市的知名度和竞争力。

贾斯廷·奥康纳（2004）在《欧洲的文化产业和文化政策》中认为，文化产业是围绕文化资源的“价值”和“利益”而讨论的，它关系着经济、社会和文化的某些根本性变化。

伊丽莎白·所罗门（2004）在《为苏格兰喝彩：一套民族文化策略》中认为，文化资源有能力改变人们使用文化设施的方式，对内容在广义上满足国内及国际日益增长的需求方面产生了影响，通过信息技术加速了变化的产生，对文化产业产生深刻的影响。

伊丽莎白·所罗门（2004）在《加勒比文化产业：全球化的幸运与负担》中认为，加勒比地区的历史和现实为文化产业提供了机会，这里更类似于学校，为不同的人提供加勒比地区的文化资源，使得各种文化和活动都得到表达，以此来发展地区的文化产业。

阿伦·斯科特（2004）在《文化产业和发展中国家：文化与民族认同》中认为，发展中国家要发展文化产业，意味着他们必须创造获得文化产业发展的空间条件，这些条件是自然的和科技的、政治的、法律的和道德的，遗址、纪念碑、艺术品、文化遗产、民俗等必须得到保护，甚至重建。

阿伦·斯科特（2004）在《文化产业：地理分布与创意领域》中认为，作为生产行业的电影业与作为地点的好莱坞之间有共生关系。好莱坞的电影业以街道布置、自然风光、生活方式等形式拥有大量的地方文化资本，这些资本在给电影业产品加上独特外观、精神风采方面起到了关键作用。

阿伦·斯科特（2006）在《文化产业：地理分布与创意领域》中认为，可以通过代表不同文化资源和含义的个体或者团体频繁的交往，增强学习的效果，以便为文化产业发展提供持续的增长动力。

拉·凯比尔和奥利维尔·克雷瓦希尔（la Kebir & Olivier Crevoisier，2008）在《文化资源与区域经济发展》中研究了文化资源成为经济资源投入到生产过程的方法，以及文化资源投入产品生产后对生产系统产生的影响，探究了以文化资源为生产要素的经济在区域发展与城市规划中的作用。

哈维·诺（2009）在对相关文化产业领域进行研究时发现，文化资源和文化思维在形成文化体制方面的影响不容忽视，它对文化产业化具有促进或者阻碍的双重作用，文化资源如何引导文化产业化发展是未来研究的难题。

希尔帕·库尔卡尼（2012）指出，文化资源存在多样性，各个组织中都有各种文化的影响，这在推动文化产业化过程中是一巨大的优势，应该适应各种文化的差异，在竞争和发展中发掘文化资源，进行文化产业化。

安德烈亚斯·维赞德（2013）在《创意欧洲》中提到，欧洲文化产业方面的研究指向的是维护文化差异，这一领域的艺术家人数也在不断上升，通过研究艺术家的社会地位和经济地位问题，了解艺术产品的创作问题以及由此对文化产业的影响。

托马斯·格林（2015）指出，一些传统的文化资源包括的文化方式和语言具有不可再生性，应该在此基础上形成有意义的文化产业，这个过程中国际、国家和地方社区应该积极处理相关的法律和官僚制度等问题。

尼科拉·博科拉（2016）指出，创意经济是当代地方发展和经济增长的重要抓手，发展创意经济需要与地方发展状况相适应，也需要充分挖掘当地的文化资本。

米歇尔·费利西蒂（2016）认为文化资源有利于经济的发展和社会的复兴，当一个地区具有丰富的文化资源时，就容易吸引高能力的人投身于区域建设，继而转化成文化产业，有助于当地的社区教育和外部教育联网，使文化产业不断兴盛。

二、国内关于文化资源与文化产业发展关系研究

黄继营（1994）认为，首先，人文文化资源在发展产业化的过程中，并不是要求把所有的资源完全推向市场，如一些公益性的人文文化资源，就只适合政府、企业或者团体来稳步推进；其次，切忌一窝蜂推进文化产

业发展，应在尊重市场规律的情况下逐渐进行。

张建勋（1994）认为大力发展文化产业，开展以文补文活动，增强自身的造“血”功能，不仅能够促进文化产业的大发展大繁荣，而且能够不断地巩固制度文化资源。

谢名家（1995）认为自然文化资源是进行文化产业化的土壤和条件，丰富的自然文化资源是发展文化产业的优势，而文化产业的发展不能超越社会文化的发展，更不能超越产生它的生产水平和发展阶段。

李建盛（1998）指出，由于自然文化资源有其区域性，使得文化产业发展面临着如何在保持地域特色的前提下实现社会化和现代化的矛盾。为此，我们必须从多方面分析自然文化资源和文化产业发展的关系，将二者纳入人与自然、社会与文化、物质与精神文明建设的研究框架中，在社会学、经济学与管理学的综合视角下观察。

胡慧林（2000）认为全球化不仅带来了经济安全问题，还带来了文化安全问题，因此我们需要构建完善的文化制度和文化体系，提高文化市场的准入规则，制定文化产业的发展原则，着重培养文化产业民营化。

钟海平和田祖国（2002）指出，由于地理环境和民族心理的影响，一些自然文化资源建设滞后，文化产业发展也跟不上，因此落后的自然文化资源影响了文化产业的发展，文化产业发展的滞后对于文化资源的巩固也是不利的，即自然文化资源和文化产业的发展是相互依赖、相互促进的。

蒋礼荣（2005）指出，在旅游业高速发展的背景下，旅游目的地只有不断挖掘自然文化资源、提升本地区的文化品位、凸显文化特色、增强文化吸引力与竞争力，才能将区域文化资源转化成经济优势，在市场竞争中处于不败之地。

邓晓辉（2006）指出，文化创意产业作为新兴的产业，它是时代的产物、是社会进步发展的必然结果，这些潮流代表着传统工艺的更新换代，我们需要在传统文化的基础上不断加深对文化的理解，促进文化创意产业的欣欣发展。

陈伟（2008）指出，我国许多地区的自然文化资源丰富且尚未开发，仍然保持着原状，这更加符合现代国内外文化消费者崇尚自然的价值取向，因此在开发的过程中，发展文化产业既有利于文化建设，也有利于自然文化资源的保护。

周玉东（2010）对民俗文化进行了深入研究，他指出，不同地域的民俗文化是不同民族生存发展与民族间交流所积累的智慧成果。

徐维群（2011）认为文化产业是发展经济的重要环节。文化产业发展在产业结构升级、城市化、就业机会增加以及人民生活质量提高和对外交流等方面具有重要作用。

赵永会（2012）认为人文历史文化资源可以使城市增值，促进城市经济良性发展，优化城市空间结构，凸显城市中心区的文化地位。

陈雅岚（2013）指出，有些人文文化资源是一种具有比较优势和区域竞争力的文化资源，是文化产业发展的重要资源，但是在具体操作中又存在缺乏对人文文化资源进行产业化运作的保障机制、产业化发展后劲不足等问题。

王贝、黄春梅和雷勇（2014）指出文化资源是指凝结了人类智慧的物质和精神财富。由于自然文化资源具有重要的经济价值，所以文化资源产业化可以从数量和质量两方面提升区域经济，增强区域文化实力和可持续性。

李国强（2015）认为文化可持续发展的一个重要前提是，科学地制定保护和开发人文文化资源战略，完善区域维权体系和内涵，发挥典型区域的示范作用，为促进我国整体文化产业发展提供实践经验。

郭玉坤（2016）运用“力的平行四边形法则”对自然文化资源与文化产业进行分析，指出在技术不断进步、经济水平不断上升、产品结构日益多样化、市场需求日益丰富的大背景下，文化产业与旅游产业相互渗透，形成动态协调发展。

第二节 文化资源产业化开发文献综述

随着文化产业的兴起，文化资源产业化开发的相关问题逐渐受到人们的重视，国内外学术界关于文化资源产业化开发的相关研究，大致从以下几个维度展开。

一、国外关于文化资源产业化开发的文献综述

西尔布伯格（1995）在《博物馆和遗址的文化旅游和商业机会》中认为，通过对不同文化资源和产品进行合作和包装，在以文化为主题的节日，将文化产品集中在艺术区，以此创造了更广泛的吸引力，减少了大量文化产品之间的竞争，提高了花费时间和金钱的感知价值，并在地理和市场方面扩大了市场。

克劳德·穆兰和普里西拉·博尼菲斯（Claude Moulin & Priscilla Boniface，2001）在《旅游遗产规划：为社会经济发展建立遗产和文化旅游网络》中针对西欧丰富的文化资源，提出设立遗产旅游线路，为社会经济发展建立遗产和文化网络；提出要提升遗产和文化在规划中的地位，并就如何确定不同路线以及路线所经的不同国家和地区之间如何协调等问题进行探讨。

劳伦斯（Lawrence，2002）在《理解文化产业》中认为新型产业的代表就是文化产业，而文化产业能够迅速发展的根本原因之一，就是文化产品与工业产品制造业紧密联系，互为上下游关联，因此提高工业产品的文化与设计的密集度，也可以提高工业产品的竞争优势。

查尔斯·兰德利（2002）在《伦敦：文化创意城市》以文化创意产业发展良好的伦敦市为例，指出城市发展文化事业和文化产业的极大利好，能提升城市的文化竞争力，维护城市的“文化名城”地位，并能形成独具特色的城市文化资本。

澳大利亚学者拉尔夫·巴克利（2004）在《世界遗产名录的澳大利亚国家公园旅游的影响》中以澳大利亚的一些文化遗产地为例，指出这些遗产地为当地文化旅游业和相关产业的拉动起到了至关重要的作用，然而在未来的文化经济一体化发展中，必须对这些珍贵的文化遗产进行强有力的保护和管理。

托尼·贝内特（2004）在《欧洲艺术与文化产业研究概况》中认为，从社会学的角度人们最直接关心的是文化参与的形式及其对社会包容、文

化多样性和知识产权特别是就原始居民而言的影响，这对文化产业的发展至关重要。而今，媒体存在于几乎所有类型的艺术与文化的生产、传播和消费中，因此把媒体包括在艺术与文化产业中是必要的。同时，艺术、文化和媒体行业间的趋同性增强，每一行业有关联的问题必须从它们在整体中的地位意义上加以研究。

加藤周一（2006）认为日本文化属于“杂交文化”，这样的文化具有天生的接受和融合能力，能在保护自身文化的同时，吸收和消化异域文化。因此，为巩固日本文化产业的国际地位，必须融汇东、西文化，并提高日本文化产品国际认同。

澳大利亚墨尔本国际艺术节主席甘德瑞（2011）指出，中国的文化资源过于丰富，政府通过资助等方式支持传统文化资源的发展无可厚非，但应该减少政府资助的文化艺术团体的数量，加大对传统文化资源中的精髓部分，如京剧院团的发展，并保证传统艺术的传承和升华。

澳洲研究委员创意产业与创新中心的首席研究员麦克尔·基恩（2012）认为，中国具有独特的文化创新时间轴，中国的文化建设逐步由“事业”走向了“产业”，但在利用本国文化资源进行文化产业发展的同时，“山寨”有余而创新不足，虽然逐步形成了标准化的产品，但却遭到相关的适应性和本土化冲击，因此中国的文化产业发展路应该走“新文化产业集群”之路，即创新（C）、人文（H）、智慧（H）、民族（N）、艺术（A）。

二、国内关于文化资源产业化开发的文献综述

关于文化资源开发的研究成果比较丰富，一些学者从不同学科角度对文化资源进行了分析。从著作上看，有胡惠林的《文化产业概论》、李志珍的《中国文化资源开发与利用》、吕偶然的《社会主义市场经济中文化资源的开发与文化产业的培育》、吕庆华的《文化资源产业开发》等。此外，论文类也有很多，如程恩富的《文化生产力与文化资源的开发》、郑汕的《历史文化资源的开发与二十一世纪的史学发展趋势》、丹增的《发展文化产业与开发文化资源》、吴圣刚的《文化资源及其利用》、

米子川的《时间价值评估》、姚伟钧的《中国文化资源享赋的多维构成》和黄永林的《论民间文化资源与发展文化产业的主要关系》等，主要观点归纳如下。

谢名家（1995）认为自然文化资源是进行文化产业化的土壤和条件，丰富的自然文化资源是发展文化产业的优势，而文化产业的发展不能超越社会文化的发展，更不能超越产生它的生产水平和发展阶段。

程恩富（1999）指出，文化资源的开发是指为发挥、提高和改善文化资源的利用率，并为文化生产顺利进行而采取一系列的技术经济措施与活动。

胡惠林（2000）认为我们应该积极贯彻“文化走出去”战略，主动进军国际市场，同时，注意保护文化产权，完善知识产权保护体系，从而全面推进文化和精神文明建设。

钟海平和田祖国（2002）指出，由于地理环境和民族心理的影响，一些自然文化资源建设滞后，文化产业发展也跟不上，因此落后的自然文化资源影响了文化产业的发展，文化产业发展的滞后对于文化资源的巩固也是不利的，即自然文化资源和文化产业的发展是相互依赖、相互促进的。

蒋礼荣（2005）指出，在旅游业高速发展的背景下，旅游目的地只有不断挖掘自然文化资源、提升本地区的文化品位、凸显文化特色、增强文化吸引力与竞争力，才能将区域文化资源转化成经济优势，在市场竞争中处于不败之地。

吕庆华（2006）从投资的操作模式：投资结构、投资形式和发展机制等方面，对文化资源产业化的融投资问题进行了理论探讨，提出文化资源开发利用的相关原则和文化历史资源产业开发的运营模式。

张胜冰（2008）把文化资源转化为文化产业的方式划分为资本途径、市场途径、资源整合途径以及产业链途径。

辛儒和吕静（2009）指出，作为人类文明的瑰宝，非物质文化遗产具有巨大的潜在经济价值，由于非物质文化遗产在旅游业中发挥的特殊作用，可以将二者实现联动开发。先通过非物质文化遗产的保护和开发来推动旅游相关产业发展，继而通过旅游业的发展来反哺非物质文化遗产的保护和进一步开发，最后进行新一轮的开发和保护，实现良性循环。

刘永梅（2010）提出，文化资源产业化需要拥有自身品牌，不断进行文化创新，与世界主流接洽，拥有庞大的市场主体，实施“走出去”战略，与国际市场接轨。

严荔（2010）指出，文化资源是文化产业的基础，文化产品是文化产业的关键环节，文化生产规模化是文化产业的结果。

王武林（2010）认为通信手段和各种技术的发展，导致传递信息越来越迅速，文化交流和传播的方式也发生了深刻的变化。这一深刻的变化有利于中国吸取世界各地的文化精髓，从而不断丰富和完善自己的文化体系。例如，日本的动漫文化在传入中国之后，对于中国影视剧质量的提升发挥了巨大的作用。

王胜鹏（2011）认为地方文化资源产业化是受许多因素的影响，如地方经济的发展水平、文化体制机制、大众消费观念等。

王慧敏（2013）认为现代文化产业化要从市场的角度，通过文化差异化战略，开辟蓝海，创造新的消费市场，才可以获得先发优势，而文化特有的辐射力亦将有效推动消费潮流的形成。现代文化产业化还需要充分挖掘品牌的文化价值、增强品牌的故事感染力、融合契合现代市场需求的时尚元素、创造意义消费型的新生活方式等。

陈雅岚（2013）指出，人文文化资源是一种具有比较优势和区域竞争力的文化资源，是文化产业发展的重要资源。

郭玉坤（2016）指出，在技术不断进步、经济水平不断上升、产品结构日益多样化、市场需求日益丰富的大背景下，文化产业与旅游产业相互渗透，形成动态协调发展。

陈万怀（2016）认为我们需要充分利用各地的高精尖的科技，不断增强非物质文化遗产的附加值，与各个领域的资源开发结合起来不断促进当地非物质文化遗产的创意产业化进程。

以上研究主要介绍了文化资源的概念、分类方法、对文化资源的产业化渠道等问题也展开了广泛的探讨，为研究文化资源产业化问题奠定了坚实的学科基础。

第三节 文化资源产业化开发实践文献综述

从区域经济发展视角研究文化资源产业化，就是针对某一特定区域的文化资源禀赋，探讨如何实现其产业化的开发利用问题，主要通过对区域文化资源的种类、分布和特点的具体分析，提出适合区域或民族文化资源开发的措施和路径等。

李建盛（1998）指出，由于自然文化资源有其区域性，文化产业发展面临着如何在保持地域特色的前提下实现社会化和现代化的矛盾。

冯潮华（2005）认为大力发展文化产业，一方面是满足人们精神文化方面的需要；另一方面则有利于经济结构的优化，有利于经济增长的转变和环境、生态的可持续发展。

苏卉（2008）挑选了河南省 4 处有代表性的文化资源展开实证研究，验证了多层次灰色评价方法在“小样本、贫信息”情况下的适用性和优越性。

刘新田（2008）分析了西部的文化资源，并根据其文化资源产业化开发中出现的过度利用、流失严重甚至濒危等问题，提出有效的建议和方法。

杨华（2009）提取出 8 个制约河南省文化资源产业化开发的因素，并构建了基于 ISM 的制约因素模型，厘清了因素之间相互影响的关系，从而有针对性地提出河南省文化资源产业化开发的对策建议。

任志明和黄淑敏（2008）结合了甘肃发展的时代背景和其自身特色，主张整合优势资源，走规模化、集团化的发展之路，将区域文化资源加以整合利用，发挥协同作用，从而改善甘肃文化产业的现有问题。

陈伟（2008）指出，我国许多地区的自然文化资源丰富且尚未开发，依然保持着原状，这更加符合现代国内外文化消费者崇尚自然的价值取向，因此，在开发的过程中，发展文化产业既有利于文化建设，也有利于自然文化资源的保护。

哈立德·哈格拉（2010）指出，文化资源是任何城市发展不可或缺的一部分，如果一个地区文化遗产丰富，那么它在历史上的地位也会随之上升。但是任何一个地区要想将文化资源转化成文化产业，就必须进行整体规划，平衡各个方面的发展，实现可持续发展的目标。

严荔（2010）以四川地方文化资源产业化为研究对象，在对四川文化资源的构成进行详细盘点和介绍其产业化开发实践的基础上，对其产业化现状进行了研究。

周玉东（2010）对民俗文化进行了深入研究，他指出，不同地域的民俗文化是不同民族生存发展与民族间交流所积累的智慧成果。

卡罗尔（2011）指出，城市应该通过指定负责邻里文化生活的支援机构、投资邻里文物资产测绘、规划促进文物识别等方式促进文化资源的产业化。

王胜鹏（2011）从区域经济视角出发，论证了区域文化资源产业化是地方可持续发展的必要选择。

钟雅琴（2012）认为当代旅游业，尤其是中国的旅游业在发展过程中有着很多特色和独特魅力，旅游资源开发虽然是旅游业发展的基础环节，但是对整个旅游业以及地方经济发展产生了举足轻重的作用。

张仙丽（2012）主张依据经济和文化发展的规律、处理好文化资源保护与利用之间的关系，提出了政府介入文化资源开发的思路，譬如政府可以采取纵向延伸式、卧式梯级扩大领先等模式介入唐代十八陵文化资源产业化。

赵永进（2012）从创意经济角度探讨改变当下中国农村文化产业落后与城市文化产业发展现状的途径，提出应该突出创意独特性，培育催生农村文化产业新业态，坚持将中国农村文化借助全球化和科技创新的力量，推动其文化产业走向国际化。

刘新田（2013）认为西部少数民族文化资源十分丰富，基于西部地区文化资源被过度利用、流失严重甚至濒危现状，对西部少数民族文化资源及其产业开发与保护提出有效的建议和方法。

曾喜云（2014）指出，开发红色文化资源具有现实意义，然而，红色文化资源开发利用过程中存在的诸多问题如闲置、破坏、滥用、开发利用率低等，可以从思想观念、管理体制、资金投入、法规建设以及人才问题上寻找答案，要科学合理地开发红色文化资源。

罗伯塔·科穆尼亚（2014）认为一些文化资源具有可再生性，特别是创意文化产业。它带动了旅游业的发展，促进了城市经济的发展。因此公共政策应该重视文化资源的可再生性，不断加强当地文化资源与创意文化产业的薄弱环节。

王贝、黄春梅和雷勇（2014）指出，文化资源是指凝结了人类智慧的物质和精神财富。由于自然文化资源具有重要的经济价值，所以文化资源产业化可以从数量和质量两方面提升区域经济，增强区域文化实力和可持续性。

李国强（2015）认为文化可持续发展的一个重要前提是：科学地制定保护和开发人文文化资源战略、完善区域维权体系和内涵、发挥典型区域的示范作用，为促进我国整体文化产业发展提供实践经验。

第四节
文化资源产业化开发相关研究述评

综合以上国内外学者的理论与观点，在文化资源与文化产业发展的关系问题上，大家分别对文化资源的内涵、特征、分类、文化资源的功能与价值评价、文化遗产的保护与利用、文化资源产业化等方面进行了比较全面、深入的研究，主要形成了以下几个基本观点。

第一，关于文化资源与文化产业发展相互关系问题上，认为文化资源是文化产业发展的基础，文化产业的发展也就是文化资源产业化的过程，形成了历史文化资源是文化产业化的土壤和条件等基本结论；认为一个地区的文化资源通过产业化的路径，在推动区域经济与城市经济转型发展中具有重要意义，对文化资源与文化产业的发展的关系，形成了一个全面的、准确的定位。

第二，关于文化产业化开发问题上，认为在文化资源产业化的过程中，要注意辨别文化的性质，对于其中适合开发的文化资源，要通过文化创意与高科技的手段，对其进行产业化开发，并且形成不同的文化资源开发模式；而对于不适宜开发的历史文化遗址等，则应该以保护为主，以实现文化的传承。只有在合理开发的基础上，文化资源的产业化才能更好地带动经济的发展。

第三，关于文化资源与区域经济与城市经济发展问题上，认为文化资源有其历史性、地域性，带有民族特色，所以文化资源的产业化开发要结合当地的资源禀赋展开，文化产业发展要与本区域文化资源特色相结合，要加强文化资源的保护、发挥政府协同作用等；并且认为文化资源产业化可以从数量和质量两方面提升区域经济发展实力，实现可持续发展目标。

但是，从目前的研究成果看，对文化资源与文化产业发展关系方面的研究还有以下几个方面的不足：

一是虽然认识到了文化资源产业化的重要性，但是对于文化资源产业化的具体路径方面还是缺乏系统深入的研究，文献数量还是比较少，借鉴意义也比较有限，所以还需要进一步完善，更需要把理论运用于实践，在实践中不断完善。

二是在文化资源推动文化产业发展的作用机制等核心问题上，还没有形成完整的理论框架，虽然目前很多学者都开始探索文化产业化的相关理论体系，但是由于其发展的历程比较短，积累的经验比较少，导致文化资源产业化开发总体理论框架设计还不够成熟。

三是缺乏对文化资源产业化成功典型案例的系统总结。虽然从文化资源产业化的实践来看，目前已经有很多成功的案例，但由于缺乏理论的指导，将其上升到理论高度进行产业化模式分析的并不多，因而导致文化资源产业化实践缺乏科学指导。

综上所述，近年来在国际国内文化产业蓬勃发展的大背景下，作为影响文化产业发展的核心因素，文化资源的产业化开发已经成为文化产业经济研究的一项重要课题，国际国内学者围绕着文化资源与文化产业概念、分类、评估方法等问题，也从不同角度展开了研究，也取得了一系列的成果，但从目前的研究成果看，大都局限于文化资源与文化产业发展关系问题表述上，对文化资源产业化的案例分析还只是停留在对现实经验的总结上，还没有很好地搭建起文化资源的价值兑现、文化创意、科技创新、市场开发、政策配套、文化走出去等融为一体的理论体系，尤其是对文化资源与文化产业融合发展的具体路径、文化资源产业化的作用机制机理等核心问题，尚缺乏深入系统的研究，由此导致文化产业经济学科的研究框架难以确立。

鉴于此，本书试图以已有研究为起点，将文化资源开发问题纳入产业经济学分析框架，重点研究文化资源产业化的作用机制，以及文化资源与文化产业融合发展的路径等问题，力求从文化资源产业化开发的视角，为文化产业经济学提供新的研究思路和方向，并且尝试构建成一个新的文化经济学研究理论框架和体系。

第三章

文化资源与文化产业发展渊源关系研究

文化产业是在对文化资源利用的基础上发展起来的，文化资源对文化产业发展的影响是全方位的，文化资源是文化产业发展的基础、是文化创意形成的源泉、是文化产业与文化贸易软实力与核心竞争力的主要体现，是文化产业发展模式形成的决定因素。

第一节 文化资源的形成

一、文化资源的概念

弄清文化资源概念之前，首先需要对文化和资源这两个相关概念进行全面的梳理。

文化是一个非常广泛的概念，对它的理解，从古至今各类学科学者们从不同视角诠释了文化的内涵。据不完全统计，对“文化”一词的各种不同界定方式至少多达200多种。在汉语系统中，“文”与“化”合并使用，较早见于《易·贲卦·彖传》：“刚柔交错，天文也；文明以止，人文也；观乎天文，以察时变；观乎人文，以化成天下。”文化是“人文化成”的缩写，本义是“以文教化”，表示为对情操的陶冶、对品德的修养，属于精神领域范畴。随着对文化意义的深入探究，文化逐渐演变成为一个内涵丰富、外延宽广的多维概念。

文化理论研究对于文化存在着比较有影响的划分方法，即二分法、三分法、四分法。二分法是将文化划分为物质文化和精神文化，英国的社会人类学家马林诺夫斯基（1994）主张这种分类方式，他认为文化是指包括传统的器物、货物、技术、习惯、思想及价值等概念，它具有调节一切社会科学的功能。三分法的分类方式受到了国内诸多学者的认同。胡兆量（2009）认为，文化大致有三个层次：首先，表层是以器物技术为主；其次，中层是以制度组织为主；最后，深层是以意识形态为主，也是最核心的。四分法是在物质文化、制度文化、精神文化三分法的基础上再加上行为文化。笼统地说，文化是人类所创造的物质财富和精神财富的总和，可概括为物质和精神文化两大层面。资源即资财的来源，《现代汉语词典》中将资源定义为"生产资料或生活资料的天然来源"，即资源是人类生产和生活的必要条件，与经济发展密不可分。资源的组成不仅包括自然资源，而且还包括社会资源如人力、技术、智力等资源，而文化属于社会资源的范畴。

就如学者们对文化内涵进行多样性诠释一样，诸多学者从不同的角度对文化资源进行定义，目前学术界对文化资源还没有形成统一的认识。对文化资源和文化产业理论研究的前提条件，是必须厘清文化资源的内涵和特征，需要明白对哪些文化资源进行创造性的加工、开发能使其转化为具有文化符号特征的实物产品、服务产品和其他衍生形态，从而延伸到整个产业链，产生巨大的经济效应。

吕庆华（2006）认为文化资源是人类通过劳动所创造和形成的物质成果及其转化。丹增（2008）认为人类发展进程中所创造的一切含有文化意义的文明成果，以及传承着一定文化意义的活动、物体、事件和一些名人、名城等，都可以认为是某种形式的文化资源。何频（2007）认为，文化资源既包括历史上人类所积聚的文化财富，也包括现代的文化信息。文化资源是人类在改造世界的过程中凝结的物质、精神成果及活动介体，能满足人的需求，并具有地域性、民族性和多样性等特征。唐月明认为，文化资源是指那些具有文化内涵的资源，通过对其进行资本投资，能够直接带来经济效益的生产性资本，要对文化资源进行开发才能转化为文化资本、文化产品或服务行为。

本书研究的是文化资源产业发展理论。从产业化的角度看，文化资源是具有特定文化形态，进行创造性的加工、开发，转化成具有文化符号特征的实物产品、服务产品和其他衍生形态的物质文化资源以及非物质文化遗产。

二、文化资源的形成

文化资源是人类在实践中所创造的、在历史进程中所积累的一切文化元素和符号的总和，表现为物质和非物质两种形态，包含地上和地下的遗存、可移动的文物，一切生产、生活样式，礼仪制度、行为方式、风俗习惯、宗教信仰、伦理道德，以及人类产生的思想、情感、观念、知识、科学、技术等。文化资源是一切留有人类印记，反映不同区域或民族的生活方式和价值取向的物质财富和精神财富的总和，它的丰富性难以估量，似乎除了原生态的自然资源，如原始森林、沙漠、阳光、日月等，其余一切均承载了人类实践过程的资源，都可以被贴上“文化”的标签成为文化资源，这就造成了对文化资源形成路径分析的艰巨性。

本书拟从纵向和横向两方面视角对文化资源的形成进行分析，纵向主要是按时间进行划分，粗略地分为历史文化资源和现代文化资源两大类型；横向按内容进行分类，可将文化资源的形成分为三个体系，分别是精神要素体系、制度传承体系和物质文化因素体系。

（一）从时间维度纵向看文化资源的形成

从时间纵向角度看，文化资源可分为历史文化资源和现代文化资源两大类。

历史文化资源按照是否具有实物形态可以分为有形历史文化资源和无形历史文化资源。有形历史文化资源是指古代人类劳动创造的物质性遗存，它凝聚了前人的智慧，见证了历史发展的轨迹，涵盖了人类社会政治、经济、军事、文化的方方面面，如古城遗址、古战场遗址、名人活动遗址和宫殿、楼阁、古镇古村落等历史建筑以及文学书法、古代艺术等文化艺术等。无形历史文化资源是指以人为载体，依赖人的声音、形体动作、表演等人的行为而表现的文化形式，如锻造工艺、陶瓷工艺、雕刻技艺、戏曲等。然而，仅仅粗略地按是否具有实物形态将文化资源分为有形和无形两类，这虽是文化资源的一种分类方式，但对于文化历史资源的形成分析是无益的。

现代文化资源从横向按其智能含量的多少，可分为物质形态文化资源和知识形态文化资源，前者是智能含量较少的现代文化资源，如提供休闲、娱乐、购物的建筑场所、现代艺术品和文学作品等；后者是依托于智能资源形成的文化资源，如信息资源设计、现代传媒、动漫游戏等。

现代文化资源形成的两个核心要素是知识和智力，载体是信息科技；智能资源存在着两种形式，一是外显文化智能资源，是指一切可以带来价值或效用的智力成果，如创意、发明、专利、著作、商标、版权等，这些文化资源都是以信息的形式出现，智力成果的核心要素是知识；二是内隐文化智能资源，是指人力资本减去体力劳动的那部分——脑力资产，脑力资产的核心要素是智力。西方发达国家由于受资源禀赋的影响，尤其重视对现代文化资源的高效率开发和利用。

外显文化智能资源依靠着大规模的复制技术，将符号化的文化知识，如前人创造的文学、艺术、传说等，用系统的符号形式记入载体，进行复制、压缩、转换和加工，形成文化制品。随着高新技术产业的发展，人的智力越来越重要，而内隐文化智能资源——智力具有主观能动性，通过创新进一步加强外显文化智能资源，创造出巨大的文化价值。

现代文化资源的形成依托于上述两个核心要素——知识和智力，二者相互作用、相互促进，具体表现在以下实物形态——物质形态文化资源和知识形态文化资源。其中物质形态文化资源可包括近现代的建筑，近现代创作的文学作品和艺术品，提供休闲、娱乐和购物的建筑场所等；知识形态文化资源主要存在于新兴文化产业中，可以分为信息资源设计资源、现代传媒资源、动漫游戏资源、教育培训资源、文化休闲资源和文化会展资源等。

（二）从内容上横向看文化资源的形成

历史文化资源的形成，从横向上看，主要表现为三种不同的文化形态体系，即精神要素体系、制度传承体系和物质文化要素体系。

精神文化作为文化层次结构中的内核，是人类从事物质基础生产上产生的一种人类特有的意识形态，具体表现为人的伦理道德、对文学艺术的审美和对精神世界的追求等，包含哲学、宗教、艺术、伦理、道德以及价值观念等方面；其中尤以价值观念最为重要，观念体现出一个民族特定阶段所形成的价值准则和指导思想。文化资源作为人类劳动所创造的一切物质财富和精神财富的总和，内容上涵盖了意识形态方面，可将此类文化资源称为精神文化资源。精神文化资源是以精神文化为载体的文化资源，从内容上看，同精神文化相似，包含宗教文化资源、艺术文化资源、哲学文化资源、伦理、道德文化资源等。精神文化资源起源于以生产劳动为基础的社会物质生活，随着经济基础的变化而变化，并在此基础上形成系统的服务于该经济基础的上层建筑，如宗教起源于人类智力和能力都不发达的原始社会阶段，出于对主宰人类命运的自然力量和社会力量背后所蕴藏的那种神秘伟大的超自然和超社会力量的仰望，宗教由此而生，人类希望借此化解自己心里的恐惧与困惑。宗教文化资源伴随着宗教经典体系、宗教仪式和规章制度的形成而应运而生，包含诸多寺庙、石窟、教堂等宗教场所，以及与宗教相关的艺术如宗教音乐、绘画、雕塑等。

制度文化是内核精神文化的外显、对象化为物质文化的中间环节，反映了与物质文化相适应的社会政治法律制度和组织方式，也是精神文化心理在规范层次上的体现。人群是组织化群体，在自身目的或传统宪纲的要求下，依据对共同价值观的文化认同，遵循着其团体的特定规范，使用着受其控制的物质装备，共同行动以满足他们的某些欲望。制度包含社会的正式制度和非正式制度，法律制度、经济制度、政治制度属于正式制度；非正式制度是不成文的。不过千百年来约定俗成的、被人们普遍接受的行为准则，体现出了精神文化心理。制度规范性文化资源是以制度文化为载体，用以限制人们相互交往的行为，是一个社会游戏规则，它是由非正式制度到正式制度的变迁而形成的。千百年来，人们在共同生活中摸索出适应当时社会发展、并被大多数人普遍接受的价值观念，在此基础上形成了约定俗成的规则，用以处理人际交往之间的关系。随着社会的发展，原本历史条件下形成的约定俗成的规则已经无法满足现实的需要，国家或某个权力组织以某种明确的形式，将一些行为规范确定下来，形成包含各种成文的法律法规、政治制度、契约等，从而上升为政治制度，成为今天我们所看到的制度文化资源。

这里以商代到西周中央地方政治制度的演进为例，可以窥视到制度规范性文化资源的形成过程。商代王国犹如一个松散的邦联，实行内外服制度，内服是商王直接统治的地区，外服是附属国管辖的地区（方国）。外部方国对商王的臣服只是迫于在商王国强大军事征服下暂时结成的臣属关系，与中央形成了不太牢固的臣服和纳贡关系，对商王国的依附随着中央力量的强弱而变化。周部落原先是商朝属下西部一方国，经古公亶父率周人东迁周原，开发沃野，发展农业生产，又经季历、姬昌等崇尚文德首领的治理下，使得周逐步强盛起来，成为威胁商王统治的新生力量。恰逢商王帝辛统治时期，商的国力已处于衰退阶段，各方国频频来犯，帝辛发兵攻打东夷部落，将商朝势力进一步扩展到江淮一带，不料武王姬发联合各方国乘虚进攻，于牧野之战推翻了商王的统治，建立周朝。相比于商，周天子加强了对地方的控制。不过到了西周晚期，周王室衰弱，诸侯国势力做大，分封制遭到破坏，也导致了秦朝的另一种政治制度——郡县制的产生，用以加强中央集权，这就是后话了。

制度文化的内涵既包括各种成文的行为准则，又涵盖了一套由历史演化产生或选择而形成的习惯性行为模式和行为规范，如民俗、风俗、礼俗等。该类文化资源是以行为为载体、以传承为手段而形成的具有“活态”性、地域或民族特色的文化资源，暂且称其为民俗文化资源。其中，非物质文化遗产是其典型代表，非物质文化遗产主要包括以下方面：（1）口头传统和表述；（2）表演艺术；（3）社会风俗、礼仪、节庆；（4）有关自然界和宇宙的知识和实践；（5）传统的手工艺技能。从非物质文化遗产涵盖的内容来看，民俗文化资源是本区域或本民族的先民在其赖以繁衍生息的空间中，通过实践所创造积累下来的宝贵财富，以行为承载的价值倾向为标准，表现为“天人合一”的生产方式和承载文化记忆的节庆行为，以及彰显地域、民族特色的娱乐活动与承载伦理道德的生活方式。例如，四川阿坝汶川县当地羌族人民将大禹视为自己的祖先，大禹铜像今伫立于岷江之畔，汶川羌族人的生活中依旧保持着各式各样与大禹有关的文化习俗。羌族婚丧嫁娶传统中有一种不可或缺的仪式——禹步，相传是大禹在治水过程中过于劳累而患上腿疾，无法正常行走，羌族人将大禹行走的跛步演变成今日的禹步，以世代传承先祖大禹的治水精神。距今 800 多年前，第一批到达龙脊的壮民和瑶民面对横在面前的深山，他们咬紧牙关，依靠着最原始的农具开垦出第一块梯田，稻米的诱惑实在太大了，他们的子孙未加考虑，接过父兄手上的农具，日复一日，年复一年地开垦新田，成就了今日的龙脊梯田。

物质文化资源是人类社会生活中的遗存，在这个瑰丽的宝库中，有大量的实物遗存和文字遗存，其中实物遗存包括历史文物、历史遗址或文化遗址及墓葬等。历史文化资源既具有历史的属性又具有文化的属性，部分物质文化资源的形成与历史或文化因素密不可分。

物质文化资源的类别涉及很多方面，包含遗址类、生活、生产类、军事类、管理类、纪念地等，下面选取几个方面进行阐述。

（1）古代天文活动主要是观象、授时、制历、星占和择日等，与许多上古文明一样，观测天象被赋予神的意义，也保留下部分古天文建筑。如晋西南汾河下游的陶寺遗址保留了尧舜时期的大型天文建筑——古观象台，古人透过柱与柱之间的 11 道缝隙，观测正东方塔尔山日出的上切与下切以确定当时的 20 个节令历法，这比世界上公认的英国巨石阵观测台还要早近五百多年。

（2）宫殿既是古代帝王的生活场所也是帝国的政治中心，象征着皇权的至高无上。在历史的长河中，一座座宫殿突起于皇城中央，又不断毁于战火之中，为后人留下一座座规模宏大的城垣遗迹，诉说着帝国的兴衰，如古云梦泽畔的楚国郢都纪南城、渭水河畔的秦宫咸阳宫、汉代“三宫”长乐、未央、建章宫与昔日万邦来朝的大明宫等。虽源于历史、战火等因素，地面建筑已不复存在，而古人事死如事生的丧葬理念，在陵墓选址、地上礼制建筑、随葬品等方面均仿效阳间，让后人在地下重塑了昔日王国，如秦始皇陵、西汉十一帝陵、唐十八陵、明十三陵、清东陵和清西陵等，这为后代学者研究古代的生活方式提供了宝贵的物质财富。

（3）在原始社会部落中，人类先祖联合起来共同应付自然挑战。在同一个部落中生存使得人类对交流产生了需求，语言便应运而生。随着语言发展到一个较完备的状态，文字便顺其自然地产生了。文字是记载信息的符号，代表人类由野蛮向文明的过渡，是先人们在生产和交换过程中，经过了无数年月的不断创造和改进而形成的。《玄鸟》中“天命玄鸟，降而生商，宅殷土芒芒。古帝命武汤，正域彼四方。”记载了商汤灭夏乃天命所授；《孟子》中“人恒过，然后能改；困于心，衡于虑，而后作；征于色，发于声，而后喻。入则无法家拂士，出则无敌国外患者，国恒亡。”承载着古人“生于忧患，死于安乐”的处世哲学；屈原的《离骚》中一句“宁溘死以流亡兮，余不忍为此态也！”道出古人疾恶如仇，不与世俗同流合污的高尚品节。

第二节 文化资源的分类

文化资源按照不同标准分类，可以分成不同的体系。文化资源，按性质角度划分，可以分为物质文化资源和精神文化资源；按可持续发展角度划分，可以分为可再生文化资源和不可再生文化资源；按统计评价角度划分，可以分为可度量文化资源和不可度量文化资源；按照是否有实物形态划分，可分为有形（物质）文化资源和无形（非物质）文化资源；按照内容划分，可以分为历史文化资源、民族文化资源、宗教文化资源、红色文化资源、民俗文化资源、饮食文化资源、休闲文化资源等。

文化资源，按照不同的区域类型划分，可以分为西部地区文化资源、省区文化资源（贵州、闽南）、城市文化资源（南京、曲阜、贵阳、常熟）、地域文化资源（如巴蜀、中原、齐鲁、秦、楚文化资源等）；按照不同形态划分，可以分为符号意义的文化资源、经验性的技能文化资源、垄断型的旅游文化资源和创新型的智能文化资源。

文化资源，按照是否经过媒介加工，可以分为原生文化资源和次生文化资源。原生文化资源是指现实生活中以实体或活态存在的文化形式，它们以原生形态未经媒介加工或仅被媒介简单加工、记录的形式存在，如遗迹实物、风俗、民间传说和历史记录等。次生文化资源是指经过媒介的一次或多次深入加工呈现的文化形态或文本形态，如武侠小说、武侠电影、武侠游戏等。

根据文化资源的成因、形态和作用，可以将文化资源分为四类。第一类为自然文化资源，指的是土地、矿物、水资源；第二类为传统文化资源如遗址遗迹，指的是历史、民俗、风俗、文物；第三类为智力文化资源，指的是人的智力、智慧、创造性；第四类为资本与信息文化资源，指的是文化设备、工艺、信息网络和技术应用等。

文化资源按照获取途径大致可以分为三类：一是通过物质实体获取的文化资源，即物质实证性文化资源；二是通过文字或影像文本获取的文化资源，即文字与影像记载性文化资源；三是通过人的行为获取的文化资源，即行为传承性文化资源。

本书根据研究的需要，从时间维度将文化资源分为历史文化资源和现代文化资源两大类。历史文化资源按其是否具有物质形态分为物质文化遗产和非物质文化资源遗产，其中物质文化遗产又可以细分为建筑文化遗产、历史文物和人类文化遗址等不同的实物形态，具体表现为古城遗址、古战场遗址、名人活动遗址和宫殿、楼阁、古镇古村落等历史建筑资源以及文学书法、古代艺术等文化艺术资源等。非物质文化遗产以人为载体，依赖人的声音、形体动作、表演等人的行为而表现的文化形式，可以细分为口头传统和表述，表演艺术，社会风俗、礼仪、节庆，有关自然界和宇宙的知识和实践，以及传统手工艺技能这五大类非实物的资源形态。现代文化资源可划分为物质形态文化资源和知识形态文化资源，其中物质形态文化资源可包括近现代的建筑，近现代创作的文学作品和艺术品，提供休闲、娱乐和购物的建筑场所等。知识形态文化资源主要存在于新兴文化产业中，可以分为信息资源、设计资源、现代传媒资源、动漫游戏资源、教育培训资源、文化休闲资源和文化会展资源等。知识形态的文化资源存在着两种形式，一是外显文化智能资源，是指一切可以带来价值或效用的智力成果，如创意、发明、专利、著作、商标、版权等，智力成果的核心要素是知识；二是内隐文化智能资源，是指人力资本减去体力劳动的那部分——脑力资产，脑力资产的核心要素是智力。

第三节 文化资源对文化产业发展具有内源性的影响

文化资源是人类生产和生活的产物，它与经济发展的关系十分密切。一方面，文化资源的开发能够带来经济的持续发展；另一方面，经济发展也能促进文化资源的保护与开发。文化资源对文化产业发展的影响，伴随着文化产业发展的全过程，从文化产业的兴起、发展，到文化产业的“走出去”，上升到文化贸易，文化资源的影响是无所不在的。具体来看，文化资料对文化产业的影响，主要体现在以下四个方面。

一、文化资源是文化产业发展的基础

文化产业是以生产文化产品和提供文化服务为主要内容，以满足人们的精神需求为目标，以创造利润为核心，通过对文化资源的原创和保存——将原创变成资源开发，将保存变成展示，将文化价值转变为商业价值，又以商业价值的实现促进了文化价值的传播。文化产业依托于文化资源的文化价值，文化资源是发展文化产业的基础性条件，文化资源为发展文化产业提供了可持续性的资源支持。

文化资源对文化产业发展的支撑作用是全方位的，可以说是无所不在，且几乎对所有的文化产业形态都会产生内在的影响，具体从以下几个方面可以得到体现。

（一）文化资源对文化旅游产业发展的基础作用

文化旅游产业是文化产业的一个重要组成部分。文化旅游业的主要服务对象，是以追求精神文化为旨趣的文化消费者或审美消费者，文化资源与旅游业结合，形成文化旅游产业。随着旅游业的发展、以及游客群体文化素养的提升，人们不再单单满足于自然风光，历史文化遗址、古代村落、古代建筑等文化遗迹以其神秘的面纱吸引着广大的游客。人们旅游的最主要的动机之一，就是对其他民族的文化产生兴趣。据专家调查，英

国、美国、日本、德国、法国、澳大利亚等国的旅游者无一例外地把“了解异地文化和生活方式”作为出境旅游的三大动机之一。文化旅游产业以其各地各具特色的文化为依托，以其保留完好的历史文化遗迹、文物等为参观游览对象，吸引着广大游客。游客们通过对带有文化符号遗迹的了解与认识，学习和探索异国他乡的文化、历史、宗教、民俗、艺术等，满足了游客们求知、求新、求奇、求异的愿望。文化旅游的动机非常强烈，文化旅游成为时下一种颇受青睐、生机盎然的旅游方式。

文化旅游资源作为各个时期人类劳动成果的物质转化，完完整整地属于文化的范畴。自然资源如山、河、湖、海等虽被附上一层自然的外衣，但当自然物质经过人们的发现、创意，成为人们游览、欣赏的对象时，就被注入了文化的基因，成为“人化的自然”。泰山崛起于华北平原之东，凌驾于齐鲁平原之上，东临大海、西靠黄河，以“五岳之首”之盛名享誉宇内。泰山不仅以其峻拔高耸、元气浑厚的自然景观为人们所称道，山上山下亭台楼阁、古迹遍布，在漫长的历史演进过程中形成了深厚的人文内涵。自古以来，中国人就崇拜泰山，有着“泰山安，四海皆安”的说法。自秦汉时起，泰山历代受封，先后有多位帝王亲登泰山封禅或祭祀；古代文人雅士更对泰山仰慕备至，纷纷前来游览，作诗记文；泰山又是佛、道、儒各教派的繁盛之地，因而留下了丰富的文物古迹。美国学者纽拜曾经指出，风景与其说是自然所提供的一种形式外表，不如说它更主要的是文明的继承和社会价值的体现。

文化资源是文化旅游产业的核心吸引所在，也是旅游开发关注的重要焦点所在。西安与雅典、罗马、开罗齐名，是世界四大文明古都之一，有着三千多年的建城史和一千多年的国都史，其中西周、秦、西汉、唐等盛世王朝都在此建都。西安是中华文明和中华民族重要发祥地之一，也是丝绸之路的起点，凝聚了浑厚的古都文化，积淀了各个王朝的文化，拥有大量丰富的遗址遗迹类文化旅游资源，如秦始皇兵马俑遗址、秦始皇陵、华清池、唐大明宫遗址、西安城墙、鼓楼、钟楼、大雁塔、小雁塔等；宗教文化资源方面，道教始祖老子曾在终南山楼观南驻台为尹喜讲述《道德经》；大乘佛教共八宗，其中六大宗派的祖庭在西安。西安令人称羡的文化旅游资源是发展文化旅游产业的动力所在，为西安打造国际人文旅游目的地提供了资源基础。现存的各类建筑遗迹和文物古迹记载着不同历史时期不同地域人们的智慧，有着深厚的历史文化积淀，向人们再现历史风貌，也为现在人们了解和研究历史、考察古代人民民俗风情、研究古建筑艺术提供了宝贵的价值。在"文化立区、旅游兴区"的战略理念下，西安曲江逐步形成了"文化+旅游+商业"的发展模式，大雁塔北广场项目的开发让曲江模式一举成名，北广场创造出诸多世界之最——亚洲最大的喷泉广场、最大的水景广场等，项目的开发整治了大雁塔附近曲江一带的公共基础设施和绿化，同时还吸引了广大游客前来观赏，拉动了周边的商业链。

文化旅游资源为区域旅游业发展提供了广阔空间的同时，文化旅游资源的开发应尽可能地保持它的原汁原味，这样历史古迹才能在不同的历史阶段发散它的历史光彩，人们才能更好地沿着它的古色古香去追溯它本来的面目。

（二）文化资源对文化创意产业发展的基础作用

文化创意产业是以创造力为核心，依靠个人（团队）通过技术、创意和产业化的手段开发文化资源的行业，并将整个过程奠定在现代知识产权之上。文化创意产业是文化产业的重要组成部分，处于整个文化产业链的上游、价值链的高端，决定了文化产业的前进方向。

文化资源是文化创意产业发展的源泉与动力。文化创意是利用文化资源中的信息，用想象力和创造力激发产生出一种创新、或令人耳目一新、或具有不同凡响的震撼力。除了理念创新之外，创意业还通过科技创新手段对文化资源进行深度开发，努力提高文化资源的科技含量，运用现代高科技升级传统文化资源，进而提升文化企业的竞争能力。

以最具代表形式的动漫产业为例，动漫产业是利用现代高科技手段，将刻画鲜明的动漫人物和精彩的故事展现给观众。动漫产业的成功与否依托于动漫故事和动漫人物的感染力，然而这些动漫故事和动漫人物很少是被凭空创造出来的。成功的动漫创意都根植于对本国和本民族或世界范围的文化资源的挖掘与有效整合利用。例如，美国的动画产业另辟蹊径，通过从世界各国的文学名著和神话传说中广泛提取素材，在保有原作故事架构的基础上，改编了大部分的题材，走出了一条美国文化大片的发展模式。其中，《功夫熊猫》的素材来自中国，迪士尼动画《钟楼怪人》的灵感来自维克多·雨果的作品《巴黎圣母院》，动画《大力士海格力斯》改编自古希腊神话，《白雪公主》《海的女儿》《睡美人》和《灰姑娘》等动画作品都改编于格林童话或安徒生童话。

文化资源为文化创意产业的发展提供了资源基础。然而，文化资源的优势并不等于文化产业的优势。文化资源产业化的关键在于是否有能力将一国的文化资源成功转化为具有商业价值的文化商品。1992 年，好莱坞安布林娱乐公司从网上获知中国云南禄丰侏罗纪恐龙化石和河南西峡恐龙蛋的发现，以此为灵感拍摄了科幻冒险电影《侏罗纪公园》，获得了巨大的社会反响和商业利润；花木兰的故事被千千万万的中国人世代诵读，最后却被迪士尼公司搬上了大荧幕，足足赚够了 6 亿美元。

（三）文化资源对文化服务产业发展的基础作用

文化服务业处于文化产业和服务业的交叉领域，是指专门从事各种文化工作的服务的部门，包括新闻服务、出版发行、版权服务、广播、电视电影服务、文化艺术服务、饮食服务、娱乐服务等。文化服务产业是以物质或是非物质、有形或是无形的文化资源为载体，通过产业化开发，输出高附加值、无污染或者低污染的文化产品，是一种知识含量高、文化附加值高、能源消耗低和环境污染少的绿色产业。文化资源是发展文化服务业的源泉，注重文化资源产业化的开发有助于取得可观的经济成效，促进经济的飞速发展。

西安以其浑厚的大唐历史文化积累为依托，通过高科技灯光音响特效等表现手法，打造出大唐舞剧的文化品牌，向观众再现大唐风韵。“真山真水真历史”的大型历史实景歌舞剧《长恨歌》，在历史故事的真实发生地——华清池，用舞剧的艺术形式，以白居易叙事长诗《长恨歌》为主要内容，通过“两情相悦”“恃宠而骄”“生离死别”“仙境重逢”四个章节进行展开，不仅为观众展现出唐玄宗和杨贵妃可悲可泣的爱情故事，也展现出安史之乱过后大唐由盛转衰的历史折点。整部歌舞剧集历史文化之韵、山水自然之美和现代科技之奇，通过高科技的舞美元素，再现了一个帝国的辉煌，与此类似的历史歌舞剧还有《日月大明宫》《梦回大唐》《仿唐乐舞》和《大长安》等。

美国发达的文化服务产业源于对文化资源的成功开发与运作，美国的文化服务产业无一不与其独特的文化资源紧密关联。美国的历史文化资源不如中国丰富，它对文化资源的开发更侧重于对智能资源（人力、技术资源）的开发，智能资源的充分利用造就了美国的文化产业。美国影视文化产业的代表“好莱坞”在全球影视市场上占据了绝对的份额，获得了巨大的商业价值，它的成功得益于好莱坞所拥有的丰富的现代智能资源，如技术先进的电影生产流水线、成熟的商业运作模式、杰出的艺术人力资源、先进的数字化技术和源源不断的“金点子”。

文化服务业与相关产业相互依托、相互促进，形成产业之间的价值链，通过区域联动来优化产业结构。迪士尼紧绕着核心创意制作动画片，广受好评，不仅获取了高额的票房收入，也为后续的相关文化产品打造文化声势。除发展影视产业之外，迪士尼逐步衍生到相关产业，扩大了产业规模，从影视—出版—传媒—零售—旅游，渐渐地完善自身的产业链，塑造出独具特色、被人们广泛认同的文化品牌，进而获取巨大的经济收益。

（四）文化资源对文化贸易发展的基础作用

文化贸易产业主要通过直接出口、服务贸易和国际合作等形式，将诸如图书、报刊、广播影视制品、游戏、艺术品等文化商品以及文化服务如广告服务、摄影服务、娱乐、视听服务等推向国际市场。文化贸易是文化产业“走出去”战略实施的主要方式之一，通过大力发展文化产品和服务贸易，向全球推广本国文化，有利于提高自己的文化软实力与国家影响力。

欧洲是西方文明的主要发祥地，具有深厚的历史文化底蕴。依托于丰富的文化资源，欧洲重视对文化资源的保护和合理开发，重点发展了以文化资源为中心的文化产业，如音乐产业、艺术品拍卖、文化设施产业、出版、传媒、会展经济等。

美国丰富的现代智能文化资源的优势有效弥补了其历史文化资源不足的劣势，将文化全面融入各种产业的研发、制造、销售、服务等环节，把握产业链上游和战略环节，集中优势资源打造文化产品，大力推动文化贸易自由化，牢牢控制了电影、传媒业、出版业、报纸杂志、娱乐业等产业。

中国文化贸易产业主要集中于附加值较低的传统项目——手工艺品和设计，包括建筑模型、玻璃制品、珠宝和玩具和民族文化展示等方面，核心文化服务贸易规模小、比重低且逆差严重，尤其缺乏视听内容产品及版权贸易。这主要是由于我国未有效利用有价值的文化资源，现有的文化产品和文化服务内容淡薄、形式单一使其难以得到国际上的认同。我国应该立足于本民族优秀的传统文化资源，把握文化发展的趋势和社会对文化发展的需求，将具有鲜明中华文化特色的文化资源整合成为全人类的共同价值，创造出核心竞争力强、文化附加值高、国际社会广泛认同的文化品牌。

（五）文化资源对文化保护产业发展的基础作用

文化资源与文化传承相结合，形成文化保护产业。资源的保护是合理开发或利用文化资源的前提，文化资源的开发利用首先是建立在对文化资源保护的基础上，保护的目的是为了可持续利用，让更多人了解充满厚重历史感的文化资源，理解文化的意义，文化资源保护是文化保护产业发展的出发点与根本目的。

从国际上看，凡尔赛宫、卢浮宫、枫丹白露宫、巴黎圣母院、凯旋门等闻名世界的文化遗产，向人们展现出了法兰西文化的独特魅力。法国是世界上文化资源最丰富的国家之一，也是世界上最重视文化资源保护的国家之一，立志于成为“文化国家”。法国政府每年投入大量的人力、物力，以“修旧如旧”原则，精心维护和修复各种古建筑遗址、城堡、教堂和老街区。罗马是西方文明的发源地，走进罗马古城，全是几百年乃至几千年的文化古迹与街道，几乎很难看到一栋现代化的建筑，可见其对文化保护的重视程度。

改革开放以后，我国的社会结构和思想意识发生了巨大的变革，通俗文化的蔓延、信息社会的到来、外来文化的侵入都对非物质文化带来巨大的挑战。民俗学者黄才贵（2002）预测，荣获世界“第十个乡土文化保护区”的黔东南的民族特色，将在二三十年内迅速消逝，相应的黔东南旅游业的“圣火”也将随之熄灭。物质文化遗产丰裕的地区往往是经济相对落后的地区，一些地方政府部门“一叶障目不见森林”，只着眼于历史文化资源的经济价值，对历史文化资源进行过度的、破坏性的开发与利用，最终导致不可再生的文化遗产遭到破坏。一座座古村、古镇、古街被有关部门“腾笼换鸟”，迁出原住民，大举招商引资，重新包装成充斥着各类商铺、旅店、茶社的历史风情街。由此看来，发展文化保护产业，有利于保护传统文化和民族文化的多样性，有利于促进文化创新和发展先进文化。

文化保护产业可以分为静态保护和动态保护两类。静态保护可以分为两种，一是博物馆展示，二是通过文字、影像记载的形式。动态保护也可以分为两种，一是举办各种节庆活动，如韩国的节庆活动主要分为两种形式。一种是类似于中国赛龙舟之类的民间村俗；另一种是政府提倡的各类民俗节、民俗文化节。韩国通过文化节有意识地保存、继承正在消失的传统文化，让它们真正融入民众的生活，而不是让它们成为博物馆中僵死的标本。二是创立文化传承通道。意大利政府为抢救和保护西西里岛的傀儡戏，为青年木偶艺人开办培训场所，举办西西里木偶节并开设奖项，并在国内外开办木偶展览、兴建木偶学校等。

二、文化资源是文化创意形成的源泉

创意，特指人的脑海中产生的一种创造性的想法。这种想法并非是无根之水、凭空捏造的，而是通过对事物本身的洞察，获得对于事物本身更深的了解和更新的认识，以此为基础，再加上一定的想象力，将不同事物的本质中相同的部分连接在一起，从而形成了创意。创意的主体是人，强调人的技能、人的创造力、人的天赋，是人的智慧的直接体现，因此，创意包括创新。

创意为文化资源产业化开发提供了核心要素，没有新的创意，文化资源产业化开发就成了无源之水、无本之木。文化资源产业化开发的关键在于处于文化价值链上游、价值链高端的创意。文化创意是利用文化资源中的信息，用想象力和创造力激发产生出一种创新，或令人耳目一新，或具有不同凡响的震撼力。华特·迪士尼以其天才的智慧创建出一个神奇的迪士尼王国，展现出创意的无限魔力。只有具有新创意的文化产品才能吸引人们的眼球，才能保持持久的市场需求。

文化资源是文化产品形成的基础和前提，创意是文化产品形成的核心要素，文化资源向文化产品的成功转化，是文化资源产业化开发的核心环节。文化资源仅仅是为文化产业开发提供了物质条件，文化资源到文化产品的转化是一个从资源整合到产品开发和形成的价值增值过程。经济学家查尔斯·兰蒂采用“价值生产链分析法”解释了文化产品的形成过程，大致可以将文化产品的形成概括为三个阶段——文化产品创意阶段、文化产品生产阶段和文化产品市场化阶段。与之相对应，文化产品创意阶段本身就是创造性过程，可以将其视为知识创新；文化产品的生产阶段同样需要依靠创作者的创意能力，如文学作品的创作和电影的制作，它们或是依赖内容（知识）创新或是依靠技术创新；文化产品的流通过程是文化资源是否能产业化的验证标准，除了受到市场因素影响，还与营销策略对市场的推广起着很大的作用，营销策略又是管理创新的一种表现形式。文化资源到文化产品转化的过程之中，处处体现创意的重要性，可以说，没有创意就没有文化创业的发展。

文化产业是以创意为核心的创造性产业，创意是文化资源开发的重要手段。通过创意对文化资源进行挖掘和整合，进而创新文化产品的内容，形成各具特色的文化产业。我们要以继承借鉴和改革创新的眼光对待文化资源，既要珍惜宝贵的文化资源，又要重新审视文化资源，对其不断进行创意，不断赋予其新的内涵、新的理解和新的形式。中国台湾漫画家蔡志忠致力于研读中国的古籍和佛书，并创作出脍炙人口的《庄子说》《老子说》《列子说》等经典漫画，被翻译成二十几种语言，在中国台湾地区、中国香港地区、新加坡、日本、马来西亚等地广受欢迎。美国电影《功夫熊猫》将中国的功夫文化与可爱的动物熊猫结合起来，生产出广受欢迎的影视大片，取得了不俗的票房业绩。

文化创意离不开与现代高科技的结合，科技创新是对传统文化产业的颠覆，高新技术广泛应用于文化产业的各个领域，是文化产业发展的必然趋势。知识经济时代推动了高新技术日新月异的蓬勃发展，高新技术的发展从各个层面上影响着文化产业的发展，是对传统文化产业颠覆性的革命。文化产品通过高科技的运用创造出巨大的经济效益。例如，日本的文化产业充分把握时代的脉搏，运用数字技术，利用创新思维创造出具有市场竞争力的文化产品，即使是在国际背景下也占据较大的市场份额，尤其是动漫产业。无独有偶，纵观迪士尼九十年的成长史，它紧跟时代风向、意识超前，重视运用高新技术，在动画片的历史上创下了多个世界第一：第一部全部对白动画片《蒸汽船威利》(1928)、第一部彩色动画片《花和树》(1932)、第一部动画长片《白雪公主》(1937)、第一部使用动画摄制机拍摄的动画片《幻想曲》(1940)、第一部宽银幕动画片《小姐和流氓》(1955)和第一部真人与动画同时出现的动画片《欢乐满人间》(1964)等。

科技创新是延伸文化产业链的关键，随着印刷术和电子、数字技术的发展，传播媒介从报刊和广播到电影、电视、互联网的转变，使多种媒介共同传播同一种创意成为可能。“哈利波特”已经成为史上最成功的流行文化和商业品牌之一，成为一个横跨多个领域的巨型产业链，集出版、电影、DVD、录像带、餐饮、玩具、文具、游戏、服装等于一体，衍生创造出不同种类、形式的商品及服务，进而提高了盈利能力。

文化资源是文化创意形成的源泉，应以文化创意为源泉、科技创新为引领，提升文化内容原创能力，推动文化产业产品、技术、业态、模式、管理创新，推动文化产业与“大众创业、万众创新”紧密结合，充分激发全社会文化创造活力。

三、文化资源决定文化“走出去”的软实力

21 世纪是知识阶级的时代，文化的作用越来越重要。作为现代社会发展的精神动力和智力保障，文化越来越成为民族凝聚力和创造力的重要源泉，越来越成为国家文化软实力的重要体现。文化软实力是一种创造性的有机综合力量，涵盖了精神文化、制度文化与物质文化等各个层面的内容，彰显了一个国家在国际上的文化影响力和魅力。

改革开放以后，我国社会结构和思想意识发生了巨大的变革，伴随着

信息社会的到来，国与国之间大文豪交流越来越频繁、越来越方便，这对我国传统文化带来巨大冲击。为了应对日趋复杂的文化发展环境，中国政府实施了文化产业“走出去”的工程，这不仅是经济全球化背景下增强国家经济实力的重要任务，也是文化多样化背景下提升国家文化软实力的重要方式，是实现华夏文明伟大复兴的重要前提。

文化产业“走出去”包括对外直接投资和国际文化贸易式两种基本形式。对外直接投资模式是指文化企业通过资本输出，对海外直接投资或兼并收购海外企业，可以视为资本的“走出去”。文化贸易模式可以分为两类：第一类主要通过直接出口、服务贸易形式，将诸如图书、报刊、广播影视制品、游戏、艺术品等文化商品以及非制成品形态的文化服务如广告服务、摄影服务、娱乐、视听服务等推向海外市场，可以视为文化产品的“走出去”；第二类是版权的“走出去”，通过国际合作研发、委托国际代理等形式，将各国的比较优势要素进行高效的整合，打造高知名度的文化产品和服务。

近年来，中国文化贸易的年均增长速度远高于世界平均水平，然而我国的文化贸易产业仍然是一个相对传统的结构，处于全球文化产业链的低端。我国文化产品贸易在文化贸易中占绝对比重，文化产品持续顺差。而文化服务贸易规模较小，且存在贸易逆差。从文化贸易的结构角度看，中国文化贸易产业主要集中于附加值较低的传统项目手工艺品和设计，包括建筑模型、玻璃制品、珠宝和玩具。核心文化服务贸易规模小、比重低且逆差严重，尤其缺乏视听内容产品及版权贸易。因此，通过加快中国文化资源的产业化开发，大力发展对外贸易，对于促进中国文化走出去，提升中国文化软实力具有十分重要的现实意义。

四、文化资源决定文化产业发展模式的形成

文化产业是文化经济化的一种特殊形式，是工业化中后期产生的新经济形态，集知识经济、信息经济和可持续经济为一体。文化产业的发展受到市场需求、文化观念、科学技术发展碎片、文化资源禀赋、产业发展政策、服务贸易水平、对外开放水平等多种因素的影响与制约，但作为知识

形态的现代服务创业，文化资源对其发展具有内源性的影响。

文化产业具有文化内涵和产业化生产的双重属性，因此形成了不同于传统产业的特色发展模式。通过对国内外文化产业的主要发展模式进行梳理可以发现，文化产业按不同标准可以划分为不同的发展模式。从文化资源产业开发的主体角度出发，文化产业发展模式可分为市场机制主导、政府强力推动型模式；从文化资源产业开发所依托的要素角度出发，文化产业发展模式可分为历史文化资源带动模式和现代智能文化资源带动模式这两类。由于本书的研究主题是基于文化资源要素禀赋来对文化产业发展模式进行研究，所以重点分析资源指向型文化产业发展模式。

首先，文化资源的不同类型决定了其影响文化产业的发展方式不同。

从整体上看，物质文化对文化产业发展的影响是直接的、看得见的，可以直接与不同类型的文化产业结合起来，形成多种多样的文化创业发展模式。例如，我国的万里长城、古埃及的金字塔、印度的泰姬陵等这些物质形态的历史文化遗产，可以直接与旅游产业结合起来，形成文化旅游产业，其间甚至不需要经过任何加工，就可以满足人们的精神文化消费需要。而非物质文化遗产对文化产业发展的影响是间接的，它需要通过文化创意的手段才能够对文化产业发挥作用，推动文化产业的发展。例如，我国的儒家文化、道家文化等宗教文化，则需要通过与一些宗教仪式结合起来，才能转化文化服务产业，满足大家的精神追求；我国的一些民俗文化，少数民族风俗文化等，也需要通过一些平台、舞台才能够展示出来，让大家参与、体验，获得文化体验方面的享受；西方的希腊神话、我国的很多民间传说，都需要通过文化创意的手段，通过和电影、电视相结合，才能够展示给观众，也才能够兑现其历史文化价值。

其次，不同的文化资源决定了文化产业的发展方向不同。

文化资源的形成与独特的地域因素高度相关，不同的地域孕育了不同的文化资源。地域文化资源是地域历史发展过程中前人劳动创造的物质成果及其转化，如文化遗产、民俗和节庆等，是独特的、难以复制的。地域内独特的文化资源是发展文化产业的核心要素，从物质文化资源到非物质文化资源，从民俗文化资源、红色文化资源到宗教文化资源都是文化资源产业化开发的物质基础。文化往往是一种具有鲜明地方特征的现象，例如，随意、轻松、梦幻、推崇时尚和流行文化是美国洛杉矶的文化特色；高贵、典雅、奢华是法国巴黎的代名词。文化历史资源带动模式是指以地域特色的文化资源为产业化开发的对象和要素，通过对区域特色文化资源的挖掘、整合、提升，可以形成不同特色的文化产业发展模式。例如，在对歌舞文化资源进行深入挖掘的基础上，可以打造现代歌舞文化产业；在对饮食文化资源进行挖掘的基础上，可以发展出饮食文化产业；在对养生文化资源进行挖掘的基础上，可以发展出养生文化产业；在对民俗文化资源进行挖掘的基础上，可以发展出影视文化产业等。

山东是中华民族古老文明的发祥地之一，孔孟之乡，其代表文化是齐鲁文化。山东的文化旅游资源的比较优势可以概括为“三都四圣一山一水”，“三都”是指儒学的发祥地鲁都曲阜、齐文化的发祥地齐都临淄和殷商的发祥地商都曹县；“四圣”是指“文圣”孔子、“兵圣”孙子、“科圣”墨子和“书圣”王羲之；“一山”是指世界文化自然遗产泰山；“一水”是指中华民族的母亲河黄河。基于此，山东省旅游局在 1984 年提出“山、水、圣人游”的旅游线，并经过多年的发展已逐步成为山东旅游的品牌和标志性产品。

冠以“德国工业心脏”之称的德国鲁尔区是典型的传统工业区域，形成于 19 世纪中叶，鲁尔区的发展经历了由资源丰裕到资源枯竭、由盛转衰的过程。20 世纪 90 年代，对于鲁尔区的改造，北莱茵维斯特法伦州为获取既具有生态品质又具有文化品质和经济效益的更新方案，在全球范围内展开了一系列的招标。最终，政府采取了将该区域一百多年前的炼钢车间改造为中央舞台，冶炼厂改建为工业博物馆，钢铁公司老厂房改建为由二百多家商店、二十多家餐饮店、电影放映厅等组成的文化娱乐区，通过“去工业化”的产业结构转型使鲁尔区实现了由高污染工业产业到文化创意产业的华丽转型，造就了今日鲁尔区的繁荣。

总之，不同的文化产业模式的形成，背后都有着其内在的文化资源渊薮，并不是无中生有，随便就可以打造出一个文化产业发展模式的。不同的文化资源禀赋决定了文化产业在资源开发上侧重对象的不同，历史文化资源丰裕地区应发挥其资源优势，侧重于对历史资源的开发，发展文化饮食产业、文化旅游业、文化服务产业、民俗文化产业等资源型文化产业；

而现代文化资源丰裕地区，则应发挥其智能资源优势和区位优势，侧重于对现代资源的开发，发展创意型文化产业、文化服务等现代文化产业。总之，在不同的文化资源基础上，打造出的必然是不同类型的文化产业，文化资源的性质不同，决定文化产业的发展方向不同，形成的文化产业发展模式也不同，最终发展出来的是千姿百态的文化产业，把这个世界装点得美丽动人。

第四章

文化资源产业化开发运行机制研究

文化资源产业化开发过程，就是文化资源的价值兑现过程，即文化资源通过文化创意的手段，向文化产品的转化过程，这是一项复杂的系统工程。文化资源的产业化开发，离不开对文化资源的传承、创新与发展，涉及文化资源产业化开发的手段、路径、平台、市场化运作、品牌塑造、协作机制与政策保障等问题。如何将这些要素融合成一个有机的整体形成合力，以推动文化资源产业化的进程，即厘清文化资源产业化运行机制问题，是文化资源产业化开发理论研究所要解决的核心问题。

第一节 文化资源产业化开发的内涵、分类与原则

一、文化资源产业化开发的概念

产业化（industrialization）是一个经济学专有名词，产业化是指某种产业在市场经济条件下，以行业需求为导向、以实现效益为目标、依靠专业服务和质量管理形成的系列化和品牌化的经营方式和组织形式，“化”表示转变成某种性质或状态。产业化的基本特征包括：面向市场、行业优势、规模经营、专业分工、相关行业配合、龙头带动、配套服务、市场化运作等。

文化资源产业化开发是产业化的一个属概念，是指以文化资源开发为对象，由资本驱动，依照市场规律运行而形成的文化产品生产、传播和流

通的过程及其机制形成过程。文化资源是构成综合国力的重要基础，但文化资源只是为综合国力带来某种条件和可能性，文化资源要变为提高文化软实力的要素，关键还在于通过文化产品的形式来实现。而文化产品是文化产业的一种表现形态，它是通过文化资源的开发利用来体现的。因此，发展文化产业的根本目的，就在于把各种丰富多彩的文化资源以产业化的方式，使它们的价值属性为社会公众所认识和了解，加速它们在社会上的传播和影响。从这个层面上讲，产业化方式是促成文化与大众相互联系的必要环节，也是文化产品实现其社会价值的一种基本方式。就文化产业来说，产业化的核心是对文化资源的开发利用，这种开发利用通常是有效而充分地整合文化资源的结果。如何整合文化资源已经成为文化产业发展的关键，成为世界各国关注的重点。

综上，可将文化资源产业化开发定义为：在市场经济条件下，以文化产业需求为导向，以实现文化产品经济效益为目标，依靠文化创新与高科技手段，通过对文化资源价值的深入挖掘，将文化资源转化为文化产品，形成文化产业链，最终推动文化产业可持续发展的过程。

总体上看，文化资源的产业化过程也被称为文化资源的转化过程和文化产业的形成过程，文化资源是文化创意的源泉，是文化产业形成的基础，文化产业则是文化资源产业化开发的结果。把握和厘清二者的内涵与关系，将有助于我们更好地理解文化资源产业化过程。

二、文化资源产业化开发的分类

文化资源从时间维度上可以划分为历史文化资源和现代文化资源两大类，文化资源的产业化开发就是围绕着以上这些不同形态的文化资源展开的，是文化资源的价值兑现过程。

（一）历史文化资源的开发

1. 物质文化遗产的开发

物质文化遗产可以细分为建筑文化遗产、历史文物和人类文化遗址等不同的实物形态。物质文化遗产主要包括文物、古建筑群、文化遗址等，例如司母戊大方鼎、故宫、三星堆遗址等。截至2016年7月，中国世界遗产经联合国教科文组织审核被批准列入《世界遗产名录》的共有50项，在世界遗产名录国家排名第二位，仅次于拥有51项世界遗产的意大利。中国是世界上拥有世界遗产类别最齐全的国家之一，也是世界文化与自然双重遗产数量最多的国家（与澳大利亚并列，均为4项）。

物质文化遗产的开发，具有多种多样的途径。将物质文化遗产与旅游相结合，可以形成文化旅游产业，例如通过深入挖掘出具有当地特色的历史、自然、人文、文化、风俗、老街、古建筑等，利用挖掘出的素材加以包装和渲染，可以发展出不同的文化旅游产品。将物质文化遗产与文化创意结合起来，可以发展起文化创意产业，例如故宫的文化创意产品目前已经超过了单纯卖门票的收入。也可将物质文化遗产与文化服务产业结合起来，推进现代服务产业的发展，例如我国的川菜饮食文化遗产，通过发扬光大，风靡大江南北，直接推动了饮食服务产业的发展。还可将物质文化遗产与文化贸易产业结合起来，例如我国的一些民族手工艺品，因其精湛的工艺和文化符号，深受海外文化人士的喜爱，成为我国文化产品走出去的重要组成部分。

总之，通过文化创意与高科技的手段，将物质文化资源转化为文化产品，使其与不同的文化产业形态结合起来，是推动物质文化遗产开发化开发的基本手段。

2. 非物质文化遗产的开发

非物质文化遗产以人为载体，可以细分为民间艺人口头表述、风俗习惯和礼仪节庆活动、才艺表演、人类改造自然的实践知识总结、民间传统手工艺技能五大非物质的文化资源形态。经过十多年来的不懈努力，截至2016年底，通过联合国教科文组织的审批，我国入选非遗名录项目达到39个，成为世界上拥有非物质文化遗产项目数量最多的国家。

由于非物质文化遗产不具有实物形态，使其较之有形的文物（可移动文物和不可移动文物）在识别、保护方面都有一定的难度；同时又由于非物质文化遗产活态传承的特性，也使其在历史变革与时代冲击下比有形文物更加脆弱，比有形文物更容易消逝。正是因为非物质文化遗产在保护上的这种困难性和其本身的脆弱性，对它的保护才显得更加的紧迫。

非物质文化遗产以人为载体的特性，决定了首先必须加强对文化传人的保护与传承，以使其能够发扬光大。众所周知，我国的口头传统和表述，表演艺术，社会风俗、礼仪、节庆以及传统手工艺技能等几乎所有的非物质文化遗产，都是以民间艺人为主要载体，这就决定了非物质文化遗产的保护应该是以保护文化传人为主，辅之以对其继承人的培养，以使其可以传承下去。这方面的工作在我国已经深入下去，并且形成了工作体系，其取得的成就是有目共睹的。

在非物质文化遗产的开发过程中，需要深入挖掘其中的文化价值和经济价值，使非物质文化遗产在弘扬传统文化、刺激地方经济发挥应有的作用，非物质文化遗产几乎可以与所有的文化产业类型相结合。在这方面，成功的案例很多，例如，中央电视台的春节晚会对除夕文化的编排、少林寺对武术文化的开发、杨丽萍对云南少数民族歌舞文化的挖掘、陕北老乡对黄土地古乐文化、信天游文化的表演等，无不反映出非物质文化遗产产业化途径的多样性。

（二）现代文化资源的开发

现代文化资源来自当代创造，是人们在生产、生活中创造出的满足现代生活需求的包含文化内容的物质与精神产品。现代文化资源的开发，是为了满足新时代人们追求高品质生活的需要，而形成的一种文化产业发展新业态。

1. 现代物质形态文化资源开发

现代物质形态文化资源包括近现代的建筑，近现代创作的文学作品和艺术品，提供休闲、娱乐和购物的建筑场所等。在这些物质形态文化资源的基础上衍生出来的文化产业园区、主题公园、影视（动漫）基地、节庆演出基地、艺术园区、新兴街区等，具有鲜明的现代文化特征，逐渐成为推动文化产业发展、落实文化产业扶持政策的重要载体。

一般意义上，拥有悠久历史的文化资源更具开发的价值。但在文化资源开发倚重于创意的今天，历史的长短也不见得能够成为资源开发有效性的必然保证。现代文化资源有一个独特之处，就是根据需要，“没有也能创造出来”。当前的文化产业具有时代性的鲜明特色，更多需要的是开发者的思想和创造力。文化产业是“以内容为主”的新兴产业，其文化产品的特殊性在于没有固定的、明确的物质实用价值，而是追求其丰富独特的文化价值与文化魅力。发展文化产业不仅要有丰富的文化信息含量，提高产品的文化功能效益，而且要突出文化信息的民族性要素，满足民族的审美偏向、符合民族的认知心理等；不仅要融入独特的文化意蕴，而且要把握和表现民族深厚的文化底蕴。

现代文化资源知名品牌很多，例如，美国的迪士尼乐园、无锡的水浒城、三国城、杭州的宋城等，都是这方面的杰作。各地区应因地制宜，将现代物质形态文化资源的差异化转变为特色化，将其特色的文化资源转变为具有丰富内涵的文化产品，形成具有规模经济的文化产业链，进一步在市场经济中充分发挥其影响力，打造成极具市场竞争力的特色文化品牌，最终走出国门、走向世界。

2. 现代知识形态文化资源开发

现代知识形态文化资源主要存在于新兴文化产业，可以分为信息设计资源、现代传媒资源、动漫游戏资源、教育培训资源、文化休闲资源和文化会展资源等。影视、动漫、广告等都可以归为知识形态的文化创意产品。另外，诸如丝绸、剪纸、灯笼等传统文化产品，借助现代高科技，进一步挖掘和提升其价值的产品也可以归为此类。

将现代形式多样的知识形态文化资源与文化创意相结合，借助高科技的发展手段，生产创新型的文化产业，是现代知识形态文化资源开发的必由之路。例如，通过现代的影视技术，将原本只能在纸张上跃动的人物形象搬上了大荧幕，不仅人物的模样、动作更加栩栩如生，再配上音乐等其他元素，借助互联网使得文化创意产品快速地向全世界传播。

现代文化资源的开发过程，是在对文化资源深入挖掘的基础上的文化创新过程。创新是人类社会发展的重要驱动力，一定时期的文化资源既来自传承，又来自持续的创新。时代的变迁，环境的创新和条件的改善，为现代文化资源创新构筑了坚实的基础。简要地说，文化资源创新是指通过新认识、新思维、新方法，包括制度、技术、理念等方面的突破，产生出新的文化资源，并以新的姿态服务于企业或者社会的需求。例如，设计出新的动漫产品、推送出新的文化体验模式、改造传统文学资源、拍摄出符合现代人审美观的新颖影视作品等，都是属于这类范畴。

三、文化资源产业化开发的原则

文化资源产业化开发，与其他生产要素开发存在着根本的区别，即其他生产要素开发的结果，就直接变成了产品的一部分，随着人们的消费而消失了。而大多数文化资源产业化的过程，只是其价值呈现的过程，只要不破坏，就具有反复消费的特性，这就决定了文化资源产业化开发需要遵循自己特性的一些基本原则，引导文化资源向文化产业转化，以实现文化资源的长期与综合利用。

（一）特色开发原则

在成千上万年的历史发展演化过程中，文化资源不管是有形的还是无形的，都烙下了独一无二的历史印记。例如内蒙古的草原文化、西藏的藏传佛教文化、云南的少数民俗文化，这些在全世界都是绝无仅有的。对于当地的文化消费者来说，消费文化产品主要是为了追求一种熟悉的归属感，满足一种淳朴的家乡情结；对于外来消费者来说，消费文化产品主要是为了观新赏异，享受一种新鲜、新奇的当地风情。特色是文化资源的生命力所在，也是其拥有强大吸引力的基础。在文化资源的产业化开发过程中，应充分发展最富有特色和魅力的景观、原汁原味的生产生活方式和文化习俗，形成鲜明主题，保持其“人无我有，人有我特”的垄断性地位。

（二）可持续开发原则

可持续发展就是要做到社会、经济、自然与环境保护的协调发展，它要求人类从向大自然过度索取向人与自然和谐相处方向转变。文化资源产业化开发中，要以文化保护作为出发点，以可持续发展的眼光来对待文化资源，实现文化资源的永续利用。文化资源产业化开发的保护原则，既包括对有形文化资源的物理保护，也包括对无形文化资源的产权保护。文化资源具有脆弱性和无法复制性，一旦被破坏，就相当于永远流失，文化产业要长久持续发展，一定要做好文化资源保护工作。

此外，还要建立文化资源再生机制，能够不断创造和再创造新资源，并善于开发、利用现代新资源。现代社会发展过程中，需要不断创造出新的文化形式、文化内容和文化媒介；新技术的迅猛发展和广泛应用，给文化活动的创新提供了极大的现实可能性，这些都是文化产业的新资源。作为文化资源产业化的开发者，一定要跟上时代的步伐，善于研究新资源、开发新资源、发展新业态。

（三）创新创意开发原则

文化资源的产业化开发，离不开与高科技手段相结合，要对文化资源的历史文化价值进行深入挖掘，使之成为文化创意源源不断的动力来源。文化产业作为一种新型的现代服务产业，要从各方面满足人们的精神文化需求，这就需要不断地推陈出新，生产出更多更好的文化产品，而要实现这一点，就离不开文化创新。要通过文化创新的手段，打造文化产品品牌、提升文化产品质量，形成文化产品产业链，提升文化产品的国际竞争力。

（四）整合协调发展原则

文化资源具有分散性的特点，不同地区的文化资源，由于其社会经济发展的过程不同，人们的生活与劳作习惯不同，从而形成的是不同类型的历史文化资源。但作为人类生产与生活发展而遗存下来的宝贵财富，所有的文化资源都具有同样的文化价值与精神价值，都构成了今天文化产业发展的宝贵资源。这就要求我们今天在发展文化产业的过程中，要善于整合各个地区、各种不同类型的历史文化资源，在各类文化资源之间建立起有机联系，激活其历史文化价值，使分散、呆滞的文化资源变成系统的、有活力的经济发展元素；要通过相互沟通、渗透、互补、重组等手段，打造合理的文化产业链，实现合理分工、整体优化、协调发展，才能最终推动文化产业的发展。

（五）国际合作原则

从世界范围来看，凡是民族的就是世界的，好的文化产品在世界范围内都是受欢迎的。但是，从目前来看，文化产业的发展在国际国内市场都是不平衡的，以美国为代表的一些发达国家掌握着文化产业发展的高科技手段以及文化创意的先进理念，但却缺乏深厚的历史文化资源积淀；而以中国、印度等为代表的历史文明古国，虽有着丰富的历史文化资源，但却缺乏将其转化成为高品质的文化产品的手段。这就要求我们在发展文化产业的过程中，要加强国家与国家、企业与企业之间的合作、相互沟通、互通有无、加强合作，创新文化产业协作体制，以在充分利用世界文化资源的基础上，打造新的文化产业合作发展模式，共同推进世界范围内的文化资源产业化开发进程，共同促进世界文化产业与文化贸易的发展，充分满足世界范围内人们对精神文化产品消费的需要。

第二节 文化资源产业化开发的运行机制研究

厘清文化资源产业化开发的路径与作用机理，探讨文化资源产业化开发的基本规律，决定着文化资源产业化开发工作能否顺利展开，因而具有十分重要的理论与现实意义。

一、文化资源产业化开发运行机制的总体构思

机制是指有机体的构造、基本功能及其内在的协作关系。运行机制是指在社会发展过程中，推动社会正常运动的结构、功能等各种因素的相互关系，是决定社会各种行为的内在因素与外在因素相互协作关系的总称。社会各项工作要顺利运行，必须建立一套完整、协调、高效的运行机制。社会运行机制包括很多形式，著名的有政府管理运行机制、市场运行机制、竞争运行机制、企业运行机制等。

文化资源的产业化开发，涉及的内容和影响因素很多，主要包括文化资源产业化开发的前提条件、动力构成、基本手段、发展方向、产业载体、路径选择、制约因素、体制创新、市场化运作、政策配套等诸多方面的问题，这构成了文化资源产业化开发的出发点和落脚点。因此，文化资源的产业化开发，要做好顶层设计，理顺政府、企业与个人之间的协作关系，以形成文化资源产业化开发的合力。完善文化资源产业化开发机制，对于促进文化产业发展，具有十分重要的理论与现实意义。

研究文化资源产业化开发运行机制问题，就是要从理论上厘清文化资源产业化开发的基本原理，构建一套结构完善、功能齐全、内外协调、有利于促进文化资源产业化开发的完整系统，这些问题的解决关系到文化资源产业化开发的成败与效率的高低。

一般来说，文化资源的产业化开发过程主要包括两个环节：文化资源向文化产品转化，以及文化产品的市场化运作过程。文化资源的产业化开发，就是以文化资源为基础，以现代科技创新为手段，以文化创意为灵魂，以文化保护为核心，以文化产业园区为载体，以市场需求为导向，以文化品牌塑造为模式选择，以体制创新为动力，以政策配套为保障，不断推进产业长期可持续发展的过程。

总体上看，文化资源产业化开发，就是在深入挖掘历史与现代文化资源价值的基础上，通过文化创意与高科技的手段，充分兑现文化价值，将其转化为文化产品，实现社会效益和经济效益，最终达成文化保护、传承、创新与发展目标以推动文化产业可持续发展的过程。

文化资源产业化开发的运行机制或作用机理可用图 4－1 来表示：

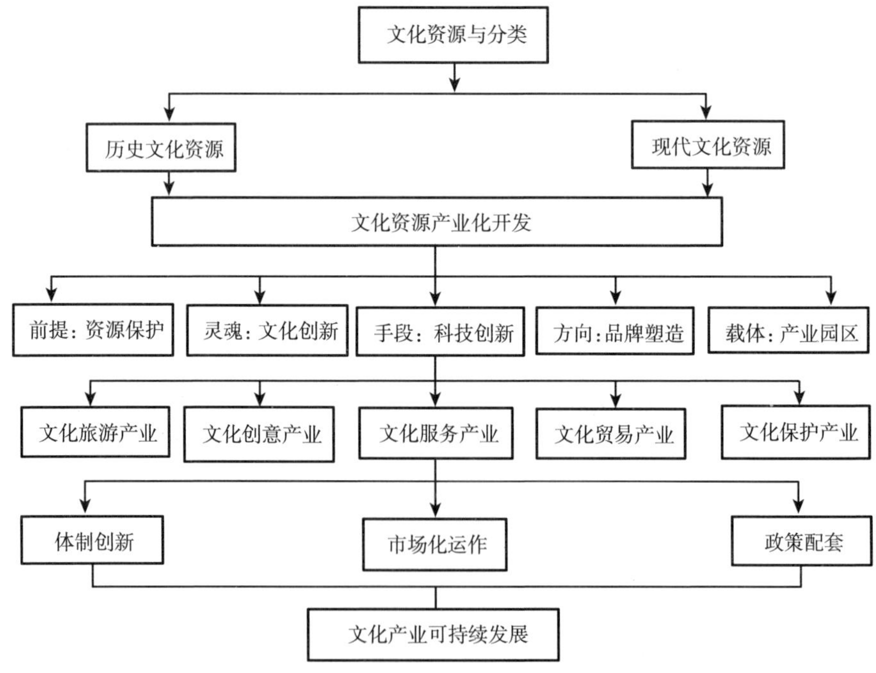

图 4－1　文化资源产业化开发的运行机制

下面将围绕着以上这个理论研究框架，从文化资源产业化开发的内生动力、外部影响因素、发展路径、协调机制、可持续发展等方面，对文化资源产业化开发运行机制问题展开全面深入的剖析。

二、文化资源产业化开发的动力源泉与影响因素构成

（一）资源保护是文化资源产业化开发的前提

文化产业的发展离不开对文化资源的深入挖掘与利用，是文化资源的价值兑现过程。离开了文化资源载体，文化产业就会失去发展的动力与源泉，就会成为无源之水、无本之木，文化产业的发展就会成为空中楼阁，失去发展的基础与动力。

但是，作为人类社会发展形成的物质财富与精神财富，文化资源和其他自然资源一样，具有容易消失的特性，只有在加强保护的基础上，才能实现文化资源产业化开发的可持续发展。发展文化产业，需要正确处理有效保护和合理利用文化资源的关系，在对文化资源进行传承、创新与发展的基础上，全面推进文化产业的发展。

中华民族数千年的历史为我们留下了丰厚的文化资源。这些文化资源不仅是文化认同和文化自信的源泉，也是文化创新的前提和文化产业发展的基础。不容忽视的是，一些地方和个人对文化产业发展与文化资源保护的关系认识不够，存在两种认识误区：一种认为文化资源保护与追求经济效益是矛盾的，片面强调政府的保护资金投入，忽视甚至不考虑经济效益，导致文化资源保护处于政府单一投入的境地，难以实现可持续发展；另一种认为经济发展大于一切，片面强调经济效益，忽视文化资源保护甚至破坏文化资源。因此，首先要从根本上树立资源保护是文化资源产业化开发的前提。

（二）文化创意是文化资源产业化开发的动力源泉

创意是在熊彼特的创新理论基础上形成的一个新概念，是指一种创造意识，具有新颖性、创造性的特点；它是一种通过创新思维意识、思维交流、智慧融合等途径形成的一种创造性的思维方式和方法。

创意包括两个方面的含义：第一是“原创”，意思是这个东西是前人和其他人没有的，完全是自己首创的，比如京剧、昆曲、武术就属于中国原创；第二是“创新”，它的意义在于虽然是别人首先创造的，但将它进一步改造，形成一个新的东西，就可以给人新的感觉。创意是产生新事物的能力，这些创意必须是独特的、原创的以及有意义的。

文化创意是创意的核心内容。文化创意是指以文化理念与文化资源为动力源泉，以现代科技为纽带，将文化灵感与创意手段结合起来，推动文化创意产业发展的过程。文化创意是文化资源产业化开发的动力源泉，不同形式的文化资源尤其是非物质文化遗产，是文化创意形成的核心要素与灵感来源。

现代文化产业作为知识密集、信息密集和技术密集的产业，其发展离不开文化创意，创意是文化资源产业化开发的灵魂，也是推动文化产业发展的动力源泉，文化资源的产品开发离不开创意。创意是在充分深入挖掘与解读文化资源蕴含信息的基础上，运用人们丰富的想象力和解读力，面向大众文化需求市场而进行的一种创新性活动，文化创意产业在整个文化产业链中，处于最高端的地位，是衡量文化产业竞争力的主要标志。没有创意，就没有文化产业的发展，它构成文化产业最初也是最重要的环节。

创意来源于对文化资源的内涵、理念和价值的深刻了解和深入研究。好的创意并不是人们凭空想象、唾手可得的，它需要创意者深入研究文化资源本质，挖掘文化核心价值，对文化资源与理念加以提炼，明确文化产业定位，结合人类大脑的思维灵感，才最终构思出来。文化创意与文化资源相结合，形成丰富而有特色的文化产品表现内容和形式，才能够与消费需求相适应，增强文化产品的核心竞争力。在知识经济竞争日益激烈的今天，好的创意可以推动文化资源转化为令人心动的文化产品，让人觉得与众不同，从而激发消费者消费的欲望。文化产品的内容开发都是建立在创意基础上的，创意是文化产品开发的灵魂。

文化创意构成文化资源产业化开发的动力源泉。文化产业作为现代新型服务产业的核心组成部分，是从多方面满足人们的精神生活的，而人们的精神追求与文化品位是不一样的、老年人与年轻人的生活习惯是迥异的、男人与女人的偏好也是不一样的、不同时代的人的生活情趣也是不一样的，这就决定了文化产品只有不断地推陈出新、标新立异，才能满足不同时代、不同人群的精神与文化追求。文化资源的产业化过程，自始至终都离不开文化创意的作用，通过对文化资源价值与理念的深入挖掘，创意出满足人们不同需求的精神文化产品，是推动文化资源产业化开发的必由之路。

文化产业作为21世纪的一种新兴产业，之所以能在知识经济时代应运而生并蓬勃发展，其原因之一便是创意产业能够通过文化资源的转化，推进经济的发展。它基于对文化资源价值特性的认识与挖掘、融入人的创造力、充分发挥市场的作用，经过从文化资源创意、到产品的开发、再到市场的推广，逐渐兴起和发展壮大，促进了区域经济发展方式的转变与产业结构的转型升级。可以说，产业的文创化、城市的文创化、区域经济的文创化，正在成为推动现代经济发展的主要方式与动力。

（三）科技创新是文化资源产业化开发的重要手段

文化产业作为一种新型的知识经济，其发展自始至终离不开科技创新的作用，科技创新凭借其强大的技术手段，成为推动文化产业发展的强大动力。与文化产业相对应的文化科技，是指用于文化资源的产业化开发，打造文化产品、提供文化产品与市场服务、管理文化生产活动的相关科学技术和手段。科技创新使文化性产品层出不穷，催生出新的市场需求、拓展出新的文化产品市场，使文化产业获得了长期的可持续发展动力。文化资源作为一种潜在的经济资源，必须借助于现代高新技术，才能变成深受大众喜爱的文化产品。随着以电子信息技术为代表的现代科学技术的发展与应用，文化产业呈现出爆炸式的发展趋势。

从总体上看，科技创新是促进文化资源产业化、兑现历史文化价值、发展文化产业、提升文化产品质量、打造文化产品品牌的重要手段。目前，科技创新在与电影产业、游戏产业、动漫产业、手游产业、文化旅游产业以及文化服务产业的结合中，发挥出越来越主要的作用，并成为推动这些文化产业发展的强大推动力。

科技创新是提升文化产业核心竞争力的重要手段。在知识经济的时代，文化与科学早已相互融合、相互渗透、相互促进，作为知识载体的文化资源，其天然地与现代科技有着内在的亲和力。作为文化资源产业化成果的文化产业，其已经成为文化与科技融合的产物。从动态的视角来看，科学技术的每一次进步，都会从不同程度上推动新的文化产品的出现与进步，成为促进文化资源产业化开发的主要驱动力。

随着以电子信息技术为代表的现代科学技术的发展与应用，文化产业呈现出爆炸式的发展趋势。随着进入信息社会时代，人们可以大量利用现代信息网络技术、通信技术、数字技术、人工智能技术、自动化技术等，组合与串联文化资源的文字、符号、图像、声音和影像，创新文化产品，打造形式多样的文化产业链，推进文化产业的发展。

科技创新是文化资源产业化开发的基本手段。文化产品作为一种满足人们精神文化需要的产品，是一种知识密集型、技术密集型的产品。例如包括动漫游戏、3D 电影、数字化保护、娱乐主题公园等的现代文化产业，都离不开现代数字技术、高科技手段的支撑。这就说明，在文化资源产业化的过程中，高科技是推进文化产业进步的必备手段，在某种程度上，人们甚至根本分不清楚某一种产品到底是文化产品，还是高科技产品，文化产品与高科技产品越来越呈现出一种相互融合的趋势。

（四）品牌塑造是文化资源产业化的发展方向

当今世界，独具特色的文化都有其特殊的优势，有特色才有互补性，有互补性才有存在的合理性。市场经济发展到今天，产品的竞争、市场的竞争就是品牌的竞争。在经济全球化态势下，以民族文化品牌扩大世界文化市场的占有份额，在对外文化贸易中实现民族文化全球化，是文化强国推进文化产业发展的基本路径。

文化产业的发展要立足于独具特色的文化资源，以文化资源挖掘为动力，打造独具特色的文化产业发展品牌，是提高文化软实力、提高文化产品核心竞争力的主要手段。从企业层面看，其提供的产品和服务是否有特色，从根本上决定了其是否具有强大的市场竞争力。充分挖掘历史文化资源优势，合理布局文化产业，打造具有竞争力的文化产业链，塑造特色鲜明的文化品牌，是文化资源产业化开发始终必须坚持的发展道路。

中国是世界上仅存的历史文化没有中断过的国家，拥有极其丰富的历史文化资源，这为我们打造具有国际影响力的文化品牌奠定了坚实的基础。我国的四大名著、武术文化、中医养生文化、独具地域特色的饮食文化，都有打造成为世界文化产业发展品牌的潜力。在发展文化品牌的过程中，我们要突出文化的民族性要素，同时与世界接轨，满足各民族的审美偏向和认知心理等，以深厚的文化底蕴打动其他国家的文化消费者，提高我国文化产品的核心竞争力，加快中国文化产品走出去的步伐。

品牌塑造是文化资源产业化的发展方向。随着人们收入水平的提高、越来越开始追求高档化、品质化、个性化的精神产品，这就要求我们在文化资源产业化的过程中，要多出精品、出好产品，而打造高品质的文化产品品牌，便成了满足人们高端文化产品需求的重要手段，也成了文化资源产业化开发的主要发展方向。从目前文化产业发展的成功案例来看，包括迪士尼乐园、美国影视大片、张艺谋的“印象”文化产品系列等，无一不是通过走品牌路线而获得成功的典范。

（五）产业园区是文化资源产业化的重要载体

产业园区是政府通过统一安排，将文化资源开发融入区域经济或城市发展当中，以“增长点”或“飞地”的方式，推进文化产业的发展，在短期内打造成文化产业发展品牌的一种文化资源产业化方式。文化产业园区作为文化产业的服务平台，可以满足文化产业的集约化发展要求，广泛地吸引人才、资本、技术等文化要素，在空间上实现文化资源整合，在一定地理空间和区域内实现文化产业的集聚发展。

一定地域的人群和历史文化传统决定了该地区文化所具有的特殊禀赋。文化产业发展赖以生存的资源是独具特色的历史文化资源，文化产业的发展必须与地域文化相结合。文化产业园区就是对一定区域内文化禀赋的整合，在对独具特色的区域文化资源开发和利用的基础上，打造出具有地域特色的文化产业聚集区，形成品牌效应，推动文化产业的发展。文化产业园区作为文化资源产业化开发与服务平台，是实现文化资源产业化发展、规模化开发的重要载体。

文化产业园区的资源聚集，需要建立协作联动的文化产业链体系，其特点是将众多的、具有关联效应的文化企业聚集于同一产业链，担任不同的职能，承担不同的分工，通过降低产业上下游交易成本、提高企业间合作效率来获得利润，实现规模经济效益。因此，文化产业园区的设计，应该立足于特色文化资源开发，延伸文化产业链价值，充分拓展文化产业体系，不断提升产品质量，形成品牌效应，以提升市场核心竞争力。

产业园区是文化资源产业化的重要载体。一些文化资源分散、零碎，很难将其发展成为文化产业，而通过文化产业园区平台，则可以将这些文化资源集腋成裘，打造成为系统的文化产业链，簇生文化资源的产业化开发，兑现其历史文化价值。在这方面，成功的案例较多，典型的如北京的798 艺术园区、深圳的中国民俗文化村、杭州的宋城主题文化公园等。因此，以文化主题公园为平台，将众多的物质与非物质文化遗产集合融入其中，是推动文化资源产业化开发的基本途径。

三、文化资源与文化产业融合发展的路径选择

文化资源作为一种物质与精神的历史存在，具有自身的发展和衍变规律：自然民俗阶段，文化资源仅仅是一种日常用品或日常活动；技术与艺术阶段，文化资源是一种传统技术和民间艺术；遗产与文化阶段，文化资源被当作一项文化遗产和历史研究的资料；资源与产业阶段，文化资源才真正转变为一种“资源”，成为文化产业的发展要素。但不管文化资源以什么状态存在，都可以通过各种各样的途径，实现与文化产业的融合发展。

文化资源与文化产业的融合发展路径，是文化资源产业化开发的关键问题。不同类型的文化资源，与文化产业结合的方式是不一样的，文化资源与文化产业结合的方式不同，有的是直接结合较多，如文化资源直接发展成为文化产品；有的是间接结合，如文化资源成为文化创意的源泉与动力来源，但不管通过何种途径，都离不开对文化资源的深入挖掘，都是文化资源的价值兑现，都是在对文化资源充分利用的基础上，打造出各具区域特色的不同的文化产业发展模式。

文化资源是文化产业发展的出发点，文化资源的类型不同，决定了文化产业的发展方向不同，根据文化资源与文化产业的结合方式与手段不

同，可将文化资源与文化产业的结合归为五大基本路径。

（一）文化与旅游休闲相融合，形成文化旅游产业

从总体上看，旅游包括生态旅游与文化旅游两大发展方向，其中的文化旅游则是建立在对文化资源价值的挖掘之上，通过深入挖掘出具有当地特色的历史、自然、人文、文化、风俗、老街、古建筑等历史文化价值，加以包装和渲染，打造各具特色的文化旅游产品，满足不同类型游客的文化体验消费需求，最终形成文化旅游产业体系。将各种文化元素融合到旅游之中，不仅能让游客看到地域物质文化给予的自然人文景观，更能感受到在原始生态下人类智慧通过舞蹈、雕刻、工艺作品等传递的价值观念和历史积淀，旅游本身就是人在各地体验不同文化的过程。

无论是人文景观抑或自然景观，文化的烙印都起到了提升旅游体验、带来经济效益的双重效应。更重要的是，由于中国是一个文化大国，而文化又是人在自己的脑中形成的意识形态，不同于自然景观的“横看成岭侧成峰”“一千个读者心中有一千个哈姆雷特”带来的多样性，是具有近乎无限的开发潜力的。更重要的是，一旦自然景观与文化相结合，旅游景点便有了文化底蕴带来的附加价值，相关的旅游纪念品、演出等一应而出，为当地的经济发展带来持久动力。文化通过旅游的方式促进经济发展，经济发展又可以通过提高当地人民的收入、教育水平加强对文化的宣传和认识，进一步推动文化资源的保护工作，实现文化资源和经济的协调发展。

相较于单纯的观光旅游，文化旅游则是一种特殊的旅游形态，旨在让游客通过体验式地接触旅游地的文化内涵，从而获得精神愉悦和文化渗透。要深度挖掘旅游产品的文化内涵，走差异化发展之路；制定文化旅游资源保护规划，以敬畏之心对待保护历史留下的珍稀人文景观；完善景区配套设施，打造文化旅游产业链，形成各具特色的文化旅游发展模式。

若自然风光式的旅游是1.0版本，那么体验式旅游则是2.0版本，3.0版本便是旅游的产业链。传统旅游以观光为主，文化旅游则以体验为主，如今游客需要的是内涵体验式和互动式的项目，特别是类似大型会展、主题公园，甚至是房地产的改造等大项目，以此创建旅游目的地，最终拉动

旅游消费。总之，文化与旅游产业相结合形成文化旅游产业，以文化资源为内核，通过创造文化差异来吸引游客，为游客提供文化和精神层面享受，是文化资源产业化的主要路径之一。

（二）文化与现代科技相融合，形成文化创意产业

文化创意产业是指在对文化资源深入挖掘的基础上，依靠人的天赋、智慧与技能，结合高科技的手段，生产出具有高附加值、深受消费者喜爱的精神产品的一种新的产业业态。文化创意产业发展的核心是文化创意，而文化创意的源泉是文化资源，没有文化资源，文化创意就成了无源之水、无本之木。任何人的创意都不是凭空产生的，而是自己生活的长期积累，对人生看法的积累，对社会发展的认识，而所有的这一切，都可以归纳为文化知识的积累。最直接的案例是，我国广大的民俗文化大师，本身就是某方面文化的传播人与载体；我国的许多民间工匠、雕刻大师、民间艺人，就是在民间文化的长期熏陶下自然而然形成的，而他们的生活积累，就成了他们文化创意的源泉。从现代文化创意产业发展来看，其创意也离不开对文化资源的深入挖掘。中国五千年的历史文化资源实际是文化创意的宝库，这些历史积淀的“文化之魂”是世界上任何一个国家都无法比拟的，而这些也深深地吸引着世界人民。依托民俗文化、民间艺术、古典名著等发展的文化创意产业，不仅具有强大的生命力，也可以提高我国人民的民族自信，利用文化提高我国的文化软实力与国际地位。

文化的发展在一定程度上还依赖于科技的进步。将传统文化产业与高科技相结合，便可以创造出高附加值的文化创意产品，一旦经济利益得到了显著提高，自然就会有越来越多的人加入这个行业，因此文化创意产业的发展对于传统文化产业而言，也可以起到很好的保护作用。由于拯救正在消失的传统文化产业的紧迫性，以及为了满足人民群众更高层次的精神需求，在发展文化创意产业时我们需要更加积极的创新，努力开发出更加成熟、适应市场的产品。

因此将两者进行有机融合，形成文化创意产业，是对于文化资源开发的现代路径。两者的结合，一方面可以使得文化借助科技的力量更好地传播，同时借由高科技发展出新的表现形式；另一方面科技将创新的成果通

过文化产业的应用落到实处，不再是空中楼阁。

（三）文化与人们消费需求相融合，形成文化服务产业

文化服务产业指提供文化服务的部门，作为文化产业和服务业的交叉部门，它兼具了两者的特性：作为文化产业，它以文化创意为灵魂，具有文化产业的娱乐性和知识性的特征；而作为服务业，它更强调人的衣食住行、生活追求等基本需求的满足，如特色餐饮服务、文化主题酒店、表演服务等，同时也可以给人们带来直接的文化体验，如摄影，绘画展览，博物馆服务等。

近年来，随着人们生活水平的提高，物质上的逐渐满足，进一步凸显了人们对于人文精神需求的迫切需要，伴随而来的文化服务业作为独立的产业部门在 GDP 中所占的份额日益增大，市场化和产业化程度不断提高，在丰富人的精神需求方面发挥了不可替代的作用。目前，文化与人民群众的人文需求已经形成很深的内在联系，如果能够巧妙结合形成文化服务产业，则不仅能够成功开发文化资源，还可以满足当代人的人文需求和实现人与社会的和谐发展。

在物质发达的当下，对消费需求而言，已经到达了“社交需求、尊重需求和自我实现需求”阶段。其中，尤为重要的是“自我实现需要”，所以现代人愿意将人群属性标签化，应运而生的便是“文艺青年”“小资”等。无论是商品还是场所都会迎合这种需求，给予人群标签的心理暗示。作为“文化服务产业”就有着易制造标签属性，与目标客群在“价值观”上形成共鸣。文化服务业并不是一个单一产业，而是由文化产业和服务产业交织融汇而成的复合型产业。在文化服务业的发展过程中，需要综合各个方面的努力，通过人的知识以及智慧，还有现代科技的结晶，来满足人民群众越来越个性化的人文需求。

相较于原本的文化产业或者服务产业而言，文化服务产业呈现出了以下几点特征：文化服务产业具有高度知识性。在文化服务业的发展过程中，需要综合各个方面的努力，通过人的知识以及智慧，还有现代科技的结晶，来满足人民群众越来越个性化的人文需求；文化服务产业具有高增值和高附加值的特点，主要体现在文化服务产业所创造出的产品具有高附

加值；文化服务产业具有高度融合的特性。文化服务业的出现并非是一个独立产业的诞生，而是由文化产业和服务产业，通过科技以及资本合作作为连接，相互交融之下而形成的；文化服务产业的公益性与经济性并存。文化服务业是兼而有之，既有文化产业的公益性，又有服务产业的经济性；既有商品物的属性，又有文化意识形态的属性，因此特别适合在中心城市形成“集聚—扩散”的产业形态；文化服务产业具有很强的渗透性和联动性，主要体现在它与其他产业的接口很多，可以自由搭配不同的产业进行组合升级。

（四）文化与文化走出去相融合，形成文化贸易产业

文化贸易是国际间文化产品的进出口，文化贸易隶属于现代服务贸易，是国际贸易的重要组成部分。当今世界，文化贸易的发展不仅受到自然资源、地理因素、资本、劳动力等因素的影响，还主要受到文化因素的影响。

首先，文化贸易呈现出产业内贸易特点。当两国的价值观、信仰、社会制度等差异较大时，两国之间的文化贸易数额将受到“文化折扣”的影响，使得两国生产的文化产品与文化服务吸引力大大降低。文化差异越小的国家，文化贸易数额越多，产业内贸易越为频繁。

其次，是文化贸易的高附加值特点。文化贸易在带动一国经济的发展过程中，不仅促进了本产业内部的发展，同时也带动了其他相关产业的发展，加强了一国经济发展的乘数效应，从而也提高了一国的国际竞争力。

最后，各国对文化贸易具有的保护性特点。各国文化产品与文化服务特点使得各国无法在国际上形成统一的标准收取关税，一国基于自身利益的考虑，通常会通过国内法律、政策的修改对文化贸易与文化服务的贸易进行限制。

文化贸易是在对文化资源价值深入挖掘的基础上发展起来的，文化通过与现代服务贸易发展相结合，形成文化贸易产业。

（五）文化与文化传承目标相融合，形成文化保护产业

文化资源产业化要坚持可持续开发原则，将文化资源开发与文化传承

理念相适应，在保护中开发，形成文化保护产业，这构成了文化资源产业化开发的一条独特路径。

随着近年来世界文化创意产业的快速发展，有关文化资源的传承、创新与发展问题，成为社会的热门话题。因为在文化产业的发展过程中，由于片面强调经济效益，使得很多地区的文化资源面临过度开发的问题，破坏严重；而且文化资源的自然风化、老化，传人的自然逝去、后继无人等问题，都使得文化资源的传承面临严峻的考验。近年来，随着人们开始重视文化保护，以及政府层面加大对文化保护方面的资金投入，文化保护产业应运而生，呈现出迅猛发展的趋势。为保护文化资源而形成的文化保护产业是以保护为主、盈利为辅的一种商业模式，这正符合当代可持续发展的理念。

文化保护产业的性质决定了其发展方向，即不仅要保护已成型的物质文化遗产，更要对分散的、观念形态的非物质文化遗产进行保护。但要注意的是，文化保护产业发展要将经济效益和社会效益相结合：一方面，文化保护产业的发展要以文化保护为目的，一味地追求经济效益便会造成舍本逐末的局面，如对自然景区的过度开发会造成破坏；另一方面，要在发展文化保产业的过程中讲求经济效益，以推动文化保护产业的可持续发展。

四、文化资源产业化开发的协调机制建设

文化资源作为一种文化的载体，一方面是一个国家精神财富与软实力的体现，另一方面也是文化产业发展的源泉或竞争力的体现。正是因为文化资源的这种双重性，导致所有的国家政府都对文化资源以及文化产业，在不同的程度上予以保护与管制，因而使得文化资源的产业化过程面临着各种来自主客观方面的限制。在中国，在文化产业之外，还形成了带有公共产品性质的文化事业服务体系；即使是文化产业与文化贸易的发展，也经常受到来自相关部门的检查与审批。因此，文化资源的产业化过程，面临着体制与政策等方面的制约，如何通过文化体制改革，为文化资源的产业化创造一个宽松的外部发展环境，是目前迫切需要解决的问题。

（一）市场化运作是文化资源产业化的根本出路

以市场需求为发展导向，准确把握文化市场运营规律，是推动文化资源产业化开发的重要保障。文化产业发展的市场化运作，是指文化产品的生产、销售、产业化必须完全遵循市场交易各种规则，走文化资源以市场配置为主、政府调节为辅的市场经济发展之路，市场化运作是文化资源产业化开发的重要基础和保障。市场化运作形成的文化资源所有权明晰、文化投资多元化、经营方式多元化、市场多元化等，对于形成较为完善的文化资源产业化开发体系十分重要。

市场化运作是文化资源产业化开发的载体与活动舞台。文化资源开发的市场化运作是以市场为导向，进行文化产品的生产与营销。文化资源作为一种生产要素，和其他商品一样，具有它的价值属性与使用价值属性。而这种属性，只有通过市场交换，才能够发现它的价值，才能评价它的价值高低。所以，在保护文化资源的前提下，应该尽快地将文化资源推向市场，走产业化开发之路，才能兑现其历史文化价值，为繁荣文化产业服务。同时，文化产品的营销，也离不开市场化的运作手段，文化产品的营销是个性化、体验化、感官化的推广手段，通过市场化的营销手段，才能全方位地展现产品的文化魅力，扩大文化产品市场规模。

要以市场化的手段推动文化资源的产业化，必须从以下几个方面努力：

文化产品生产的市场化。文化资源在初始的产业化过程中，即文化产品生产过程中，就实行市场化运作，是推动文化产业的品牌优势转化为产业优势的重要保证。可与现代传媒、影视产业、信息技术产业、动漫游戏等现代科技型行业跨界结合，增强文化产业的时代感与灵动感，借助科技型产业发展来壮大自己，实现文化资源的优化配置，这种文化资源产业与科技型产业的深度结合，可以使人们加深对文化资源的了解和体验，感悟我国历史文化的丰富内涵，实现文化资源的商业价值，推进文化产业结构升级，最终达到可持续发展目标。

文化产业布局的市场化。从文化产业实践和认识的进程来看，文化领域的一大创新成果是文化与产业相结合，开辟了一条动员社会多方面参与、增强多元化供给能力、满足多样化社会需求的新道路。在应对国际金融危机中，文化产业逆势上扬，又使我们进一步认识到文化产业具有低能耗、低材耗和高利润的特点，文化产业不仅直接贡献于经济增长，而且作用于经济发展方式转变，因而，要把文化产业作为加快经济发展方式转变的重要抓手，使其成为国民经济支柱型产业。

另外，文化产业发展应当像经济发展一样进行区域布局，而不应拘束于行政区划。布局应大手笔，为做大做强留出空间，应突出重点，防止小而全。针对文化产业处于起步阶段，发展不平衡、结构不尽合理、规模较小的现状，要进一步优化产业布局，推进文化产业带、产业基地和产业园区建设，推动文化与旅游、创意、高新技术等产业的融合，发展文化会展、数字内容、网络文化、手机电视、现代文化娱乐等新兴文化产业，促进文化产业结构升级，真正实现市场化。

文化产品走出去的市场化。在继续推动对外文化交流的同时，进一步掌握国际文化市场准入和竞争规则，对于推动文化产品、文化资本、文化企业“走出去”具有重要的实践意义。尤其是跨国文化企业，必须具备发展的眼光，以全球性战略为着眼点，才能从资本要素（包括资金、人才、技术等）在全球的自由流动中获益，通过市场竞争机制，建立销售网络，拓展传输渠道，推动文化贸易发展，缩小文化贸易逆差。开拓文化产品的海外市场，投入巨资进行市场宣传，进而获取高额垄断利润，占据国际竞争的有利地位，其影响力才能日益增强。

在文化产品生产的市场化运作中，要加强知识产权和文化品牌保护力度，建立文化品牌评估体系和机制，建立和完善版权交易系统，构建有利于文化科学发展的体制机制，解放和发展文化生产力；另外，大力推进文化产品生产过程中的管理创新，使文化产业的科学发展具有坚实基础，更符合市场化运行规律。总之，通过体制改革和管理创新，继续解放和发展文化生产力，让文化产品生产过程充分参与市场化运作，成为拉动经济社会发展的新引擎。

（二）体制创新是文化资源产业化开发的外资发展环境

作为中华民族千百年来积累而成的宝贵的精神遗产，文化资源不可避免地成为国家重点保护的财富和政府监管的对象，从文化资源的保护视角来看，这是十分必要的。但是，这也会造成在文化资源产业化的过程中受到政府相关部门的层层干预、多方掣肘的局面，直接影响文化资源产业化开发的进程与效益。因此，需要通过文化管理体制创新来推动文化资源产业化的发展。

目前，文化资源产业化还面临很多问题，主要表现在：从所有权来看，文化资源的所有权形式多样，即包括国家所有、企业所有，也包括个人所有；从管理权限来看，文化资源受到来自文化部门、宣传部门、文化事业部门等多部门的管理，政出多门；从文化资源的产业化运作来看，既有政府运作、也有企业运作，还有个人运作等，由此导致文化资源管理政出多门，监管过度，与市场开发接轨困难。以上这一切，都不可避免地会从不同的侧面影响文化资源的产业化开发。

体制创新是文化资源产业化开发的外在发展环境。文化资源作为一种宝贵的社会资源，在其产业化开发过程中，涉及文化资源的所有权、使用权和经营权等一系列问题，上自政府、下到企业、个人都牵涉其中，这就需要进行全面的文化体制改革，简政放权，理顺彼此之间的关系，从而为文化资源的产业化开发扫除障碍，调动文化企业发展的积极性，推动文化产业的大发展。

大力推进文化体制改革，构建有利于文化资源可持续开发的良好环境。构建有利于文化资源产业化开发与发展的管理体制机制，着力推进宏观管理体制改革和微观层面企事业单位管理创新，解放和发展文化生产力，是推进文化资源产业化开发的根本保证。可以采取以政府政策为引导，企业为主体，全社会共同参与的多元文化资源产业化开发的投融资体制，拓宽投融资渠道，完善投融资体制；同时，要建立文化资源专业交易市场，完善文化资源市场营销体系，突破资源约束，为文化资源的产业化开发创造一个良好的外部环境。

（三）政策配套是文化资源产业化的重要保障

文化资源的全面开发，是在文化产业大规模发展的基础上，而形成的一种资源利用新模式，牵涉面广、利用主体多，在发展过程中必然面临许多新的困难与问题。这就要求政府相关管理部门应该根据实际情况，对文化资源产业化政策与时俱进地进行调整与完善，要根据文化产业发展的需要，与时俱进地随时出台文化资源开发性政策，以推进文化产业的进一步发展。

文化资源产业化的发展离不开文化发展政策的保驾护航。要推进文化资源的产业化和市场化的进程，就必须把握好文化资源开发与文化产业可持续发展的关系，提高自主开发能力和市场开发效应。这需要政府从宏观层面搞好顶层设计、完善文化产业发展立法；同时要针对文化资源产业化开发的不同领域与水平，制定相关文化产业扶持政策、法律法规，为文化资源的产业化开发企业提供宽松的发展环境，形成一个公平有序、公正公开的文化资源与文化产品交易市场。

政府必须把握好文化资源配置的国际化趋向，有效吸收和利用国际文化资源。例如“一带一路”倡议的实施与深入，在文化共识形成的基础上，不断建构共同参与、共同建设、共享利益、共识推动的文化平台，不仅整合了丰富的文化资源，形成非物质文化遗产的保护发展长效机制与产业优势，而且在文化及其利益的共享中，也会进一步提升沿线国家对“一带一路”倡议的认同感，拉动沿线国家之间的文化交流，同时加强了与相关国家的文化多边贸易发展。

为支持文化产业“走出去”，政府应采取部际协调的方式，完善财税、金融、外汇和通关等配套政策，拓展对外文化贸易网络，积极扩大文化企业的对外投资和跨国经营。可以说，文化事业和文化产业大发展已经迈出积极有力的脚步。从现实看，无论从文化传播的内容、渠道、技术哪一个方面衡量，文化事业和文化产业都会有交叉。从文化的公益性来看，走向市场的文化产业也要把社会效益放在首位。因此，文化产业和文化事业的发展要相得益彰、相互促进。也要避免文化产业搞“一窝蜂”和 GDP 崇拜，务求扎扎实实、稳妥推进。

此外，为创优产业发展软环境，首先，政府需要出台一系列文化产业发展政策，加大文化产业的资金扶持力度，积极引导和支持文化创意产业的发展；其次，对文化产业园的基础设施建设、公共服务平台等建设应予以重点扶持，不断完善产业发展硬环境；最后，参与人才培养和引进政策的制定，加快引进高端产业设计人才。无论对内服务人们的文化消费需求，推进经济结构调整，还是对外应对国际文明的角逐，参与综合国力的竞争，都迫使政策制定者在文化建设上要加大投入、下大功夫。

五、文化传承、创新与文化产业可持续发展

文化是一个国家赓续绵延的记忆载体，文化的气质、风骨和灵魂，本质上反映的是一个民族精神文化的特质，并且引导着这个国家或地区的经济社会发展方向；一个民族的文化能否在世界上产生号召力、凝聚力、影响力，取决于这个民族主题文化的正大气象，并以此主导潮流、引领世界，在世界的文化景观中独树一帜、璀璨夺目，也才有进入世界主流文化的机会。

当前，世界范围内的物质文化遗产经历了几百年、甚至上千年世世代代的传承，大部分都已经进入衰老期；一些非物质文化遗产也因为种种原因，面临着后继无人、濒临失传的窘境，亟须加强保护与拯救。如何保持一个国家的文化长盛不衰，已经成为一个世界性的难题！

从文化资源产业化开发与文化保护的关系来看，文化资源产业化开发是手段，文化资源的产业化开发的根本目标是推动文化资源的保护，实现民族文化的传承、创新与发展。只有在文化资源保护的基础上，才能维持原有的文化特质。历史遗存承载着许多文化内涵和符号，文化资源的开发必须建立在文化保护的基础上，让当地的生态环境、历史文脉、居民生活方式得到最好的延续。因此，以文化保护为目标，推动文化资源的传承、创新与发展，是文化资源产业化开发坚定不移的目标与主线选择。

具体来看，文化“传承”是指立足于本民族优秀历史文化遗产，推动文化的继承与延续，文化资源要传承，才能延续发展内在动力。文化的传承主要靠世世代代的口耳相传，缺少稳定的文字记载和传播载体，不利于对外传播和交流，部分地区文化资源甚至面临断层的危险，因此需要全面传承悠久的地方特色文化。

文化“创新”是指紧扣当代经济社会发展的跳动脉搏，将文化遗产与现代追求结合起来，融入新的精神与物质成果，推陈出新，使传统文化焕

发出无穷的生命力，推动社会发展进步。从推动文化产业发展的视角出发，文化资源要创新，才能提升文化产业能级。通过创新开发文化资源，有利于激活文化资源的潜力和活力，开拓文化产业链“微笑曲线”两端的高附加值业态，释放更多的发展能量和市场需求，提升文化产业能级。

文化“发展”是指把握新时代的发展方向，结合人们对物质文化和精神生活的向往，打造出符合时代特色的新的文化符号与理念，为后人创造出新的文化资源与精神财富。发展文化产业，需要充分激活文化资源的潜力，充分利用文化创意与高科技的手段，将文化资源转变成文化资本，才能使潜在文化优势变为现实文化优势，实现文化产业的长期可持续发展。

文化资源是历史的延续、生活的反映、文化的积淀，深厚的文化积淀是形成文化产业发展的重要源泉。文化产业的发展以文化资源的存续为基础，而文化资源保护是文化资源产业化开发的前提，没有了文化资源，文化资源产业化开发就成了无源之水、无本之木。而反过来看，文化资源的存续，在某种程度上又离不开文化资源的产业化开发，因为对于某些物质和非物质文化遗产来说，单纯依靠“归档”和“保存”，作用有限；而通过发展文化产业，将文化创意与高科技结合起来，生产出深受人们喜爱的文化产品，将其用于使用和赏鉴，并使文化生产者或非物质文化传人可以从中获“利”，才能发挥其最大的精神价值，使其后继有人，持续地存在和传承下去。总体上看，各种文化遗产与非物质文化遗产需要“活起来”，并且走进生活，融入人们的日常生活，才能够永葆青春、长期生存与发展下去，成为源远流长的文化森林风景，这就需要我们文化企业增强创新能力，探索文化资源的新开发理念和盈利模式。

第三节 文化资源产业化开发的模式选择

文化资源具有不同的类型，不同的文化资源开发要尊重文化资源的独特性，有的可以直接转化成为文化产业，而有的是需要通过高科技和文化创意的手段，间接转化成为文化产业，由此形成了千姿百态的文化资源产业化开发模式。

一、文化资源产业化开发模式的含义

开发模式是对经济开发过程中的产业结构与空间结构选择、构建和调整的历史经验分析与总结，反映了不同类型的经济开发方式和方法。以此为依据，可以将文化资源产业化开发模式定义为：文化资源开发过程中的产业结构与空间结构选择、构建和调整，是将不同的文化资源，从分散的资源形态变为有序的、同时具备经济价值和文化价值的文化产业方式和路径，是对文化资源产业化的成功经验的理论概括与总结。

二、文化资源产业化开发的基本模式

从国际国内文化资源产业化开发的实践来看，科技水平的不同、文化创意水平的差异、以及文化资源的多样性等特点，导致各国文化资源产业化开发的方式不同，形成了丰富多彩的文化资源产业化开发模式。从不同的观察视角出发，可将文化资源产业化开发归纳为以下几种基本模式。

（一）按照文化资源开发主体构成不同分类

1. 政府主导型开发模式

文化资源产业化开发是一个复杂的过程。由于文化资源分散造成的开发困难，前期经济效益难以体现，开发与保护的平衡等问题，仅靠市场机制的自发调节，往往会造成对文化资源的过度开采等不可逆转的后果。因此，政府的前期引导式，后期辅助式的开发模式就显得尤其重要。

政府主导型开发模式是指政府以强有力的计划和政策手段对重要的文化资源配置施加影响，以达到某种短期和长期推进文化资源产业化开发目标的经济模式。具体来看，政府主导型开发模式是指在文化资源的产业化过程中，由政府牵头成立开发主体，负责资金筹措、规划设计、项目推进、产业发展方向选择、市场营销等。通过政府的“有形之手”，利用财政、金融和法律等政策配套，推动文化资源的产业化开发进程。

近年来，中国政府将文化资源开发作为政府重点扶持的新兴产业。文化部“十三五”规划指出，要培育一批具有核心竞争力的文化企业，打造一批具有较强影响力的文化品牌，实施一批重点文化产业支持项目，创建一批具有显著示范效应的国家级文化产业园区，将大量的文化资源进行集聚，通过交流成本的下降，基础设施的共享，知识溢出等效应实现规模经济，从而使得文化产品的生产和销售活动最优化。

截至目前，共有10家由中华人民共和国文化和旅游部授牌的国家级文化产业示范园区：西安曲江新区、深圳华侨城集团公司、曲阜新区文化产业园、沈阳棋盘山开发区、开封诵读古城文化产业园区、上海张江文化产业园区、长沙天心文化产业园区、成都青羊绿舟文化产业园区、蚌埠大禹文化产业示范园区和敦煌文化产业园。这些国家级产业园区均实现了以当地文化资源为基础、以城市经营为手段，将文化深深地烙印于城市特色发展之中，实现了社会效益和经济效益的双重统一。

政府主导的文化资源开发模式尽管有着政府资金扶持、政策导向等优点，但文化产业的落脚点还是在市场，文化产业能否长久发展，还需要接受市场中消费者的检验。因此，在政府主导的模式下，企业需要培育自己的核心竞争力，提升文化产业活力，打造自己的文化品牌，以推进文化产业发展。

2. 市场主导型开发模式

市场主导型开发模式是指按照市场经济原则，以企业为主体实施对文化资源进行配置的产业化开发，政府通过体制创新和政策施加辅助性的影响，以达到某种短期和长期推进文化资源产业化开发目标的经济模式。相对于政府主导开发模式需要在产业开发的前期依靠政府扶持，市场主导的开发模式则近乎完全属于企业家行为。市场主导型开发模式从文化资源的挖掘、文化产业的发展方向选择、市场营销等，都是属于企业家的市场行为。由于企业在市场中需要按照利润最大化原则，才能在竞争中生存，市场主导的开发模式应该遵照经济效益优先的原则进行开发。从国际国内来看，市场主导的运作模式将成为文化资源产业化开发的基本趋势。

以全国知名的万达广场开发模式为例，万达集团是定位于商业地产、酒店、百货和文化旅游的综合性商业性集团。凭借其成熟的地产、商业开发的经验，万达开始将其文化旅游的概念转化为实际的商业开发模式——

万达城。万达集团在发展文旅产业时，非常注重对文化资源的挖掘利用，其典型案例包括西双版纳、哈尔滨、广州等城市“万达城”文化旅游项目。结合现代人群对物质和精神的需求，万达城将传统的房地产、商业广场的模式与文化资源开发相结合，加入主题公园、舞台秀等，用现代文化创意的手段，将单一的消费链延长到“消费—游玩—住宿”综合一体的产业价值链，从商业开发的一点到上下游综合包揽，不仅增加了当地居民的生活福利，更是通过规模经济的形式，将上游投入与下游包装的增加值部分统一吸纳，大幅提升了自己在市场中的竞争力。如万达长白山国际度假区，依靠长白山丰富的人文旅游资源，配以滑雪场、高尔夫球场、奢华酒店群等，将长白山变为了风景—娱乐设施—住宿配套完善的旅游胜地，而长白山旅游区和万达文化传媒相得益彰，彼此利用其品牌的影响力形成互补效应，达到了长久的共同发展的目标。

3. 国际合作开发模式

国际合作开发模式是指为了充分利用文化资源，采取外方提供产业发展模式和高科技手段、中方提供资源、土地、人力等生产要素、共同推进文化产业发展的合作开发模式。文化产业开发国际合作的必要性在于，文化资源的产业化开发涉及文化创意理念、高科技利用等先进手段，而这些先进技术是发达国家的强项，因此，需要通过开展国际合作，对文化资源进行综合利用，才能够打造出具有世界顶尖水平的文化产品。

中国在2013年提出的“一带一路”倡议，希望通过重建“陆上丝绸之路”和拓展“海上丝绸之路”来加强与沿线国家彼此之间文化交流与合作。其中的一项重要内容，当然也涉及文化资源的产业化开发。在国际上，美国的迪士尼乐园便是开展文化资源产业化开发国际合作的成功典范，如上海的迪士尼乐园便包含了大量的中国十二生肖的文化元素，大量中国工匠的智慧也凝结其中。张艺谋导演的《长城》，其制作团队中很多人员来自西方，属于利用国际合作开发中国长城文化资源并使其成为影视大片。通过引进国外团队先进的拍摄技术和拍摄手法，赋予原有以中国文化背景的电影更生动、更具有冲击力的表述方式，从而迎合了观影者的需求。2016年，我国合拍片的立审项目近百部，相对于十年前二三十部的数量有了长足的进步，中国内地和中国香港地区的合拍片如《卧虎藏龙》

《英雄》等在国际市场早已拥有上乘的口碑度。

（二）按照文化资源产业化开发手段分类

1. 创意设计开发模式

创意设计是指一种通过创新思维方式，深入挖掘和激活文化资源的组合方式，进而兑现文化价值的文化资源产业化开发模式。如果说，创意作为文化资源产业化的灵魂，那么创意设计便是将人脑中的创意体现在产品上的一个过程。创意设计是依据当下人们的精神文化需求，结合当下的时尚潮流，通过创造、加工的方式而开发出文化创意产品的过程。

文化资源作为一种千百年来沉淀积累下来的历史文化遗产，其理念、其形态是人们对人生追求的一种感悟、是人们生产与生活的结晶、是人类社会发展的宝贵财富。人类的思想与精神追求在很多层面都是相通的，人类的物质与非物质文化遗产，构成了今天文化创意的灵感以及文化创意的动力源泉。例如，丝绸是我国“丝绸之路”商品贸易的重要载体，也是当时“丝绸之路”得以贯穿欧亚大陆、宣扬我国技术和国立的核心文化产品。丝绸上刺绣和印刷的图案就是通过创意设计的方式，将我国的传统文化元素再现出其历史文化价值。通过将我国古代的神话故事、民间传说，或是将现代著名的卡通形象印在丝绸上，可以吸引现代人对历史文化的兴趣；通过与当下流行的事物、人物相结合，可以将丝绸这一传统的高大上的产品，转化成为大众手中喜爱的文化产品。

2. 科技创新开发模式

科技创新开发模式是指利用高科技的手段，对文化资源进行深入挖掘与开发，创造出满足消费者需要的文化产业发展的新业态、新模式。

文化资源作为一种潜在的文化产业开发元素，要使其成为消费者喜闻乐见的文化产品，必须通过高科技的手段，将其转化成为活灵活现的文化产品，才能引起消费者的关注和参与。文化产业从某种程度上来看，是一种娱乐产业、体验产业，它需要制造出刺激、惊险、幻觉、身临其境等方面的体验，才能提起参与者尤其是年轻人的兴趣。而要达到这种效果，就离不开高科技的手段与方法。因此，科技创新在文化产业的发展过程中，越来越起到不可替代的作用。

文化资源与高科技的结合，其发展出的文化产业新业态令人目不暇接，新产品层出不穷，主要有动漫文化产品、游戏文化产品、3D电影、各种主题公园等，这种科技创新文化资源产业化开发模式，目前可谓是方兴未艾，具有远大的发展前途。

3. 品牌塑造开发模式

品牌是企业或行业在市场发展中重要的无形资产，它是其在市场上被消费者认知的第一标识，涵盖了企业的特色、信誉等具有长期效应的标志。文化资源开发同样需要通过打造自己的品牌，以品牌创造推动文化资源的产业化开发，对于扩大文化产品市场，具有十分重要的意义。从文化产品品牌化的实践来看，美国的大片、日本的动漫、法国巴黎的“浪漫之都”形象、韩国的“韩流”、泰国曼谷的“佛教文化之都”等，无一不是走品牌占领市场之路，并且取得了不俗的成绩。

从中国文化消费的趋势看，目前，我们的年轻人消费西方文化已经成为一种潮流和趋势，而西方外来文化进入中国绝大部分都是以“品牌冲击”实现的，如服装类的耐克、阿迪达斯，电影中的“华纳兄弟”“漫威”，快餐类的肯德基、星巴克，动画中的迪士尼等，无一不是通过大品牌的效应固化消费者的选择，在人们的潜意识中形成对品牌的依赖效应，从而占领文化消费市场。

中国是历史悠久的文化资源大国，当代中国文化对中国传统文化的传承与发展，应该充分利用这种文化资源的优势，紧跟时代潮流，打造一批具有世界水准的文化创意产品，以中华文化品牌占领国际文化消费市场。

4. 产业聚集开发模式

文化资源的产业聚集开发模式，是指在某种文化资源比较集中的区域，可以采取产业聚集的开发模式，以获得规模经济效应。

由于共同的历史文化发展进程，文化资源的分布具有集聚性的特点。例如，我国56个民族地区，生活的地域不同，环境迥异，形成了不同特色的地域文化。而将这些文化资源通过建立产业园区的形式集中开发、打造具有不同民族风情的文化产业链、精品旅游线等，就可以达到文化产业聚集的效果，形成不同的文化产业发展品牌，有利于推进各民族的文化资源产业化开发进程。

以我国的深圳油画村为例，这是以产业集聚方式发展文化产业的典型案例。深圳油画村占地仅有0.4平方公里，这样一个普普通通的小村落，原本会如其他中国乡村一样被城市化的浪潮甩开，但香港画商黄江的到来却彻底地改变了村庄的命运。他租用民房，聘请大量学生和画工进行油画的创作和销售，将“油画”这一文化资源带到了大芬村，形成了大量油画从业人士的聚集与市场开拓地。目前，大芬村成为国际“油画”产业的生产中心。2014年11月，大芬村被命名为“文化产业示范单位”，并且成为2017年深圳文博会开办的首个分会场，在国际上享有盛名[①]。

5. 产业园区开发模式

产业园区是产业与企业集聚的载体，这种相互接驳的企业集群，构成立体的、多重交织的产业链环，对提高创新能力和经济效益都具有实际意义。从技术创新的角度看，园区以多种不同的方法建立了非常有益于创新的环境，有利于各种文化企业以较低的教育成本，产生内部聚集规模效应。文化资源的产业园区开发模式，是指将性质相同的文化资源聚集一地，形成与之对应的文化产业发展链，形成前向、后向联系，走产业一体化发展的道路。

在我国很多地区，产业园区开发模式是通过政府的统一安排，将文化资源开发融入区域经济或城市发展当中，以“增长点”或“飞地”的方式，推进文化产业的发展，在短期内打造成文化产业发展品牌。在这方面，我国成功的案例很多，包括深圳的华侨城、中国民俗文化村、杭州的宋城主题公园、无锡的“三国城”“水浒城”、西安的“曲江模式”等都是其杰出代表。举世闻名的美国迪士尼乐园，则是国际文化产业园区开发模式的成功典范。

6. 会展平台开发模式

文化会展是通过展会、节日、赛事等形式，通过规定的时间和地点，由主办方组织，用来推广文化资源与文化产品的活动，会展是推动文化资源与文化产品“走出去”的最好平台。以义乌文化产品交易博览会（以下简称“义乌文博会”）为例，义乌文博会创办于2006年，2008年被评为

---

① 田颖．深圳大芬村原创油画在柏林展出［EB/OL］．新华网，2018－7－12．

"中国最具影响力的文化行业品牌展会"，2010 年升格成为我国唯一外贸主导型国家级展会。义乌文博会注重经贸性和实效性，坚持"市场化、专业化、国际化"的办展思路，以文化产品交易为核心，以国际水准为目标，经过多年的发展，目前已经成为我国文化产品交易（出口）、文化产业展示、文化信息交流、文化项目合作的最大平台。2016 年第 11 届义乌文化产品交易博览，设有文化创意和设计服务、动漫游戏产品、艺术品及收藏品等八大文化行业展区，共有 93 个国家和地区的 11.65 万名境内外采购商及观众参会，实现外贸成交额达 32.67 亿元，义乌文博会目前已经成为国际文化贸易会展知名品牌。

（三）按照文化资源产业化开发目的分类

1. 文化体验开发模式

俗话说"读万卷书不如行万里路"，旅游、游玩本质上都是一种差异化的文化体验，这种差异来自不同的文化、风俗、地理、气候等，多种多样的差异是吸引游客前来旅游的主要动机。随着生活水平的提高、兴趣选择的多样化，人们已经不满足于观光旅游，而是希望深入其间、参与其中，由此导致文化体验、运动体验与生活体验等旅游产业行业迅猛发展。文化资源的产业化开发也应该与时俱进，大力发展文化体验、旅游等相关产业。文化体验开发模式是在原有的文化旅游等方式的基础上，进行深度开发，通过全方位的认知体验提升消费游览质量，同时体现出文化产品的多元化特点。

目前，从国际国内看，文化体验已经成为一种潮流。民俗客栈、节庆参与、手工制作、情景融入等旅游项目层出不穷，给人一种身临其境、融入其中的亲近感与穿越感。我国北京、西安、洛阳、南京、杭州等几乎所有著名的旅游城市，人们几乎都是冲着其深厚的历史文化积淀而去的，每个人游玩之后都会得到不同的文化体验与心灵冲击，民族自豪感油然而生。

2. 健康养生开发模式

现代社会，随着人们生活水平的提高、闲暇的增加，人们对于健康长寿、养身保健的需求越来越大，以健身休闲为内容的健康产业，成为 21 世纪的重要产业。中华文化博大精深，长期的文化积淀，形成了包括中医、武术、气功、太极、书画等具有养身功能的文化资源，具有发展健康养生产业的重要文化基础。

将文化资源开发与健康产业结合发展，目前已经形成了一种潮流。早在20世纪30年代的美国和墨西哥，就曾经产生了大量的养生休闲产业，主要是通过旅游配以医疗护理的方式，实现游客对娱乐和健康的双重追求，目前，在发达国家，健康产业增加值已经达到GDP的15%。在国内，孙思邈的故乡铜川，如今已经将中医养生产业确立为区域经济发展的主导产业，形成了庞大的中医养生产业链；河南省南阳市以张仲景故乡为背景，将城市的发展定位为中国的“健康之都”，形成了医疗、科研、旅游为一体的格局，不仅扩大了张仲景医药产业的品牌影响力，也提升了南阳在国内的知名度；在河南少林寺，武术学校遍地开花，已经成为举世闻名的中国武术之乡；而气功、太极文化，目前已经成为我国中老年人的主要养生保健手段，新兴的广场舞也充斥着各地不同的文化气氛，成为养生健康产业新的重要组成部分。

3. 乡村旅游开发模式

现代社会城市的紧张生活，使得许多城市人产生了一种想要逃离城市的愿望。每逢周末，许多年轻人启动轿车、步入高铁，去追求自己的诗与远方，放飞自己疲惫的心情。而乡村旅游，正好可以消除城市人们的疲惫、满足大家放松心情的需求。乡村旅游作为一种有别于城市空间的生活方式和精神追求，目前已经成为最为火爆的生态与文化旅游产品。

体验乡村文化与生活，构成了乡村旅游发展的灵魂。乡村通过发展自身的优势与城市形成互补效应，将城市人口压力通过乡村文化体验的方式得到释放，不仅提高了城市人口的生活质量，同时也提高了乡村人口的收入，有利于加快社会主义新农村建设的进程。

第五章

文化资源与文化产业融合发展的路径选择

文化资源内蕴着实用价值、艺术价值、体验价值、文化价值和经济价值等多种价值。文化之所以能够被称为资源，就在于其具有很高的历史价值性，价值是文化的根基和存在的理由。从社会发展的角度看，所有物品的价值都是其可以满足人在某一方面的需要，而人的需要不外乎物质和精神两个方面。具体到文化资源，其实用价值是文化产品可以满足人们某些方面的物质消费需求，其艺术价值和文化价值则是可以满足人们某些方面的精神需求或体验需求。

文化资源通过文化创意与高科技手段相结合，充分兑现其历史文化价值，是文化资源产业化开发的基本路径。具体来看，文化资源的产业化开发，主要是通过文化资源与文化旅游、文化创意、文化服务、文化贸易和文化保护五大产业相互融合，推动现代文化产业的发展，实现一个国家或地区的文化传承、创新与发展目标。

本章主要分析文化资源与文化旅游、文化创意、文化服务和文化贸易四大产业融合发展的具体模式，至于文化资源与文化保护产业的相互融合发展，将放在第六章论述文化资源的传承、创新与发展主题时展开论述，自成一体。

第一节 文化资源与旅游休闲相融合，形成文化旅游产业

随着经济发展水平的提高，旅游产业已经成为世界经济发展的新引

擎。目前，旅游产业已经从最初的自然观光向人文体验转化，这就为文化与旅游产业的结合提供了一个良好的契机，而两者的强强结合将为文化资源的开发提供一条全新的路径，并最终催生出一个新的产业——文化旅游产业。

一、文化旅游产业的概念与分类

（一）文化旅游产业的概念

文化旅游对于普通群众来说或许还比较陌生，要搞清楚什么是文化旅游产业，首先必须厘清文化旅游的内涵。

所谓文化旅游，指的是来自不同文化背景的旅客为了体验不同文化之间的差异、浏览其他地方的传统文化、拜访历史上文人墨客的遗迹或参与各地进行的多种文化活动为目的的旅游。文化旅游的主要内容要依靠人文资源得以实现，人文资源的范围非常广泛，可以是物质的建筑，也可以是精神上的民风。各地区之间不同文化所带来的文化差异，是文化旅游得以形成的诱因，其反应过程是不同文化在同一时间、同一空间之间的相互碰撞，这种碰撞所带来的结果是必然的相融，并具有互动性、民族性、多样性、艺术性、神秘性等特征。游客们体验旅游目的地差异性文化的过程就是文化旅游的主要方式，这种过程给人的感受是直击灵魂的，其中能够很好地体现宗教给人们的情感寄托功能和教育对人们智慧的启示功能，以及美景对人们审美情趣的激发功能。在文化旅游的过程中，游客们可以通过对当地文化资源的深入体验，来收获愉悦的精神满足感和文化享受感。站在整体角度，游客们花钱消费体验文化旅游的内容，主要是旅游目的地的一些供人欣赏的物质景观，或者是让人感受文化深度与内涵的精神景观。

文化旅游发展的载体是文化旅游产业。文化旅游产业的形成可以分为三个阶段：首先是具有文化资源的地区，根据自身情况对原始的文化资源进行开发；其次是根据文化资源的形态，配以合适的配套设施，方便游客参观游玩；最后是大力宣传，引导游客前来游玩，满足游客的文化需求，形成文化旅游产业。据此，可将文化旅游产业定义为：文化旅游产业是以文化资源开发为内容、通过创造文化差异来吸引游客，以满足人们人文体验与神秘体验为目的，为游客提供文化和精神层面享受的旅游产业。

想要使文化旅游产业蓬勃发展，那么对文化资源的深度开发就必不可少，这在文化旅游产业发展的各大要素中居于核心位置。在众多的文化资源种类中，物质资源由于其具有可视性，也是最适合通过深度挖掘，开发成旅游产品的。例如战争遗迹、前朝宫殿、帝王陵墓等，都是稍加开发便能成为极为出色的文化旅游产品；而非物质文化遗产也同样能够将其形象化地生成物质形态的文化旅游产品，例如，通过各种文化展览或者文化博物馆纪念品等形式。文化旅游产业是以各地不同的民风民俗，以衣食住行等日常生活的各个方面为载体，让游客置身于不同的文化环境之中，体验和享受这种文化差异所带来的新鲜感。这种文化旅游既是一种社会文化活动，又是一种重要的旅游方式，可以充分展示出不同民族、不同国家、不同地区的文化魅力。

文化旅游产业快速成长的土壤即丰富的文化资源。而文化资源的类型则不一而同，可以是历史遗迹、古代遗址、民俗文化、宗教艺术等物质与非物质文化遗产，且几乎可以覆盖与文化相关的各个产业。文化旅游产业的产生与发展源自不同地区之间的文化差异，通过和其他不同的文化产生强烈的对比，或者是巧妙的联动，使游客在这一过程中感受到这种文化差异，并且因为这种文化差异的存在，使得文化旅游的过程中充满了未知的不确定性。正是这种不知道下一秒会发生什么的期待感，让游客难以自拔。文化旅游的使命则是将这种种的不确定性一一展现给旅游者，带领其体验多种多样的文化内涵，拓展游客的眼界。与此同时，给人以更高层次的文化享受，这种享受所带来的情感冲击会根据文化资源的不同而不同。例如，革命圣地延安可以激发游客的爱国热情、千年古刹少林寺则可以激发游客的向善之心等。

文化旅游产业具有联动性强、涉及面广、关联性高、带动性强等特点，这些特点的存在让文化旅游超越其他旅游产业成为一个综合性产业，同时也是最具活力的新兴产业之一。文化旅游产业不仅可以包括物质的游览内容，也可以包含精神的游览，这就让它拥有了很强的包容性，可以和很多相关产业产生联动。正是因为其高辐射性、与其他产业的关联性、涉及面的广泛性，使其成为新时代经济社会转型发展中的支柱型新兴产业。

（二）文化旅游产业的分类

文化旅游业不同于工业、制造业等传统行业，各个地区的发展轨迹可以相似、甚至相同，形成一个标准化的发展过程，文化旅游业以其独一无二的特色吸引着游客。这就需要对当地的文化背景、旅游活动的核心主题、文化名片的设计打造、宣传推广的渠道构建等进行深度文化创意，概括为一点就是“因地制宜，因材施教”。在面对不同种类、不同风格的文化资源时需要审时度势，设计出最合适的旅游业开发模式，切忌生搬硬套。

总之，各个地区应该根据自身所拥有的文化资源，在充分发挥其自身特色的基础上，因地制宜，走出自己的文化旅游业发展道路。根据历史文化资源开发的对象不同，可将文化旅游产业分成以下三大类型。

1. 以物质文化遗产开发为核心的文化旅游产业

历史文化资源是存在于人类历史发展过程中遗留下来的历史古迹、工艺制品、艺术雕刻、名人故居等承载了历史文化的载体中。它可以体现出当地深厚的历史文化积淀，对于不同文化的游客可以产生出极强的文化吸引力，易于通过适当的开发形成带有高文化附加值的精品文化产品。

对历史文化资源进行深度的开发，不仅可以实现其历史价值，还能让其居于当代旅游业中的领军地位，通过挖掘、整理当地的历史文化，赋予旅游服务以独特的历史文化内涵，让游客在旅游过程中全方位的感受当地浓郁的历史文化氛围，满足其对于精神文化享受的需求，在游玩观赏的同时，对不同文化之间的差异进行思考，获得人生感悟。

开发物质文化资源要注意以下几个方面的问题：一是要突出历史文化的核心，文化差异是激发旅游发展的根本原因，而历史文化资源更是独一无二的，非常值得深入挖掘，并作为吸引游客的金字招牌；二是要开发与保护并重，建立可持续发展的历史文化资源开发模式；三是要有明确的文化主题，也就是要确定自己的特色，不能东拼西凑，要使旅游产品的主题鲜明，让人们想起相关的历史典故时，就会想起当地的旅游服务。

2. 以非物质文化遗产资源开发为核心的文化旅游产业

非物质文化遗产主要以民俗文化的形式体现出来。民俗文化资源一般是指当地居民的各种社会活动、风俗习惯、表演艺术、生产方式等，难以以实物的形式对外展现，但又体现在生活中的点点滴滴、生活方式中。

民俗文化资源依赖于当地独特的自然地理环境，以历史文化渊源孕育而成。民俗文化资源各有千秋，甚至在相距不过数十里的地区之间也会有很大的差异，其他地方即使有心效仿，往往也只得其形、难具其神，所以说每一种民俗文化资源都是独特的，具有难以被别人模仿的优势。民俗文化资源是在历史的发展中，经过当地群众一代代相传所形成的文化结晶，体现了当地人的聪明才智，具有很高的文化价值，通过旅游开发，它将被赋予极强的经济价值，带动当地文化产业的发展。

通过旅游业来开发民俗文化资源，有助于民俗文化的传承与发展。随着民俗文化旅游的不断发展，来自世界各地的游客因民俗文化的独特魅力而前来观光，为当地带来了大量的经济利益。由于经济利益的存在，众多民俗文化资源（例如民族歌舞、民族绘画、民族风俗等）得到了保护和传承；众多游走在消失边缘的民俗文化也得以延续，同时在经过一定的整理和开发，以及融入一些现代元素之后，新的民俗文化资源也有可能被创造出来，这也就反过来促进了民俗文化的发展。同时，通过旅游业来开发民俗文化资源，有助于推动经济落后地区的快速发展。随着民俗文化与旅游业相结合，会给这些地区带来巨大的直接经济效益，可以促进当地的就业，当地的基础设施也会在旅游业的带动下逐渐完善。

3. 以现代文化资源开发为核心的文化旅游产业

现代文化与传统文化相对应，具有更强的时代特征，体现了当前各民族、各地区的生活状态和精神追求，能够呈现出最鲜活、最真实的当地风貌。现代文化资源由于其形成的时期往往就在不久之前，其内在的核心思想与我们当代人的主流思想是相通的。与传统文化资源相比，能够更加容易引起受众的精神共鸣，也更易于向受众展示和表达自己的文化内涵，从这一点来说，现代文化相较于传统文化而言更易传播，而且容易产生更大的影响力。因此，一些经典的、在未来能够经受得住时间考验的现代文化，都会具有极高的文化旅游开发价值。通过开发现代文化资源，将其作为旅游服务的一部分供外来游客进行参观欣赏，可以很好地让外界了解当地目前的情况，是一个城市、一个地区、一个国家乃至一个民族的文化名片。

例如上海，是我国最现代化的城市，也是我国现代文化资源最丰富的城市。东方明珠塔、世博会主题馆、上海中心高楼、海洋馆等，构成了上海现代化文化资源的代表，成为上海的靓丽名片，也使上海陆家嘴成为我国文化旅游产业最为繁荣的区域，成为外地游客来上海的必到之处。

二、文化资源对文化旅游产业的影响

文化资源是文化旅游产业的内在核心，它从根本上决定了文化旅游产业外在的表现形式和自我定位，其他配套的旅游设施、节目安排往往都是为文化资源开发而服务的，旨在突出文化资源的特征和特色，文化资源对于文化旅游产业的发展有着内源性的影响。

（一）文化旅游产业的发展离不开对历史文化资源的挖掘

文化旅游与生态旅游相比，具有完全不同的特点。生态旅游重点在眼观，属于一种外在的、视觉的体验；而文化旅游以文化素质相对较高的文化人为主体，重在文化体验与欣赏。因此，文化旅游产业的发展离不开对文化资源的深入挖掘与创意。

从一般意义上来说，文化资源的形成都需要经过漫长的时间沉淀，所以这些文化资源无论是从物质上还是精神上看，都天生地具有很强的历史属性。包括历史文物、人类遗址、古建筑、口头传说和表述、表演艺术；社会风俗、礼仪、节庆、传统的手工艺技能、民间文学、民俗活动、表演艺术、传统知识和技能，以及与之相关的器具、实物、手工制品、歌圩、庙会、传统节日庆典等，都是文化旅游产业开发的动力源泉。

很多历史文化遗产已不具备其原来的使用价值和经济价值，但却被赋予了很高的历史价值和文化价值，我们只有对其进行二次开发和挖掘，才能够使其历史文化价值能更加直观地向游客展现出来，满足游客们的精神需求。因此，从根本上来说，文化旅游产业的发展就是历史文化资源产业化开发的过程。

独特的文化资源是一个重要的地区识别指标，能够创造出和其他地区的显著差异，是文化旅游业发展的核心因素，如果想要在文化旅游业激烈的竞争中赢得先机，就需要形成自己的特色，也就是深入挖掘其独特的文化价值特征，并且进一步创造出文化品牌，对品牌进行推介、宣传和包装，形成一批与文化相关的衍生品，才能形成具有地域特色的文化旅游产业发展模式。

具体看来，可以从三个方面挖掘历史文化的遗产价值。

首先，可以挖掘已被人熟知的历史文化旅游资源。这些历史文化旅游资源通常存于地表，例如少林寺、岳飞庙、紫禁城等；还有少部分被埋于地下，例如兵马俑等。这些为世人熟知或已被探明的文化历史资源，都是不可再生资源，损坏之后难以修复，所以，应该在保护的基础上，实现对这些文化资源的利用与开发。

其次，对于那些尚未被完整发掘出来的历史文化旅游资源，应该做好保护工作。例如各种帝王陵墓中有很高文化价值的稀世珍宝没有出土，因为被埋在地下的极端环境，大多都是真空低温，所以能够做到千年不坏，而一旦挖掘之后便可能迅速氧化发生损毁，所以在开发这类资源时一定要保护为先。

最后，可以从历史长河中找回那些已经失落的文化旅游资源，这部分主要指的是精神文化资源，可能是一些消失的习俗、民间传说，抑或是社会的人情冷暖。尽管这些文化资源在当今社会已经消亡，但是却留存在书本上或是人们的记忆里，如果能够据此将其抢救回来，进行复活，将成为稀罕的历史文化旅游资源。

纵观世界范围内那些文化旅游产业发展较好的城市，我们可以发现一些共通的经验，包括埃及、泰国、韩国、罗马、巴黎、东京、纽约等，都是建立在对文化资源深入挖掘的基础之上的，通过展示其具有独特魅力的历史文化价值，吸引世界各地游客，从而推动了文化旅游产业的发展。

以中国为例，一些历史文化资源丰富的地区，按照发展产业化的方式来对城市进行布局定位，大力发展文化旅游城市，取得了很大的成功，其中比较典型的代表是陕西西安。

西安是一座历史悠久的世界历史文化名城，被认为是中国古都之首。同时，西安还是中华民族的摇篮、中华文明的发源地、中华文化的代表。早在远古时期，这里就生活着蓝田猿人；之后在新石器时代，半坡先民也在这里建立部落；商周时期，周文王在沣河两岸建立丰镐二京，揭开了西安千年帝都的辉煌历史。西安的建城史有三千一百多年，而建都史有一千二百多年。在这漫长的岁月里，先后有周朝、秦朝、汉朝、唐朝等十三个朝代在此建都，为西安赢得了“秦中自古帝王州”的美誉。在很长一段时期内，西安都是我国政治、经济、文化的中心，连贯东西的丝绸之路以此为起点，使这个城市体现出了对外来文化的兼容并包；秦始皇陵的兵马俑位列世界八大奇迹之一，展现出了西安这座古城厚重的文化底蕴。这些悠久的历史文化资源使得西安获得了天然历史博物馆的美誉，其所出土的历史古迹种类之多、价值之高，不仅在国内首屈一指，放眼世界也同样是罕见的瑰宝。

面对如此丰富的文化资源，西安市政府在发展文化旅游产业时，就十分重视突出文化主题，尤其是突出西安不同于其他地区的文化特色，将文化与自然相融合，运用现代化的科技手段作为表现形式来展现历史文化，塑造出西安历史文化名城的形象。以周朝、秦朝、汉朝、唐朝的历史文化为主题，建成了一些各具特色的大型文化旅游休闲区，与此同时还大力弘扬丝路文化、黄河文化等。通过发掘兵马俑的旅游价值，以点带面，带动了一批其他景观的发展，不仅使得一些类似华碑林、华清池、大小雁塔、半坡村遗址等景区受益，还进一步凸显出了西安这座城市厚重的文化主题，挖掘出了其中的文化内涵。

（二）文化资源影响文化旅游产业发展的基本途径

文化旅游业和文化资源相互融合的过程，即是文化资源价值兑现的过程。文化创意从文化资源中吸取灵感、通过现代的高科技手段，对文化资源进行开发、从而形成文化资源与文旅游产业的融合发展。

文化资源可以通过多种渠道对文化旅游业产生深刻影响。例如，文化资源的性质会影响到文化旅游产品形成的类型以及构成文化旅游产品的灵感来源。具体来看，文化资源主要通过以下两个基本途径对文化旅游产业的发展产生影响。

1. 资源禀赋决定文化旅游产业发展方向

文化旅游产业该如何发展，发展方向是什么，很大程度上取决于当地所拥有的文化资源的种类以及特色。在对文化资源进行旅游化开发的时候，需要根据文化资源自身的特点来因地制宜，采取适当的开发方式，这样在开发效果上才能够事半功倍，更容易取得市场的认可。否则，不顾文化资源的特性而生搬硬套其他地区的成功经验，只会适得其反，难以发挥文化资源的效果。

通常，我们可以将文化资源分为物质文化资源和非物质文化资源两大类，这两类文化资源在进行文化旅游业开发时，所选择的发展方向是有所不同的。对于物质文化资源，针对其进行的文化旅游业开发，大致上都是朝着观光型旅游的方向发展。例如千年古城西安，就存在着大量的历史文化遗产，这使得西安观光型的文化旅游发展具有得天独厚的优势，能够以更低的开发成本达到更好的文化旅游铲压发展效果，不仅让游客能够乘兴而来、满意而归，当地的经济也能够通过文化旅游业得到快速发展。

对于非物质文化遗产的产业化开发，大致上是以体验型旅游为主。例如海南省存在着非常多的非物质文化资源，其中省级非物质文化遗产有 72 项，国家级非物质文化遗产也有 26 项之多，这其中主要包括了传统舞蹈、传统戏剧、传统音乐三大板块，代表项目有黎族打柴舞、临高人偶戏、琼剧、崖州民歌、黎族民歌等。海南省将这些非物质文化遗产通过体验式的开发理念，开发出了一种舞台体验模式，通过使用戏曲或者舞蹈等临场感强，能够和观众产生强烈互动，同时观众又能够参与其中的非物质文化遗产表演活动，让观众参与到舞台表演之中，从中更加深入、更加直观地体验到南国文化的独特魅力。

由此可见，文化旅游产业的发展方向决定于当地的文化资源类型，各个地区应该因地制宜，根据自身拥有的文化资源特色，选择适合的文化旅游产业发展方向与模式。

2. 价值兑现是文化旅游产业发展的前提

文化资源的历史文化价值主要体现在两个方面：一方面，对于文化资源的所有者来说，文化资源具有潜在的经济价值，通过适当的开发，可以使其变成为文旅产品，为自己带来经济收益；另一方面，对文化资源的消费者来说，通过体验、欣赏文化资源及其产品，可以使人体验到不同的文化特性和心路历程，从而达到心情愉悦、精神升华的效果。

从文化资源的所有者来说，文化资源的价值兑现，就是要通过发展文化旅游产业，为其带来可持续的经济效益。文化旅游产业想要得到良好的发展，就需要展现出其对于当地的民生、就业、经济、环境的推动作用，兑现其历史文化价值，与现代人的需求相结合，形成文化旅游产业发展品牌，带动区域经济的快速发展。

对于文化资源的需求者来说，文化资源的价值兑现，就是要通过文化旅游，为其带来不同的文化体验，从而获得精神上的收获与快乐。比如上海的石库门建筑，是上海百年发展历史中最具代表性的居民建筑，上海市政府通过对石库门建筑进行保护和开发，将其与现代人的文化需求相结合，大力发展文化旅游产业，使其文化价值很好地兑现出来，从而推动了上海古建筑文化旅游产业的发展。

三、文化资源与文化旅游产业融合发展的主要形式

文化资源与文化旅游产业融合发展的具体形式多种多样，根据文化资源自身不同的属性，其结合方式也不同，归纳下来一般有以下八种。

（一）历史文化旅游产业

历史文化资源与旅游产业相结合，形成的是历史文化旅游产业。一般来说，历史文化资源大多是以物质文化遗产的形式展现在人们面前的，很多是不需要加工、以原生态的形式呈现给旅游者的，如故宫、凤凰古城等。以历史古迹作为文化旅游的核心内容，在进行产业化开发的过程中，所突出的就是“原汁原味”，尽其所能地把古迹最真实的一面展现给游客，让游客仿佛置身于前朝古代，这样就容易取得成功。在这种文化旅游的过程中，游客不需要过多的参与其中，而是单纯地依靠眼睛去看，然后用心感受，就能得到一种文化上的满足感。对于大多数的文物古迹来说，都可

以采取这样的文化旅游开发模式，例如长城，我们不需要为其增加现代化的光电技术或者歌舞表演，只需要让游客在长城上走一走、看一看，自然会在其中领略到祖国山河的壮美、将士戍边的激昂、自然美景的雄浑壮阔，从而得到一次完美的文化旅游体验。

（二）民俗文化旅游产业

民俗文化资源与旅游产业相结合，形成的是民俗文化旅游产业。民俗文化资源大多是以非物质文化遗产的形式体现出来，如节庆、婚丧喜庆等。将民俗文化作为文化旅游的主要内容，那么所突出的特点就应该是"淳朴、亲切、自然"这六个字。游客在乡间漫步游走，所希望看到的是古朴的民风、热热闹闹的喜庆活动，让游客有一种很强的融入其中的参与感。这种文化旅游不需要太多的改造和修饰，否则就会显得匠气太重，难以给人浑然天成之感，也就降低了游客在游玩过程中的文化体验。民俗文化旅游可以以乡村旅游的形式来呈现，让游客融入乡村生活，和当地居民同吃同住，感受他们的风土人情，找到在都市中渐渐难觅的那一抹纯朴，暂时忘记日常工作中的那些纷纷扰扰，以获得内心的平静。

（三）歌舞文化旅游产业

歌舞文化资源与旅游产业相结合，形成的是歌舞文化旅游产业。歌舞文化资源包含的形式非常广泛，古今中外，各国各民族都有独具特色的歌舞文化。尤其是中国有 56 个民族，每个民族都有自己多彩多姿的歌舞文化，这就构成了发展歌舞文化旅游产业的重要基础。

以舞蹈文化资源为例，舞蹈是一个非常广阔的领域，不同的舞蹈都有着不同的风格和特色，其种类也是多种多样的。通常，我们可以把舞蹈按照它原本的面目进行分类，划分为艺术舞蹈和生活舞蹈两类。艺术舞蹈主要是指为了供人欣赏而产生的舞蹈；而生活舞蹈则是具备了一定的文化习俗含义，满足了当地居民现实生活中需要的一种舞蹈。文化旅游业可以通过对这种舞蹈加以浓缩和提炼、去粗取精、去伪存真，将其中有益的东西保留下来，并予以一定的艺术加工，在旅游活动进行过程中展现给游客，让游客在欣赏舞蹈的同时，感受到当地不一样的民风民俗。

在我国，歌舞文化旅游产业成功的案例很多，如宋城集团的“宋城千古情”系列项目、张艺谋的“印象”系列等。国际上美国的百老汇，可以说是举世闻名的歌舞文化旅游产业发展的成功范例。

（四）饮食文化旅游产业

饮食文化资源与旅游产业相结合，形成的是饮食文化旅游产业。俗话说民以食为天，饮食永远是旅游活动中的重点和亮点，而饮食也能很好地体现出各地不同的地方特色，因此饮食文化和文化旅游有着天然的有机联系，两者之间相辅相成。通过饮食，我们可以感受到东北的豪爽、江浙的婉约、西北的粗犷以及南疆的异族风情。

众所周知，我国国土面积辽阔，各地之间具有不同的气候环境，并因此具有不同的物产，再加上各地不同的风俗习惯等因素，就使得我国形成了各种各样各具特色的地方美食。较为笼统的来说，也可以将我国的饮食文化按照“八大菜系”来进行划分，这种菜肴风格上的差异也是一种文化差异，会对游客形成很强的吸引力，因此是一种重要的旅游资源。同时由于这种旅游资源有很强的地域性，脱离了当地的好山好水和好厨师之后，在其他地方无法很好地呈现，所以美食会带动游客的流动，而游客的流动又将间接带动当地其他产业的发展。美食旅游的区域性能够凸显美食旅游的原创性。对于食客来说，美食永远都充满着无穷的诱惑，因此，饮食文化旅游产业随着旅游产业的规模扩大，具有无限的发展前途。

（五）建筑文化旅游产业

建筑文化资源与旅游产业相结合，形成的是建筑文化旅游产业。建筑的分类有很多种，按时间来分有古代建筑、近代建筑和现代建筑，其中的典型代表如西方的哥特式建筑、教堂宗教建筑、中国的皇家园林建筑、寺庙建筑、各类民居、各类会议中心、大剧院等可谓是千姿百态；按功能来分则可以为分为园林类、民居类、宫廷类、工程类、宗教类以及陵墓类等。无论是古代建筑还是现代建筑，他们都能很好地体现出当地的地域性以及民族特色，部分还兼具了历史性和艺术性的特征，这使得建筑成为一项重要的旅游资源，异质的建筑艺术是旅游者产生旅游动机的重要因素之一。

建筑文化资源与旅游产业结合起来，形成建筑文化旅游产业，这方面成功的案例可谓是不胜枚举。意大利的罗马和威尼斯、法国的巴黎、英国的伦敦、美国的纽约，都是这方面的杰出代表。至于我国的北京、上海、西安等大都市，以及丽江、凤凰古城、平遥古城等，哪一个地方不是靠独具地域文化特色的古建筑发展起文化旅游产业的？因此，充分利用建筑文化资源，形成不同的建筑文化旅游产业发展模式，对于文化资源产业化开发，具有十分重要的意义。

（六）宗教文化旅游产业

宗教文化资源与旅游产业相结合，形成的是宗教文化旅游产业。宗教是人类社会中一种普遍的文化现象，在各个领域影响着社会和人类的发展。宗教文化资源不同于其他的文化资源，它涉及人们的信仰问题，对于宗教文化资源的开发必须要贯彻国家的宗教政策，不能违背国家在宗教方面的相关法律法规。

随着旅游业的不断发展，让人不断地产生流动，形成了大规模的文化交流，宗教文化在这其中也扮演了重要的角色，宗教文化资源也逐渐成为旅游业的重要资源，二者相互联系、相互影响。对于不同的宗教文化活动场所的宗教资源开发都应该因地制宜。对于宗教文化资源开发的主体必须由宗教界人士组成，或至少由宗教界人士进行监督；在宗教文化资源开发的性质上也应以公益性质为主，不能损害宗教的切身利益，更不能伤害各个宗教教徒的信仰和感情。例如在有历史渊源的宗教场所则可以定期举办一些讲座、展览来向游客宣传历史知识，传播宗教教义；处在城市中的宗教场所则可以开设图书馆，供人学习，或者在暑假寒假之时，提供夏令营、冬令营的活动，让孩子们也体会到宗教的崇高魅力，给社会传递正能量。

我国幅员辽阔，各个省区市的宗教文化资源都非常丰富，既有物质形态的宗教文化资源，例如寺庙、教堂、大钟、木鱼等，又有精神形态的宗教理论、宗教精神。目前，宗教文化资源与旅游业共同开发的方式已经取得了初步的成果，例如河南省以少林寺为宗教旅游的中心，开发佛教的禅文化和武术文化，成功地将宗教与旅游结合在了一起，既符合市场规律、又具有文化气息，同时也满足了游客，取得了不错的成绩。

（七）养生文化旅游产业

养生文化资源与旅游产业相结合，形成的是养生文化旅游产业。中华文化博大精深，长期的积累形成了丰富多样的养生文化资源，主要包括中医文化、气功文化、武术文化、推拿文化、温泉文化等，这些文化资源与旅游产业结合起来，可以发展出满足不同人群需要的养生文化旅游产业。

随着收入水平的日益提高以及可自由支配时间的日益增多，人们开始对生活品质投入更多的关注，养生文化旅游产业应运而生，成为文化旅游最为火爆的创业产业之一。以广西长寿之乡巴马为例，近年来其文化旅游创业呈现出30%以上的增长速度，反映出人们对长寿养生的渴望与期盼；陕西的铜川是药王孙思邈的故乡，近年来大打中医养生牌，发展中医养身文化旅游产业，也取得了不俗的成绩。

（八）现代文化旅游产业

现代文化资源与旅游产业相结合，形成的是现代文化旅游产业。随着科学技术的进步、人们需求的多样化追求，现代文化资源呈现出井喷式的发展浪潮。以迪士尼为代表的游乐文化主题公园、以水浒城为代表的影视文化主题公园、以华侨城为代表的民族风情园、以奥运场馆为代表的文化体验设施等，构成了现代文化资源的典型载体。通过开发利用这些现代文化资源。可以打造出深受旅游者青睐的现代文化旅游产业。

现代文化旅游产业和历史文化关联度不高，而与文化创意关联度高，相较于传统旅游而言，更为强调娱乐性，注重给予游客感官上的刺激。例如各种游乐场、迪士尼乐园等，就是构建出一个五光十色、精彩纷呈的盛大场景，让游客去体验不同的娱乐项目。相较于其他的文化旅游服务而言，其娱乐性更强，对于孩子和年轻人的吸引力更大。

第二节 文化资源与高科技手段相结合，形成文化创意产业

文化创意产业的兴起与当前经济全球化的大背景密不可分，各个国家之间互联互通的成本降低，带来了文化碰撞、创意形成的契机，同时高科技的发展又为文化创意提供了大量的技术手段。文化创意产业还是一个文化密集型和科技密集型的朝阳产业，蕴含着巨大的经济效益和社会效益，有成为支撑当代文化产业支柱的内在潜力。作为一种历史文化遗产，文化资源所包含的一些文化理念、艺术追求、工艺技巧、民俗习惯等文化因素，通过高科技与其他手段的创意、包装，能够形成丰富多彩的各种文化产品，从不同角度满足大家的精神与生活追求，文化与高科技的结合，构成了今天在世界范围内蓬勃发展的文化创意产业的动力源泉。

一、文化创意产业的概念与分类

文化创意离不开对文化资源的深入挖掘，而现代科学技术是文化创意的重要手段，两者的有机融合，形成文化创意产业，也是文化资源开发的一条重要渠道。文化与高科技的结合，一方面，可以使文化借助科技的力量更好地传播，同时借由高科技发展出新的文化表现形式；另一方面，科技则通过文化创意，推动了文化产业的发展，成为实实在在的第一生产力。

创意，特指人的脑海中产生的一种创造性的想法。这种想法并非是无根之水、凭空捏造的，而是通过对事物本身的洞察，获得对于事物本身更深的了解和更新的认识，以此为基础，再加上一定的想象力，将不同事物的本质中相同的部分连接在一起，从而形成了创意。创意需要有深刻的思想、对事物敏锐的洞察力，因此产生创意的主体必然只能是人类。而且需要人类在具有丰富的知识和生活经验前提下，对这些知识进行重构而形成，所以创意是一项非常难的脑力活动，需要创意行业的从业者有很高的

智商、情商、文化水平及知识水平。

创意产生的必要条件是丰富的社会文化资源。文化资源是创意形成的丰沃土壤，有了文化内涵，创意才变得有所凭依，变得合情合理，否则就很容易变成瞎编乱造。创意这项文化创造或者说文化改造活动，在进行的过程中需要依靠传统文化、吸收传统文化中的精华，是对传统文化的依附和索取；可在文化创意得到世人的认可，流传下去之后，它又同时反哺传统文化，为传统文化增加了新的表现形式，使得传统文化有了更强的生命力，从这个角度来说，文化创意产业与传统文化是相互扶持，共同发展的关系。进行文化创意时，通常使用的手段便是在传统文化的文化内核之外包裹上一层现代新文化的外衣；或者是直接将传统文化的内核熔炼开来，和新文化直接融合，创造出一种新的文化形态，创意的产生不仅有很高的文化价值，其商业价值也同样显著，由于现在全球主流的经济体制是市场经济占主导地位，这就使得创意产业能够有效地吸引更多的资源配置，实现良好的发展。文化创意产业是以文化资源为核心的高端产业，立足于文化资源的产业化开发，通过高科技手段在历史文化资源中融入现代元素，使之焕发出新的活力。更通俗地说，文化创意产业就是把文化资源用现代的手段和方法巧妙地展现出来，创造出新的文化产品，并以此来满足现代人日益增长的精神文化需求。需要注意的是，文化创意产品的诞生并非易事，无法通过简单的模仿复制得来，这需要从业者对市场以及文化资源本身都有深刻的认识和把握，通过对文化资源中的文化内涵进行提取、加工、改造以及融入创意，形成产品。在这一过程中文化资源是重要的基础，而创意则是最为重要的手段，两者的品质高低将直接影响文化创意产品的质量好坏以及市场的受欢迎程度。

文化创意产业的发展需要依赖高科技的应用以及国家和社会对于知识产权的尊重及保护。因为文化创意产品的关键便在于创新二字，一方面，创新需要依靠高科技为手段来实现；另一方面，创新归根结底是一种灵感的迸发，一旦被创造出来之后，很容易遭到山寨和剽窃，这对原创意人是一个重大的打击，如果放任不管必将影响创意人的创作热情和激情，造成行业的萎缩。当版权意识成为全民的共识时，文化创意也就拥有了适合成长的外部环境，届时便可以在各行各业都大有作为。例如，可以在服装设计上体现更多的中国元素、在工艺设计上体现古典美、在广告创意上融入传统文化的号召力等，这些广泛的应用都预示着文化创意产业的美好未来。

总之，文化创意产业是以文化为源泉，以现代科技为纽带，将文化和创意有机地结合起来，形成一种以创意产品为内容的文化产业形式。文化和创意本身难以直接转化为财富，还需要经过产业化过程的加工，使之成为广受市场欢迎、群众喜爱的产品，最终将文化资源和创意思想开发成为产品，满足人们的文化与精神消费。

文化创意并不是对于传统文化的复制再生，而是通过现代科技的手段将人的灵感和想象力融入传统文化，使其获得新的内涵，因此文化创意产业可以被划归为知识密集型产业，主要特征有以下三点。

1. 文化创意离不开高科技的手段支撑

文创产业是一个高端产业，进行的是脑力创新，可以获得高额利润，但这要求整个产业有自己的核心技术，否则很容易被他人超越，而核心技术的产生则需要以高科技作为支撑，形成科技壁垒。想要创造出一个优秀的文化创意产品，就需要以文化内涵为根本，行业之间协同合作，共同开发文化资源，从而呈现出高度的科学性与知识性的特点。

2. 文化创意产业具有高度的融合性

作为一个最近几十年才发展起来的新兴行业，文化创意产业集合了科技、文化、经济等发展手段和方法，具有很高的融合度，在传播时具有很强的渗透性和辐射性，为其自身以及其他相关联的产业提供了良好的发展机会。文化创意产业不仅具有很高的文化性与知识性，在它的发展过程中还能通过辐射效应传播正能量、保护传统文化，从精神层面提高人民群众的文化素质，促进和谐社会的建设和发展。

3. 文化创意是一个持续发展的过程

不同于其他文化产业的相对静态，文化创意产业应该是动态的，要和市场的需求紧密结合，不断推出新的创意产品，要更加注重市场的反应。文化创意产业的核心内容就是创意，通过创意的手段，为社会不断提供丰富多彩的文化创意产品。因此，从这种角度出发考虑，文化创意产业是文化产业的升级版，具有不断的创新能力和市场更新度。

二、文化资源是文化创意产业发展的动力源泉

文化创意需要灵感、需要与消费者达成情感上的融合并与消费需求相呼应，而人都是在一定的地域文化熏陶的基础上，自然而然成长起来的文化人，都有自己的生活偏好与情趣追求。作为直接服务于人的文化产品，企业的产品特性、款式如果契合了消费者的爱好，那么，他就会心甘情愿地掏出钱来购买企业的产品；反之，企业的产品就不会受到消费者的欢迎。从满足市场需求的角度出发，文化创意应该是建立在对文化资源深入挖掘的基础上，通过发现消费者的偏好与情感需求，企业的创意产品才是成功的，也才能生产出适销对路的文创产品。

相较于其他文化产业而言，文化创意对于文化资源具有更多内在的依赖性，文化创意的源泉经常是来源于对文化资源某一符号的灵感、某一理念的延伸、某一形态的夸张等。一句话，文化创意产业发展的动力源泉与基础就是文化资源。

其他文化产业与文化创意产业不同的地方在于：很多其他文化产业所依靠的是资源本身，创意和后天的加工在其价值中所占的比例不高，比如说文化旅游产业，所依靠的是历史古迹等，脱离了历史古迹就无法发展。然而文化创意产业则是需要通过人的大脑思考、设计出人们喜闻乐见的、特殊的、具有知识形态的文化产品，这就决定了文化创意是一项高智力的脑力劳动。而创意不是凭空想象，创意的产品必须与人们的文化需求与情感追求相符合，才能获得人们的认可与喜爱。而任何一个人，都是在一定的文化模式中成长起来的，其情感、理念、追求都深深地打上了母文化的烙印，这就决定了文化创意产品必须来源于生活，而又要高于生活。在这里影响人们生活理念的核心因素，就是所谓的每个人一生生活的文化理念。文化创意必须围绕着一个人的文化价值观、文化追求来展开，才能得到消费者的共鸣和喜爱，才能获得大家的认同，从而生产出为大家所能够接受的文化创意产品。

在对传统文化资源理念进行深入挖掘的基础上，使用现代化的高科技手段进行开发、设计，最后生产出消费者能够喜爱的产品，这是文化创意

产业冲击发展的根本途径。从这一完整的生产过程中我们可以看出，文化创意产业的发展需要对文化资源进行挖掘，特别是要适合文化资源本身特性的定制化挖掘，否则文化创意产业的发展就好比无源之水，难以为继。

具体来看，文化资源是文化创意产业的源泉，从文化创意产业的几乎所有方面都可以得到印证。

（一）文化资源是影视文化创意产业的源泉

影视作品的创作离不开文化资源的积淀，只有在拥有了深刻的文化内涵之后，影视作品才能够从内心深处和观众产生一种精神共鸣，让观众感受到人文精神的美好和影视艺术的巧妙，所以说文化资源是影视文化创意产业的源泉。从美国的《木乃伊》、俄罗斯的《战争与和平》、中国的《西游记》《三国演义》等影视片中，我们都可以得出文化资源是影视文化创意产业发展的源泉的结论。

（二）文化资源是动漫创意产业的源泉

动漫作品离不开创意，好的创意是动漫产品深受年轻人喜欢的前提条件。而好的创意不是凭空产生的，它是以对文化资源的深入挖掘为动力源泉的，正是因为这些文化资源的存在，让这些动漫作品多了一层教育意义，孩子们可以在观看的同时学习到很多知识，了解自己国家的文化传统，这些都有益于孩子的成长。从美国的动漫大片《功夫熊猫》《花木兰》，中国著名的《三打白骨精》、动漫游戏《三国杀》等动漫作品中，可以看到传统文化资源元素的无所不在。

（三）文化资源是文化主题公园创意产业的源泉

所谓文化主题公园，一定是有一个文化主题包含其中，否则就不称其为文化主题公园了。例如，讲到迪士尼主题公园，一定是众多美国文化元素的集合；谈到深圳民族文化村主题公园，一定包含中国56个民族的文化因素；至于横店影视城，一定是中国建筑文化集大成者。而所有的文化主题公园，都离不开对于主题文化的深入挖掘。

不同于一般的旅游观光园区，相比较而言，文化主题公园创意产业的重点在于文化创意，而不是自然风景的秀美，文化资源就是文化主题公园创意的源头，只有掌握了一些具有当地特色的文化资源，才能够以此为核心，在其周围衍生出更多更好的文化创意产品，来构成一个文化主题公园，所以说文化资源是文化主题公园创意产业的重要源泉。从实践上看，我国无锡的三国城、水浒城，浙江的横店影视城等成功的文化主题公园，都是在对文化资源深入挖掘的基础上，通过创意的手段发展起来的。

（四）文化资源是旅游创意产业的源泉

现代旅游产业离不开文化创意的包装。文化资源作为一种历史的沉淀，是静态的、原始的东西，它需要动起来、活起来进入人们的视野，才能引起大家的兴趣与关注，这就需要通过文化创意，使其变成文化旅游产品，才能推动文化旅游市场的发展。

对于现代人来说，人们已经越来越不满足于单纯的观光型旅游了，更多的人开始追求在旅游中感受文化的魅力，这也就催生了旅游创意产业。旅游创意产业通过对文化资源进行开发，形成与之相关的一系列文化旅游产品，给游客营造一场别开生面的文化之旅，在其中领略传统文化的博大精深。从总体上看，旅游创意离不开与当地独特的文化资源相结合，一切的旅游创意产品都是对文化资源的深入挖掘，并在其之上创作出来的。例如，著名的世博系列产品、迪士尼乐园等，都是在深入挖掘文化资源的基础上发展起来的，并且成为文化旅游创意的杰作。

（五）文化资源是时尚创意产业的源泉

时尚，是一种品位，尤其是作为众多年轻人的追求生活方式，具有很大的市场发展前景。从世界范围来看，时装设计、建筑设计、产品设计等都是创意产业的代表类型，而所有的这些创意设计，都是建立在时尚创意的基础上。这里所谓的时尚创意，也都是建立在对文化资源与文化理念的深入挖掘，加上现代人的审美所创作出来的。

以时装设计产业为例，每个国家与民族都会根据自己的文化特色，设计出不同风格的服装产品。例如，英国的男士服装注重庄重、严谨的式样，这与其贵族背景、追求绅士风度的文化习性有关；巴黎的时装充满着飘逸清新的风格、这与高卢民族追究浪漫的生活方式有关；美国年轻人则喜欢宽大随意的休闲系列，这与美国文化追求自由、放荡不羁的牛仔文化精神是相合的；而中国的女士喜欢穿旗袍，在袖口、领子上绣上美丽的图案，这与中国追求温文尔雅的文化习俗有很大的关系。总之，任何一种创意，都和其传统文化资源有着千丝万缕的联系。一句话，时尚创意产业之所以能够源源不断地有新的创意产生，文化资源就是其灵感的来源。

三、文化资源影响文化创意产业的作用途径

文化资源对于文化创意产业的发展，有着内源性的影响。文化资源是文化产业发展的内在动力源泉，文化资源的性质决定着文化创意产业发展的方向与模式，文化资源需要与高科技相结合才能转化为文化创意产品，文化资源影响文化创意产业的作用机理，可以从以下两个方面展示出来。

（一）文化创意本质上是一种文化创新

文化创意是一种以市场需求为出发点，创造出文化产品的过程。在这个过程中，离不开文化的灵感与思考，离不开与高科技的结合，因此，它本质上就是一个文化创新的过程。以文化创新为基础，想要发展文化创意产业，首先要有文化创新的思维，需要能够敏锐地看到传统文化的价值，并对其按照现代人的需求和价值观念进行创新，加入现代的思想理念。

例如，中国的旗袍设计，万变不离其宗，其式样、款式，总体上是有它的规范与式样的。但在不同时代，旗袍上刺绣的图案衣领、袖口的装饰，都会与时俱进，绽放出时代文化的特色。我们在观察和研究旗袍的发展史时就会发现，旗袍的发展变迁就是伴随着一次次的文化创意而来的。旗袍最开始是由清代时期，满族妇女穿的袍服演变而来的。之后随着清代的手工业规模不断扩大，对外贸易急剧增长，使得经济发展、城市繁荣，促使了旗袍变得更加烦琐和奢华。随着西方较为开放的思想逐渐涌入中国，国人对于衣服的审美也发生了变化，体现在旗袍上就是袖子由长袖变成了中长袖，同时由原本的宽袖口改为了紧袖口，将女士的手腕露了出来；衣身长度上也有所缩短，会露出脚踝，在修饰上更加简约自然、温婉

淡雅，体现了女性的柔美。而到了民国时期，中国进一步的开放使得旗袍也同样再次发生变化，变得更为修身，例如新式的旗袍会将腰身收紧、腿部的开衩变高、裙摆进一步缩短，将女性玲珑的身姿体现得淋漓尽致。电影《花样年华》中，主角张曼玉的身材高挑，一身旗袍扮相将女性的美完全展现了出来，向世界展示出了我国旗袍所表现出的含蓄、精致、性感的美。如今的旗袍更是跳出了日常服饰的界限，成为很多女性结婚时礼服的首选，因为其相较于西方的白婚纱而言，不仅能凸显女性的身材，而且会给人一种古典美的感觉，更加符合中国人的审美。

（二）文化资源决定文化创意产业发展模式

不同的文化资源类型，决定了其文化创意产业的发展方向不同。文化创意产业的发展方向并非是随意选择的，其往往是根据自身所依赖的文化资源的特质来决定。一般来说，以物质文化遗产为开发基础的文化创意产业，其文化创意产品往往是以实物形式居多。例如，当人们去西安古城旅游时，可以看到大街小巷的文化商店卖的都是兵马俑、唐汉时代的生活用品等工艺品；而当人们步入北京故宫，里里外外的商品店里卖的都是以故宫文物为原型加工而成的文化创意产品。而以非物质文化遗产为基础的文化创意产品，则是以其文化精神、文化理念等为挖掘对象，开发出来的都是以动漫游戏、影视产品居多。比如说前几年风靡全国的桌游三国杀，其中的人物设计就大多还原历史，按照小说《三国演义》中人物的不同特点来设计其相应的技能：华佗治疗能力强、曹操技能是“奸雄”、关羽技能是“武圣”等，这种按照文化资源本来的特质进行文化创意开发的产品就很容易得到市场的认同，从而取得巨大的成功。此外，像《水浒》《红楼梦》《聊斋》等文学作品类的文化资源，本身就是非常出色的经典文学，很容易就可以通过一些改编或者再创作，转换为其他的艺术形式，和影视产业均能很好地结合，形成新的影视作品。

四、文化资源与文化创意产业融合发展的具体形式

文化资源具有不同的性质与分类，不同的文化资源与文化产业结合的

路径是不一样的，归纳起来，文化资源可以通过以下几个路径与创意产业结合，影响文化创意产业模式的形成。

（一）动漫文化创意产业

在各国的民间，都流传着很多脍炙人口的童话故事或者小说，在孩童时代就陪伴了一代又一代人的成长，这些优秀的文化资源与现代动漫制作技术相结合，就可以创作出活灵活现的、更容易受现代孩子欢迎的动漫作品。将各个民族不同的文化符号，融入动漫作品，并且能很好地让孩子们从小接触到自己民族的传统文化，培养起文化的归属感。

在将文化资源进行动漫化产业开发的道路上，日本是全球做得最好的。日本所创作出的动漫作品无论是以日本文化为背景，还是以欧美文化为背景；也无论是现代题材还是古代题材，我们总能从中发现日本所特有的文化符号。例如每部作品基本都会出现像大和抚子类型的女性角色，虽然外表柔弱似水，内心却非常坚强；又或者是和风的服饰和装扮，以及日常生活中的一些日式美食；还有就是飘零散落、奇美无比的樱花雨。这些日本所特有的文化元素，都被巧妙地融入日本的动漫作品。

除日本以外，我国也是将文化资源融入动漫文化创意产业较为成功的国家之一。例如20世纪的《小蝌蚪找妈妈》《大闹天宫》等作品，将水墨画的技艺融入动画制作，开创了水墨动画这一动漫分支。这一技法的灵活运用不仅表现出了我国山水画独有的飘逸灵动，同时，由于动漫化之后画面动了起来，更是赋予了以往水墨画中所缺少的活力，不仅有了很高的艺术欣赏价值，就算是对国画没有兴趣的孩子也同样能够看得非常开心，可以说是真正意义上做到了老少咸宜。这种出色的艺术表现形式也在国际社会上得到了广泛的认可，获奖无数，可见这种将文化资源融入动画进行创作开发的做法是能够取得巨大成功的。

（二）影视文化创意产业

和动漫产业相比，影视产业所面向的受众年龄更大、受众人群更广，同时在表现形式上也更为自由，题材的选取也更为丰富。因此，也就往往能够融入更深层次的文化元素，全方位、立体地体现一个国家或一个民族的处世哲学与人文思考。

将文化资源融入影视作品，发展影视文化创意产业，美国和韩国在这方面当为翘楚。例如早年在中国热播的《大长今》，里面就包含了非常多的文化元素，让我们进一步领略到了韩国文化的精妙之处，其中包含的养生哲理、美食观念都让人倍感折服，使人产生浓厚的兴趣，想在现实中去好好体验一番。美国也同样如此，虽然原有的文化资源并不多，但挖掘得很好，例如美剧《西部世界》，就为观众展示了一个充满了牛仔、冒险、淘金的西部世界，并通过巧妙的剧情，引导观众对人性展开了思考。

（三）主题公园创意产业

动漫产业和影视产业，都是将文化融入作品，让受众在观看的过程中去体验不同文化的魅力。这种方式对于受众来说较为被动，只是作为一个接受者，而不是参与者，对于文化的感受可能会浮于表面，不够深入。而如果将文化资源开发为主题公园，通过各种各样的活动让游客参与其中，必能大大提高游客对于文化的理解程度；同时，这种活动方式也更加多姿多彩、丰富有趣，更容易让人流连忘返，对文化创意产业的发展具有更好的促进作用。

将文化资源打造成创意主题公园，在我国成功案例很多。以杭州宋城文化旅游集团为例，其主题公园以清明上河图作为蓝本，重现两宋时期的社会生活风貌，让走进宋城的游客有一种穿越千年、恍如隔世的感觉，切实体验了一把南宋古都生活。

在宋城景区内，以市井街为主，街市店铺为仿古形式，店铺主人也身着宋代衣服，营造一种逼真的现实感。景区内活动如王员外家小姐彩楼抛绣球、杂耍、打陀螺、木偶戏和七十二行老作坊等精彩表演都保留下来，以增强游客的参与性。在景区入口处设置宋代服装租售中心，设置换衣间供游客换服饰，并提供发式设计服务。游客可以在进入景区后，为自己选一个角色，租一套喜欢的宋代服饰，梳上宋代的发式，走在宋代风情街上，看一场杂耍、逛一次庙会，甚至抢一次绣球、拜一次天地，切身体验一次宋代的生活文化，也可以和当地人打成一片，和他们一起过一过火把节、泼水节，享受一下节日的喜庆。考虑到能提高当地居民的参与度，景区内店铺和各种表演所需要的人员都可以让当地居民参与其中，一方面可以发扬当地独特文化艺术，保护当地固有的民俗民风文化；另一方面又创造了更多就业机会，有利于提高居民收入，带动经济增长。

（四）工艺文化创意产业

作为非物质文化遗产的主要承载体，民间艺人都有自己的一套绝活，是民俗文化的直接传承人。如何将这种宝贵的民间手艺传承下去并发扬光大，可考虑大力发展工艺文化创意产业，以创业平台培育接班人，实现非物质文化遗产保护的目标。

将文化符号融入工艺品，通过文化创意，使两者有机结合，深入挖掘其审美、娱乐等文化价值，由此上升到艺术品的层次，带来高的产品附加值，形成文化产业链，这是推动工艺文化创意产业发展的基本路径。

例如，安徽阜阳黄岗镇的柳编具有数百年的历史，但是此前的柳编均是箩筐、提篮、簸箕等生产生活用具。近十年来，黄岗镇的柳编艺人们在闯荡市场中发现，原本功能简单的柳编产品渐渐失去市场，不符合现代人的审美需求。为适应现代流行趋势，黄岗镇的柳编企业纷纷派人去国外交流学习，一方面要搞清楚现在国外的市场上，人们的需求是什么样的，另一方面也开阔了眼界，将更多的文化元素与柳编相结合。最终制造出了多材料的复合编制艺术品，远销海外，带来了极大的经济利益。近年来，黄岗柳编新研发产品在千种以上，均获得良好的市场反响。另外，阜阳市的京九丝绸，通过文化创意，丝绸被制作成高档书籍，一本用丝绸制作的《道德经》和普通书本大小相同，价格却达到了数百元。随着经济社会发展，人们生活水平的提高，丝绸这种高档纺织品越来越受到人们的追捧，将丝绸用途拓展到其他领域，正好迎合当今社会的消费心理。

（五）民俗文化创意产业

民俗文化是一种以行为艺术为载体的文化遗产。通常来说民风民俗体现了一个地区人民的生活方式和历史变迁，带有很强的历史文化色彩，像我国的二十四节气、各个少数民族的节日庆典、歌舞等都属于民俗文化的范畴。作为一种民俗文化，因其独特的气氛而广受大家欢迎。

在我国，目前最成功的民俗文化创意产业非春节联欢晚会莫属。一台春节联欢晚会，从开始筹备、到召集演员、舞台专业人员组织、灯光设计、节目制作、海选等，没有半年时间是完不成的，而其产生的社会效益，已经上升到文化软实力的层面了。当然，其动辄以秒计的广告费用所产生的经济效益，也是非常可观的。

此外，我国的二十四节气、56个少数民族的生活生产场景，都形成了大量的民俗文化资源，这就是产业发展的重要基石。

（六）饮食文化创意产业

民以食为天，饮食文化是一个民族从日常生活中浓缩出来的文化精华，很多时候都真实地体现了当地人民的生活习惯与性格。例如东北菜大多量足、肉多，体现了东北人民豪爽好客的性格特征；江南菜则更加精致小巧、清新淡雅，体现了江南人民恬静优雅的生活态度；川菜注重麻辣鲜香，体现了四川人民的热情似火。将各地多种多样的饮食文化资源与文化创意相结合，可以形成具有民族特色的饮食文化创意产业。

对于饮食文化而言，重要的不仅是吃的食物，还体现在吃饭时的环境、氛围、餐具、地点等方面。例如在纪录片《寿司之神》中，小野二郎的寿司店已经超越了饮食的范畴，将寿司上升到了一种文化艺术的层面。传统的日本料理有固定的上菜顺序，口味重的菜品要靠后，小野二郎在寿司中也融入了这点。在他的店里，一顿饭可以分为三个乐章：第一章是经典彩色，比如鲔鱼、斑鰶；第二章是当天新鲜的鱼货，这里更像是一种即兴创作；第三章是海鳗、干瓢、煎蛋等。即像传统日本料理的赏味顺序一样按部就班，不慌不乱，也让食客在品尝寿司的同时仿佛沉浸于音乐的海洋，使其在浓厚的文化氛围中品尝美食，得到享受，这是二郎寿司店可以做到极致的原因所在。

在我们国家，饮食文化资源是非常丰富的。我们有著名的八大菜系，其中川菜因其独特的麻辣口味，广受食客们的欢迎，如今几乎在我国所有的城市，都可以发现川菜馆，形成了一个庞大的饮食文化创意产业链。

（七）养生文化创意产业

博大精深的中华文化中，包含着很多养生文化资源，如著名的道教文化，整个就是在“天人合一”的养生文化理念基础上发展形成的；我国的中医文化就是一部养生文化百科全书。此外，我国的武术文化、气功文化、体育文化中，都包含着丰富的养生文化元素。

随着居民收入的提高，越来越多的人开始重视自身的健康，因此文化养生也变得愈发火热起来。目前，在全国各地，到处都出现了建立在养生文化资源基础上的养生文化产业，主要有：中医保健养生产业、书法养生产业、体育养生产业、气功养生产业、武术健身产业、足浴养生产业、理疗养生产业，甚至连现在风靡全国的大妈广场舞，也归入养生文化创意产业的范畴了。

武当山在我国道教文化中地位超然，是四大道教名山之一，同时还被列入了世界非物质文化遗产，在世界范围内以其秀美的风光和深厚的文化底蕴，吸引了非常多的隐士来此修道养生，他们往往都精通哲学，擅长养生，常年专注修行。武当山坐拥宝库，据此开设了一个集合道教养生、健身及养生酒酿造、保健食品开发生产、休闲娱乐的道教养生基地，拥有旅游接待等功能集一身的养生文化创意产业链，走出了独具特色的“武当山养生产业发展模式”。此外，河南的少林寺也利用自己的少林武术品牌，开辟了具有自己特色的“少林武术”养生文化创意产业新模式。

（八）娱乐文化创意产业

追求娱乐、刺激是年轻人的天性。每个时代的年轻人都创造出了丰富多彩的行为文化娱乐活动与技巧，如中国的打陀螺、射弹弓、杂技、变脸、皮影戏等，这些构成了文明发展娱乐文化创意产业的基本元素。

以世界著名的欢乐谷为例，欢乐谷大型游乐场是将美国的淘金热和其场馆建设相结合，场馆的原型是美国西部 19 世纪的样子，有深邃的矿洞、好喝的啤酒、不羁的牛仔以及美丽的女士，这些场景都可以通过在园区内游玩并一一体验，虽不能说原汁原味，但也足以让人产生一瞬间恍如隔世的错觉了，这也就足够了。

此外，我国著名的长隆文化旅游度假区，之所以能够吸引众多的年轻人去消费、游玩，也是因其游玩项目中所包含的众多文化元素，并使之与高科技手段相结合，从而形成了具有中国文化特色的娱乐文化创意产业发展模式，深受消费者的喜爱与欢迎。

第三节 文化资源与人文需求相结合，形成文化服务产业

近年来，随着生活水平的提高，人们的追求已经呈现出由物质生活追求向精神生活追求的转化趋势，伴随着这种转换而来的，是对现代服务产业的发展提出更高的要求。文化服务产业作为现代服务产业的核心组成部分，近年来也呈现出加速增长的势头。文化服务业的兴起是文化产业组织完善的重要标志，是服务产业内容日益壮大的鲜明体现。因此，针对社会大众的文化服务需求，跟随国内外服务市场的文化潮流，以文化资源开发为动力，加速文化服务产业的发展，对于满足人们高品质的精神生活需求，具有十分重要的现实意义。

一、文化服务产业的概念与分类

（一）人文需求与文化服务产业的产生

20 世纪 90 年代以来，随着西方发达国家进入后工业化社会，人文需求成为一种生活追求的新趋势，个性消费、体验消费、精神消费等成为启动消费的新潮流，世界已经步入文化消费或精神消费的新时代。从中国来看，改革开放以来，我国社会也发生了极其广泛而深刻的变化。伴随着物质上的需求基本得到满足，人们尤其是年轻人的人文需求的多样性也越来越明显。

人文需求是一个拥有丰富内涵的需求，人文需求一般可以被视为一种心理上的需求，表现为一个社会个体想要参与社会精神文化活动的意愿，属于人类所特有的一种精神需求。人文需求反映了人类主体对于文化生活的更高追求，是人类社会的文化、艺术、哲学、思想等方面的成就，达到一定水平时形成的精神追求。人文需求注意具有以下几个方面的特点。

1. 人文需求是一种心理需求，反映出了人对于文化的情感依恋

对心理学的研究发现，人的情感是一种建立在过去的体验基础上的心

理活动。如果人在过去的劳动实践中获得了一定的成果，取得了一定的成功，那么就会在潜意识里提高对于自己的主体价值评价，从而获得一种愉快的心理体验，让人感受到快乐。因此说，快乐不仅来源于成功，更深层次来说，是一种让人愉悦的情感体验。因为这种情感体验让人感到快乐，所以人们心里就会情不自禁地想要重复这种快乐的体验，从而对某种事物形成需求。另外还应该注意到，很多对于社会或者个人的成长有重大意义的东西或精神，都会成为人们产生情感依赖的对象，这些依赖能够被满足，将对人的情感产生波动。比如说人们会因为自己达成了某种来之不易的成就而欣喜若狂，也会为一次失败而灰心丧气，这些都是情感依恋的表现。对于文化也同样如此，人们会因为生活中充满自己熟悉的文化气息而感到安心舒适，也会因为生活中都是陌生的元素而感到恐慌，所以人们会对文化产生一种依赖情绪，形成人的文化需求。

2. 人文需求从侧面反映了人们对于精神文化产品的需求

由于生活节奏的加快，现代人往往更加需要精神上的安慰，增加对精神文化产品的渴求，这也反映出人类对于自身精神的满足与匮乏之间的矛盾，两者之间相互作用、相互转化。精神的满足需要精神的匮乏进行对比，如果人类不知道什么是精神匮乏，也就感受不到自己的精神满足，精神满足也就不能带给人额外的愉悦感。正是由于精神匮乏的程度越是持久，人们在获得精神满足时的快乐也会更加持久。例如一些文艺团体下乡演出都会出现十室九空，大家都去现场观看演出的盛况，这就是由于这些地区的精神生活长期处于匮乏阶段，非常渴求文化活动；而如果文艺团体来到大城市进行演出的话，所产生的影响可能就不会那么大，这主要就是因为城市地区的人民相对于农村地区的人民而言，平时能够更多地接触到文化活动，对于人文的需求不会那么强烈。比如 2008 年四川汶川发生地震时，党中央和来自全国各地人民群众的温暖，使得灾区的受灾居民感动得热泪盈眶，这也是由于在当时的情况下，灾民对于这种人与人之间温情的渴望特别热烈。如今，人们对于人文精神方面的需求十分急切，这需要通过文化产品的供给予以满足。

3. 人文需求是人维护属于自身精神利益的一种诉求

一个人的人文需求是由其精神存在所决定的。每个人在出生的时候除了享受基本的生存权利保障以外，还需要享受精神方面的自由，需要被人尊重、获得荣誉、被社会接纳，探寻人生的意义和目的，寻找社会发展的规律，对这些问题的思考形成了人的一种追求，也就产生了人的精神利益。精神利益指的是对于精神需求的利益，包括人对于精神自由、社会地位、尊重、荣誉的追求。处于自己民族的文化中时，个人往往能够找到满足其精神利益的元素，因此当精神利益无法得到满足时就会产生人文需求。

4. 人文需求反映了个体对于自我价值实现的渴求

人文需求从内容上来看，主要包括了人们对于本民族文化中真、善、美等美好事物的追寻。人类社会主要包含三种基本关系，即人与自然、人与社会、人与人自身之间的关系。首先，人类可以在实践活动中认识自然、改造自然，人类在对自然进行改造时，又在一定程度上保护自然，努力达到人与自然的和谐发展。其次，在人与社会的关系中，人是群居动物，需要和其他人互帮互助，形成自己的社交网络，这样个体才能在社会这个大家庭中，获得更大的发展空间和满足感，体现出了人对于“善”的追求。最后，在人与人的关系中，人需要通过不断的努力来实现自我价值。在处理这三种关系时，需要以本民族的文化为媒介，以文化为行为标准，追求人性中的真、善、美，实现个体的主体价值。

文化资源的开发利用是满足人文需求的前提条件，文化与人的人文需求有很深的内在联系。通过文化资源的产业化，大力发展文化服务产业，则不仅能够成功开发文化资源，还可以满足当代人们的人文需求，促进国家软实力的提升，实现人和社会的和谐发展。

（二）文化服务产业的内涵与特征

文化服务产业和传统的服务产业有很大的区别，主要来源于对文化资源的利用程度。当文化资源被充分的提取、凝练、融合之后，再将它和现代服务业相结合，就能使文化服务业具有传统服务业所没有的文化内涵，而这种内涵将进一步影响整个文化服务业的产品模式、宣传方式以及行业的成长路径，文化资源的加入将使得行业迎来更加广阔的市场空间，有利于文化服务业的发展壮大。

文化服务业所涵盖的内容非常广泛，我们可以按照文化服务业的产品类型和服务对象的不同将其分为两类：一是大众生活型的文化服务业，这类行业主要是一些为人民群众提供文化娱乐产品和服务的行业，包括电视电影业、音乐业、特色餐饮业、展览业等；二是企业服务型文化服务业，它们服务的对象大多是一些企业，为企业提供一些品牌设计、宣传推广策划服务，以提高公司的社会形象。

文化服务产业同时还具有比较强的地域性。这主要是由两点原因造成的：一是文化服务产业的发展过程中，需要有文化资源加入其中，而文化资源又具有很强的地域属性，其他地区的企业想要模仿也很难得到市场的认可。例如说到瓷文化，中国人首先想到的就是景德镇，对于一个在景德镇成立的瓷文化服务公司而言，就会平添几分信任，这就是文化服务业地域性的一种体现。二是当地文化服务业的发展形态受制于当地的经济发展水平、居民消费水平以及社会制度是否健全等因素的影响。

综上所述，可以得出文化服务产业的定义：文化服务产业是指以文化传承与发展为宗旨，以历史文化资源的挖掘和现代文化资源的创新为动力，以满足人们物质或精神需求为目的的文化生产与文化服务活动。

文化服务业并不是一个单一产业，而是由文化产业和服务产业交织融汇而成的复合型产业，相较于原本的文化产业或者服务产业而言，文化服务产业呈现出了以下几点特征。

1. 文化服务产业具有高度知识性

在文化服务业的发展过程中，需要通过人的知识以及智慧，来满足人民群众越来越个性化的人文需求。这对于文化服务行业的从业者而言，不仅需要对文化服务领域的知识非常精通，还需要掌握服务业领域的知识。此外，文化服务产业从业人员还需要不断根据时代特征以及当前的发展潮流推陈出新，用新的观念、新的技术来创造新的内容。这种不断创新的能力，一方面需要文化知识的积累，才能形成厚积薄发；另一方面则需要一定的天赋，拥有创造性的思维方式，能在日常的生活中不断发现可能的创新点，同时还要有足够强的执行力，能把自己的想法落到实处变成现实。因此，文化服务业是一个高度知识性的行业，对从业人员有着很高的要求。此外，文化服务业是以脑力与体力、手工与信息化等现代化手段相结合而形成的智能化生产，在生产的过程中也需要大量的文化、科技、创意知识作为背后的支撑。

2. 文化服务产业具有高增值和高附加值的特点

文化服务产业所创造的产品具有高附加值。通过研究日本和美国的文化服务业可以发现，其中的科技和文化所带来的附加值比例明显高于其他产业的普通产品和服务，文化服务产业在人类技术创新和产业链中处于价值的高端环节，是一种高附加值产业。

3. 文化服务产业具有高度融合的特性

文化服务业的出现并非是一个独立产业的诞生，而是由文化产业和服务产业相互交融而形成的。文化服务业的发展是以文化产业和服务产业为基础的，两者之间的关系就好像是树干和树叶。没有了文化产业和服务产业的发展作为保障，文化服务产业的发展也将如无根之萍一样，无从谈起。如今的文化服务业不仅与文化产业和服务行业有着天然的联系，还协同其他产业，借助经济文化、政治民主化、文学经济化、手段科技化的发展趋势，取得了良好的发展，并在这一过程中表现出了与其他产业良好的合作性和互补性，因此具备了很强的影响力、渗透力和辐射力。只要将文化服务行业发展好了，那么就会自然而然地带动其他产业的联动发展。

4. 文化服务产业的公益性与经济性并存

一般而言，文化产业更偏向于公益性质，而服务产业更偏向于经济性质。介于两者结合的产物——文化服务业则是兼而有之，既有文化产业的公益性，又有服务产业的经济性；既有商品物的属性，又有文化意识形态的属性。文化服务业的产品之中，无论是具有实体的商品还是没有实体的服务，都可以创造可观的经济价值，实现财富在不同产业不同人群之间的流动。同时文化服务产业的产品在满足人们的人文需求时，也会在潜移默化之中对消费者的精神世界产生影响，向其输送更加积极、健康、向上的人生观、价值观和世界观，这种间接的影响会逐渐对消费者的文化理念和生活方式带来一些改变。由于整个社会是由为数众多的个体所组成的，如果能对大多数的个体产生积极的影响，那么势必能够对整个社会的风气和道德环境起到净化的作用，从而使一个民族的文化软实力上升到一个新的高度。所以说，发展文化服务产业的意义重大，是一件利国利民的好事，不仅具有极高的经济价值，还可以矫正在发展过程中出现的文化道德方面的偏差。

5. 文化服务产业对关联产业具有很强大的集聚效应和辐射效应

从文化服务业所包含的行业特征来看，其中诸如出版业、音像制品业、旅游会展业、广告宣传业、人文艺术业、大型娱乐产业等都是联系甚广的全国性甚至是全球性市场，因此特别适合在中心城市形成“集聚—扩散”的产业形态。文化服务产业适合在中心城市集聚发展，是因为其具有很强的辐射性，可以带动其他很多产业的协同发展，而小型城市往往不具备这种完整的产业链，难以发掘出文化服务产业全部的发展潜力，所以文化服务产业特别适合在大城市发展，并且通过发挥其辐射效应，甚至可以带动周围城市共同发展。

在国际上，很多大型的中心城市都发展成了一项或几项文化服务产业集聚中心。例如美国纽约具有非常强大的出版业和艺术表演业、英国的伦敦也同样是出版业和艺术业的集聚中心，同样还有德国的法兰克福，形成了高度发达的展览业，此外还有美国洛杉矶的电影业、法国巴黎的时装设计与时尚展览业。人文需求是现代社会每个人都会有的需求，无关乎人的身份、地位、国家、民族，每个人总会需要人文上的关怀，寻找内心的归宿，因此文化服务产业的市场规模是巨大的。随着文化服务产业的不断发展和壮大，集聚效应以及辐射效应将逐渐凸显，最终的结果是通过辐射把本民族的文化市场发展到全国乃至全球的各个角落。

6. 文化服务产业具有很强的渗透性和联动性

文化服务业在发展的过程中往往需要借助其他产业的力量，例如艺术展览活动，除了本身的文化服务业需要提供一些展品以外，还需要安保行业的支持、交通行业的支持、销售业的支持、宣传业的支持等，所以说，文化服务业的发展具有很强的渗透性，可以提高其他产业的附加价值。因此，考虑产业布局时就需要好好规划，争取做到通过区域联动效应来调整和优化区域内的产业结构，相互之间形成合力，共同发展进步。文化服务业与其他相关联的产业之间是相互依赖、相互促进的关系，彼此之间能够形成完整的产业间价值链和增值模型。文化服务业中的无形文化产品可以进行很好的跨业经营，例如在旅游、酒店、餐饮等市场中加入文化的元素，提高这些产业的产品附加值，促进相关产业的协调发展，反过来再带动自身的发展。文化产业的发展，可以给其他关联产业找到新的前进方向，对于一些发展潜力已经开发殆尽，日薄西山的夕阳产业而言，通过文化服务业的发展，可能会迎来产业的升级转型，完成涅槃重生，获得第二次生命。相关产业以及文化服务业的不断发展，最后将带动整个城市的文化发展，同时完善城市各个方面的功能，使整个城市形成以文化服务产业为核心的产业集群，促进经济发展。此外，文化服务业的不断发展还可以为城市的文化水平加分，有利于打造具有人文气息的城市名片，可以更好地吸引投资和旅游。

（三）文化服务产业的分类

文化服务产业是指以满足人们的人文消费需要、通过对文化资源的深入挖掘而形成的现代服务产业，它是由服务业和文化产业结合而成的，是具有文化特性的服务产业。

文化服务产业包含的范围很广，从广义上看，在现代服务行业里，凡是与文化沾得上边的服务产业，都可以把它归纳为文化服务产业的范畴。但是，为了研究的方便，本章从文化资源开发的视角出发，把文化服务产业归纳为以下六大类型。

1. 满足人们“吃”的文化服务产业

日常生活四大事“吃、喝、拉、撒”，全是与“吃”有关。“民以食为天”，自古以来，人们将解决吃饭问题当作人生的头等大事。如何吃好?成为千百年来人们探索的核心问题。在这个过程中，人们创造出了适合不同地方食材、气候与民族习性的美味佳肴。数千年来，中国产生的美食可谓是数不胜数，最著名的要数“八大菜系”，即鲁菜、川菜、粤菜、苏菜、闽菜、浙菜、湘菜、徽菜。

从根本上看，中国饮食文化的八大菜系，包括所有的其他菜系，都是一种“食”文化的产物，属于中国历史文化遗产的重要组成部分。围绕着美食文化，中央电视台专门制作了一档节目，叫作“舌尖上的中国”，从历史文化的视角，对中国知名菜系进行了全面的介绍，可谓是中国“吃”

文化的全面总结。

围绕着“吃”而形成的文化服务产业，可谓是五花八门。从大的方面来说，有中餐、西餐之分；从小的方面或形式上来说，主要包括餐馆、茶馆、面馆、咖啡馆、冷饮店、烧烤店、酒吧等。以上每一种吃的场所都要形成自己的特点，才能达到高朋满座、生意兴隆的效果。而在这里，是否具有本地的饮食文化特色，将对能否吸引食客起到决定性的作用。

2. 满足人们“观”的文化服务产业

人们的日常娱乐活动，很多都是借助于眼睛“观察”而得到的。俗话说，“行万里路、读万卷书”“眼睛是心灵的窗户”，说明了看与观察在人们生活中的重要性，“观”是人们快乐的主要来源之一。

人是有思考、有感情的动物，在“观”的过程中，人们会思考，会互动、会融入。“触景生情”“有感而发”等成语都说明了文化在人们观察世界中的重要性。而在这个过程中，人们需要有品位的服务，才能打动他们的心灵，从而产生共鸣，获得心理的愉悦与情感的满足，而要达到这种高级别的享受，需要社会能够提供“心灵煲汤”式的作品，如观看戏曲表演、观看杂技表演、观看舞龙舞狮、观看少数民族的文艺表演、观看民间艺人表演等，所有这一切聚合起来，就形成了一个通过“观察”，能够给大家带来快乐的产业，即视觉艺术文化服务产业。

随着人们生活水平的提高，高科技的发展，满足人们观察世界的文化服务产业越来越多、越来越高档，如美国的百老汇、我国宋城集团的“宋城千古情”、张艺谋的“印象”系列、陕北的腰鼓、东北的二人转、端午节风靡全国的赛龙舟节目、以及56个少数民族的各种民间表演风俗，构成了一个文化服务产业的宝库，从不同视角满足不同人群的文化需求，带给大家无限的快乐与愉悦。

3. 满足人们“住”的文化服务产业

安居乐业，“安居”了才能“乐业”，可见居住环境在人的心目中有多重要。那么，如何才能够做到“安居”呢？看看巴黎的卢浮宫、北京的故宫、拉萨的布达拉宫、山西的平遥古城、浙江的南浔古镇、乌镇的江南水乡，再看看现在世界上的五星级宾馆就知道了，要住得好就离不开文化元素的点缀与沉淀。

围绕着“安居”，历史上出现过很多文化服务产业，包括宫殿的画师、洞窟的雕刻师、民间的工匠、绣工、剪纸艺人等。西方的绘画大师，很多就是靠宫廷画名垂青史的。如世界宗教中心梵蒂冈的圣彼得大教堂，整个就是一座艺术宝库，包括艺术大师米开朗基罗的作品在内的艺术珍品琳琅满目，令人目不暇接；还有北京的故宫，承载了华夏数千年的文化珍品。

如果以上这些宫殿属于高大上的东西，和我们老百姓关系不大，那么作为普通的旅游者，我们出去旅游的时候，也希望住得好一些，如特色小镇、具有民族特色的乡村民居、享受具有地方特色的家具、生活用品等，而为了满足这方面的需求，也会形成一个围绕着“住”而产生的文化服务产业。

4. 满足人们“动”的文化服务产业

人的天性是好动的，尤其小孩子。因此，为了满足人们“动”的需求，便有了与之相关的文化服务产业的形成。

最早的具有“运动”特质的文化服务产业应该是体育产业、歌舞产业等。每个国家或民族的人都会根据自己的民族特性或者生产生活的需要，发展出具有自己民族特性的“运动”产业，如游泳运动、乒乓球运动、杂技、羽毛球运动，以及我们小时候玩的滚铁圈、跳绳、钢珠车等。但现代的孩子不玩这些东西了，有更高大上的文化服务产品，被生产出来，以满足他们的需要。如儿童乐园、欢乐谷、迪士尼乐园、长隆欢乐世界等，都是带有不同地域文化的运动项目，从各方面满足了孩子们的游玩需要。

5. 满足人们“养生”的文化服务产业

健康长寿，是所有人追求的共同目标。中华文化源远流长，其中养生文化是最重要的一个分支。在中国所有的宗教里面，道教文化可谓是历史最为久远的。而从老子创立道教开始，其“天人合一”的思想，就包含着丰富的养生文化原理；而随着中医科学的发展，其医养一体、食补、经络相通等治病理念，更是包含着大量的养生思想。可以说，中国博大精深的文化遗产，到处都散发出修身养性的思想，构成文明养生文化的宝贵财富。

从养生文化出发，我们已经发展出很多相关产业，著名的有：中医保健产业、人工推拿服务产业、打火罐服务产业、刮痧服务产业、足浴服务产业、经络疏通服务产业、气功治疗服务产业等，所有这些服务产业，都是在对传统养生文化深入挖掘的基础上产生的，目前已经成为我国“养生”文化服务产业的宝贵财富。

6. 满足人们“养心”的文化服务产业

一个人来到这个世界上，除了追求物质生活，还需要追求一种精神生活，一种内心的安宁，希望得到一种归属感，一种精神的抚慰。这就需要发展一种“养心”的服务产业，以满足大家安抚灵魂的需要。

当然，除了宗教，在我国，养心文化产业还包括很多其他形式。典型的有红白喜事的消费、节气仪式的消费、民族节日的聚会、社群组织的聚会等，所有这些方面的仪式与聚会，都具有使人增加喜庆、得到心灵安慰的功能，因而围绕其产生的文化消费，都可以归类为养心文化服务产业的范畴。

二、文化资源对文化服务产业的影响分析

（一）文化资源挖掘是文化服务产业发展的前提条件

文化服务业从本质上来说，是一个通过开发文化资源，形成文化服务产品来满足人们文化需求的过程。文化资源对于文化服务业的意义，不仅能够决定文化服务业的发展状态，更可以决定文化服务业的存在与否，是文化服务业发展的前提条件。

文化服务业从本质上来说，是一个用来拥护客户人文需求的服务行业，通过开发文化资源，形成文化服务产品来满足人们的文化需求。想要做到这一点，就需要找到人文需求的内在核心，了解到人文需求形成的原因，洞察它的本质，看清客户真正需要的是什么，并在此基础上找到与之相对应的文化资源，寻找出未经开发加工的文化资源、设计解决问题方案，使之能够适应社会的发展，满足当代客户的人文需求。因此，文化资源对于文化服务业而言，是一种重要的原材料，缺少它的话也就无从谈起文化服务业。

从世界范围来看，几乎所有文化服务产业的发展，都是建立在对不同类型的文化资源深入挖掘的基础之上的。例如，中国八大菜系的扩张，都是建立在对中国源远流长的地方饮食文化资源利用平台上的；尤其是川菜系列，其品种之多、地域文化特色之鲜明，可谓是举世无双，因而深受全国食客欢迎，甚至走出了国门，在欧美的唐人街，都可以看到品尝着麻辣味的中外客人。美国的迪士尼乐园，是在以美国文化主导的基础上，全面融入了其他国家的代表文化。例如巴黎的迪士尼乐园、融入了大量法国的文化元素；东京的迪士尼乐园，大量的融入了日本大和民族的文化元素；而上海的迪士尼乐园，则大量融入了中国的文化元素，最具代表性的是十二生肖文化元素，以及传统的中国雕刻技艺。此外，像无锡的两大文化主题公园“三国城”和“水浒城”，以及北京的“大观园”，简直就是中国四大名著的翻版。没有这些世界名著的支撑，这些主题公园要产生这么大的轰动效应绝对是不可能的。

因此，从总体上看，文化服务产业的发展，都是建立在对历史文化资源深入挖掘的基础上，融入现代高科技手段，再结合现代人的审美与体验需要，从而变成了深受大家欢迎的文化服务产品。

（二）文化资源影响文化服务产业发展的基本途径

文化服务业想要发展，必须要有丰富的文化资源，这是必要的前提，文化资源的丰富程度对于文化服务业的发展至关重要。通过分析文化资源、影响文化服务业的作用机制，可以加深理解文化资源与文化服务业发展的内在联系。

1. 市场需求决定文化服务产业的发展方向

文化服务业的特点有很多，其中最为根本的一点就是需求决定文化服务产业的发展方向。文化服务企业应根据社会和市场发展的需要，有意识地引导并创造条件，开发文化服务产品。这就要求文化服务企业在对文化资源开发利用做出决策时，不要盲目跟风，不加选择地一哄而上，要根据市场消费者的需要，有选择地优先发展一部分文化服务产业，而没有市场需求的暂缓发展、条件不具备的，先把宝贵的文化资源保护起来，这样才不会造成文化资源的破坏或浪费。

2. 文化资源构成文化服务产业的动力源泉

文化资源是文化服务产业的必要条件，文化资源可以说是文化服务业最为本质的核心要素。通过对文化资源的不断开发，挖掘出其不同的文化价值与经济价值，并且与不同的文化创意手段相结合，也造就了文化服务业的核心竞争力——文化体验魅力。因此，对于文化资源的不断开发和利用，将为文化服务业的发展提供源源不断的动力，使文化服务产业能够快速地成长起来。反过来说，如果文化服务业缺少了它赖以生存的内在核心——文化资源，那么文化服务业也就失去了自己的核心竞争力，和一般的服务业有了同质化的趋势，难以走上高附加值、高利润的营业模式，最后只能陷入价格竞争，导致行业内从业的企业数目不断减少，行业发展也就因此而停滞不前。所以，要发展好文化服务业，就必须紧紧围绕文化资源来开发文化服务产品，不断地释放出文化资源的内在价值，使其成为文化服务业发展的动力源泉。

3. 品牌塑造决定文化服务产业的发展水平

品牌的溢价能力在当今社会变得越来越高。所以对于文化服务产业而言，品牌塑造也同样变得意义非凡，品牌的形象在很大程度上体现出了文化服务业企业对用户传递的品牌的基本信息。对外而言，好的品牌形象会有很强的市场号召力，能够让企业在宣传推广时事半功倍，不但可以提高营业收入，还可以节约很多的公关和宣传费用，间接地降低了产品的生产成本；对内而言，好的品牌形象能够让员工产生更强的归属感和凝聚力，大部分人都会愿意为了维护企业的品牌形象而努力工作，提高服务热情程度，同时也能够吸引到优秀的人才主动加盟。所以说品牌形象的塑造非常重要，这是一个需要长期以高标准严要求自己，才能做好并将之实现的事情。

文化服务产业作为一种以文化传播与体验为内容的现代服务产业，具有重复消费的特点，而口碑是人们走入其消费场所最重要的影响因素。例如，美国的迪士尼之所以能够在全世界引起年轻人的追捧，就在于其品牌形象与娱乐文化的深厚影响力；深圳华侨城的民俗文化村之所以成为深圳游的必选项目，也在于其是中国 56 个少数民族歌舞文化的浓缩品牌的效应。文化服务业的发展只有形成一批具有一定影响力和号召力的品牌，才算是真正进入了发展的正轨，脱离了无序竞争、价格竞争的基础阶段，进入了创造差异化服务产品、做大细分市场的中高级阶段，才能够获得更高的文化溢价，提升行业的盈利能力、产生规模经济效益。

三、文化资源与文化服务产业融合发展的具体方式

文化资源具有多种多样的形态与存在形式，不同的文化资源由于其价值的承载体不同、表现方式各异，因而与文化服务产业的结合方式是不一样的。总体上看，文化资源与文化服务产业的融合发展，主要通过以下八大路径体现出来。

1. 历史文化遗产与历史文化服务产业的融合

中华民族的历史非常久远，在漫长的岁月中孕育出了很多人生的智慧，这些智慧往往是通过历史凝练而成。如今，很多人都会尝试在历史中寻找当下问题的答案，他们会通过各种方式来与古人取得沟通，去学习他们的经验和智慧。这种方式也许是读先贤书籍、也许是参观文物古迹，还可能是观看历史纪录片，而提供这种交流途径或者平台的，就是历史文化服务产业。历史文化服务产业是在对大量历史文化遗产资源深入挖掘的基础上产生的，如博物馆作为最知名的历史文化服务产业，其馆藏内容全部是不同类型的历史文化遗产；数字文化服务就是利用信息技术手段，在对古典文献进行扫描、数字化制作的基础上产生的；很多历史影视片都离不开对历史文化资源的深入挖掘，大量的文化旅游产业就是直接建立在对历史文化遗产利用的基础上的，如故宫、万里长城等。

历史文化资源的开发路径可以是多种多样的。对于一些知识形态的文化遗产，如古人的思想、理念、文化技艺等，可以以图书的方式向外传播，或者通过现代解读，让其更加简单易懂，易于被现代人所接受；还可以通过影视作品改编等形式，让古人的思想走上荧幕。而对于一些物质形态的历史文化遗产，如历史古迹、帝王陵墓等，则可以开发为旅游服务产品，让游客们进行参观，从中感受和体验中华民族悠久的历史文化；也可以在古代遗址上举行一些仿古的祭祀或者节日活动，让游客对这种历史文化有更加深入的了解和更切身的体验。

2. 非物质文化遗产与民俗文化服务产业的融合

非物质文化遗产是在人们长期的生产生活中形成的，是具有纪念性与代表性的民俗文化特色的文化遗产。这些民俗活动具有传承性与娱乐性，不同时代、不同地域的人们都可以从中发现生活的乐趣，因而广受人们的欢迎。人们愿意融入其中，并由此发展出民俗文化服务产业。

民俗文化服务是将指一些少数民族或者其他地区优秀的风俗，开发为旅游活动，让游客能够从中领略不同的民风民俗，感受不一样的文化气息，从中获得精神的享受与生活的乐趣。从民俗文化服务产业的发展来看，以节庆活动为代表的民俗文化服务产业规模最大，如春节一到，围绕着春节假期，人们载歌载舞、相互拜年、举行灯会、猜谜语，忙得不亦乐乎，形成的是全国性的民俗文化服务产业发展链条。作为具有 56 个少数民族的大国，每个少数民族都形成了多姿多彩的具有本民族特色的民俗传统与活动，如蒙古族的赛马节、摔跤；土家族的摆手舞；壮族的泼水节等，都是在对非物质文化遗产深入挖掘的基础上，形成了各具特色的民俗文化服务产业。

民俗文化服务可以让消费者体验不同地区的民俗民风，跳出自已习以为常的生活状态和生活习惯，融入另一种生活方式，在这一过程中感受不一样的文化魅力。民俗文化服务可以分为消遣观光型民俗文化服务和融入生活型民俗文化服务。最为原始的旅游动机，源于游客想去看看自己没见过的好山好水，这种动机一方面是就自然风光而言的，即到风景名胜区去领略名山胜景、大自然的造化；另一方面是针对人文景观，尤其是民俗风情而言的。参与型民俗文化服又称体验型民俗旅游，能够给旅游者带来感官上的满足，增加人们对异地民俗文化的融入感，使人们在参与过程中获得生活的愉悦。

3. 歌舞文化资源与歌舞文化服务产业的融合

歌舞文化具有很长的发展历史，从我国的历史记载中可见，早在夏商时期，宫廷歌舞就非常盛行，民间的歌舞类别更是多种多样，新疆号称“歌舞之乡”；藏族是“能走路就能够跳舞唱歌”；在欧洲流浪的吉卜赛人，到处以歌舞表演为生。世界各民族对歌舞的热爱，给我们留下了多姿多彩的歌舞文化遗产。

歌舞文化服务产业是人民群众喜闻乐见的文化艺术娱乐方式，人民群众的精神文化需求很大程度上需要依靠歌舞文化服务来满足。通过观察发现，任何舞蹈都不是凭空创造的，都有其独特的文化背景和文化内涵。例如芭蕾舞、踢踏舞、街舞、民族舞等，其背后都隐藏着各民族歌舞文化遗产的精华。以杨丽萍的《云南印象》为例，其融入的云南少数民族歌舞文化元素之多、范围之广，可谓史无前例。因而成为我国歌舞文化产业的一朵奇葩，受到全世界爱好歌舞艺术人士的广泛好评与推崇。

4. 饮食文化资源与饮食文化服务产业的融合

民以食为天，“吃”即是人的生存需要，也是人生追求的最大享受。自古以来，人们在“吃喝”上所花的时间与钻研，是其他行业所无法比拟的，由此发展形成了大量的饮食文化资源。从大的方面说，西方有西餐、东方有中餐，此外还有韩餐、日料，由此构成世界范围内的“满汉全席”。

相较于世界上很多其他国家的居民而言，饮食文化是中国文化最重要的组成部分，对于充满异域风情的美食，人们总是兴趣满满。饮食之中不仅含有充饥的实用属性，往往还具有很高的文化属性，蕴藏着丰富的文化内涵。将饮食与其他文化形式相结合，如配上精美古典的餐具、与当地文化相适应的表演等，都可以将“吃饭”这一过程变成一场生动、独特的文化之旅，可以让参与者从多角度、全方面、立体地感受其他文化的魅力，满足自身的文化体验需求。

我国居民对于饮食的要求颇高，乃至于有“食文化”之说，将充饥过程变成了一种文化盛宴。如清朝宫廷的满汉全席，就是食文化的一种精致体现，本质上也是一种雅文化。从民间来看，老百姓充分发挥自己的聪明才智，形成了独特的以八大菜系为代表的饮食文化，由此推动了我国饮食文化服务产业的发展，使中国成为“美食之国”，许多外国人到了中国就不想回去了的原因，也正是由于被中国的美味留住了脚步。各地的饮食文化服务产业并非是凭空出现，而是建立在独具地方特色的饮食文化基础之上的，反映了当地居民的生活追求和风俗习惯。例如东北菜的豪放、江南菜的婉约、四川菜的热辣，这些都与当地居民的历史与文化属性分不开。

5. 建筑文化资源与民宿文化服务产业的融合

中国建筑文化是讲究风水的，依山而居、傍水而息，不同的环境下，建筑的风格是不一样的。例如，中国北方的民居大都以厚重的砖墙为主体，是因为北方的冬天寒风肆虐，墙厚可以抵挡风寒的侵袭；而江南的房子则是以木板房为主，因为江南雨水多，而且一年四季季节转换分明，而木房子的透气性好，冬暖夏凉，比较适合南方的气候特征。我国西部的武陵山区，因为山势陡峭、平地较少，当地的土家族只好依山而居，由此形成了具有山民文化特征的吊脚楼民居。从世界范围看，意大利的威尼斯傍水而居，空气潮湿，所有的房子都是石头结构，而北欧的芬兰等高纬度国家，因为气候奇冷，建筑则是以厚重的木头房子为主。不同地域的气候、地市不同，导致各个地区的建筑形状各具地方特色，由此形成了千姿百态的建筑文化遗产。可以说，每一栋古宅，都承载了不同的建筑文化历史，是不同风格的建筑文化遗产承载体和表现形式。

随着人们生活水平的提高，外出旅游的人越来越多。厌倦了城市生活的一些人群，开始寻找返璞归真的感觉，希望回到原始的生活状态。这时候，一些原始、古朴的历史文化遗迹，刚好能够满足他们的这种精神寄托。而乡村民居、古建筑正是这种怀旧文化的主要承载体。于是，旅游与文化相结合，形成了当今时代日益火爆的民宿文化服务产业的发展。在旅行的过程中，越来越多的人开始选择民宿而不是酒店，因为住在当地居民的家中，可以最为直观、最为全面地体验各种文化的差异；通过在同一个屋檐下吃住，可以体验到更多在书本中或者最简单的走马观花式的游览过程中难以发现的文化元素，从生活中的点点滴滴来感受他们的文化差异，从而形成不同文化的心理刺激，满足大家返璞归真的心灵寄托。

6. 宗教文化资源与宗教文化服务产业的融合

宗教是人类大规模文化活动的一个缩影，通过不同的宗教教义，体现出人类对于世界万事万物的种种思考，蕴藏着人类思考的智慧，同时可以让很多人在其中找到精神寄托。在西方国家，宗教是一种最高级别的信仰，是人们寻找精神归宿的天堂乐土。在我国西藏地区，可谓是全民信教，人们把做佛事当作人生最主要的大事来看待，电影《冈仁波齐》就是这种信仰追求的典型案例。

由于宗教活动的历史很长，西方国家的圣经故事，从小就主宰了每个人的精神世界，造成西方文明的很大部分都是与宗教盛典、宗教活动联系在一起的，并由此留下了大量的宗教文化活动遗址。走进罗马古城，遍布城内的宗教圣地就达400多处。在中国，佛教文化流行，走到任何一个地方，都可以发现有大量的寺庙或寺庙遗址存在，中国著名的三山五岳，都是重要的宗教活动场所，由此导致宗教活动繁荣昌盛，宗教盛典长盛不衰。在这些活动中，便应运而生出庞大的宗教文化服务产业。

7. 养生文化资源与养生文化服务产业的融合

中华五千年文化博大精深，其中中医文化、气功文化，以及宗教文化中的道教文化，都蕴藏着深厚的养生文化原理与思想。例如中医认为“上医治未病之病，中医治将病之病，下医治已病之病”，最高明的医生会在疾病尚未发生之时就将其扼杀，这其实就指出了养生的重要性。中国在养生方面有着非常丰富、功能各异的文化资源，成为我们今天发展养生文化服务产业的宝贵财富。

目前，随着人们生活水平的提高，人们越来越重视生活品质的追求，而生活品质的提高主要反映在养生长寿上，由此导致养生文化服务产业的发展呈现出加速增长的趋势。从类型上看，中医的保健养生、气功养生、推拿养生、辟谷养生、书法养生等养身产业层出不穷，而所有这些养生产业，都是建立在对养生文化资源深入挖掘的基础之上的。对我国丰富的养生文化资源进行开发利用，可以衍生出更多的养生文化服务，来满足人们日益旺盛的养生需求，推动养生文化服务产业的发展。

8. 娱乐文化资源与休闲文化服务产业的融合

追求娱乐是人的天性。自古以来，围绕着娱乐活动，形成了庞大的娱乐文化遗产或文化资源。例如，日下风靡全国、老少皆宜的麻将文化，就是典型的娱乐文化资源；杂耍、放风筝、过年猜灯谜、赛马、舞龙灯、赛龙舟等，都是属于我国独特的娱乐文化资源。

休闲文化服务产业具有地方特色，日常的休闲娱乐往往是由当地居民的生活状态和生活态度所决定的，这也从不同侧面反映了当地的娱乐文化服务产业的属性。例如，有的地方可能是去茶馆听戏、有的地方可能是三五好友打牌、有的地方流行打麻将等。目前，中医推拿已经成为城市人所能享受到休闲文化服务产品之一，相较于其他的文化服务方式而言，推拿保健不需要消费者跋山涉水前往外地，只需要在家门口就能体验享受一番，放松身心。保健的方法和手段有很多，现在路边最为常见的就是推拿保健，通过技师娴熟的手法，刺激人的穴道，帮顾客舒筋活络，消除身体上的酸痛，这种保健还可以根据不同人身体的不同特点，具有针对性地按摩，提供定制化服务。总之，不同的文化资源属性会造就不同的文化娱乐休闲方式，由此发展出不同的休闲文化服务产业。

第四节 文化资源与文化走出去相结合，形成文化贸易产业

随着全球经济一体化的推进，国际市场的相互融合，文化交融日益频繁，文化走出去的步伐不断加快，文化产品的传播在全球范围内展开，文化服务贸易应运而生。文化贸易是国际贸易重要的组成部分，对一国的经济发展产生重要影响，逐渐成为衡量一国国际竞争力的重要标志。文化贸易是在对文化资源深入挖掘的基础上发展起来的，文化产业与文化贸易都是建立在文化资源开发的基础之上，文化资源的利用促进了文化产业的发展，文化贸易则是文化产品发展走出去的结果，其对于提升一国的文化影响力有着举足轻重的作用。

一、文化贸易的概念与分类

（一）文化贸易概念

文化贸易是文化走出去的产物，是以文化产业为基础、以文化产品与文化服务为载体，与知识产权有关的文化产品与文化服务贸易活动。文化贸易涉及面广，既有文化产品贸易，也包括文化服务贸易。总体上看，文化贸易是国际间文化产品与服务的输入和输出贸易方式，是国际服务贸易的重要组成部分。

文化贸易产业作为现代服务贸易的一个重要组成部分，其最大的特点在于文化资源及文化理念在整个交换过程中扮演的特殊作用。文化产品作为一种特殊的商品，不仅具有经济价值，同时具有社会价值和传播文化的功能，对文化产品进口国的人们的思想意识、价值观念、行为方式等都会

产生潜移默化的影响。文化贸易以充分利用本国的文化资源为基础，以文化创意为源泉，发挥灵感与想象空间，打造具有本民族特色的文化品牌，扩大国际市场占有额，在文化产品创汇、提升经济效益的同时，也让本国文化走出国门，提高本国文化在国际上的竞争力和影响力，是文化交流和文化传播的主要手段和工具。

（二）文化贸易分类

从文化贸易产品的表现形式来看，文化贸易则可分为文化产品贸易与文化服务贸易两大类型。其中文化产品贸易是指以实物形态提供文化产品，并在贸易过程中传播了思想、符号和生活方式等文化元素，散发出产品的精神文化特性。文化产品贸易包括出版印刷、图书、手工艺产品贸易、建筑模型设计、时尚产品设计贸易、出版物贸易、视觉艺术品贸易等，产品内容广泛。文化服务贸易是指不以物质形态为基础的，为满足人们精神文化需求与文化兴趣的贸易活动，主要包括文化旅游活动、文化服务活动、文化创意活动、文化演出活动、音乐表演活动、体育活动交易、图书馆和博物馆展览活动等。

（三）文化贸易特点

文化贸易隶属于国际贸易，是现代国际服务贸易的重要组成部分。国际服务贸易的发展，不仅受到自然资源、地理因素、资本、劳动力等因素的影响，还主要受到文化理念与文化资源等因素的影响，文化贸易的文化性赋予了文化贸易独有的特点。

第一，文化贸易呈现出产业内贸易特点。所谓产业内贸易是一国在出口该产业的产品与服务的同时，还进口该产业的产品与服务。人们在文化产品的交易过程中，更愿意购买与其价值观、文化背景相似的文化产品。当两国的价值观、信仰、社会制度等差异较大时，两国之间的文化贸易数额将受到“文化折扣”的影响，使得两国生产的文化产品与文化服务吸引力大大降低。两国文化越是接近，“文化折扣”产生的影响便越小，这种文化的相似性主要体现在两国的地理环境、语言、价值观、历史背景、制度等方面。文化相似性越小的国家，文化产品与文化服务中所展现的价值观、历史背景、社会制度等难以得到对方国家的认可，人们对这种存在差异性的文化产品与文化服务，难以在短时间内建立起认同感，从而导致两国之间文化贸易的数量减少。例如：日本的艺伎与西方的文化差异较大，因而存在很强的“文化折扣”现象，而中国人、韩国人却对日本艺伎文化更容易产生认同感。总之，文化差异越小的国家，文化贸易数额越多，产业内贸易越为频繁。

第二，高附加值与可持续特点。文化产品与文化服务在贸易过程中，能在原有基础上创造出更大的价值，具有高附加值的特点，因而可以提升一个国家的产业结构。文化贸易在带动一国发展的同时，其无污染的产品特性，使得该国经济发展成为可持续发展模式。文化贸易在带动一国经济发展过程中，不仅促进了文化产业内部发展，还通过其文化创意手段，加大了对相关产业的改造力度，提升产品质量，加强一国经济发展的乘数效应，从而也提高了一国出口产品的国际竞争力。

第三，文化贸易的保护性特点。对于文化贸易采取保护措施的原因在于：首先，文化的影响是潜移默化的，文化贸易的过程也是各国价值观、习俗、思维方式、社会制度相互交融的过程。文化产品和文化服务与其他的商品贸易相比，会对输入国的意识形态产生影响。其次，图书出版、广播影视、网络服务、教育服务等涉及国家主权、安全的文化产品与文化服务，对一国的稳定性也会产生深刻的影响，因而各国在对文化产品与文化服务贸易的开放程度上十分谨慎，对于文化产品与文化服务的保护性，超过了对其他产业的保护度。各国文化产品与文化服务特点，使得各国无法在国际上形成统一的标准进行关税收取，一国基于自身利益的考虑，通常会通过国内法律、政策的修改，对文化服务贸易进行种种经济与非经济手段的限制。

二、文化资源影响文化贸易产业发展的表现

随着第三次科技革命浪潮地褪去，世界经济增长速度的放缓，各国正力求寻找新的经济增长点。文化贸易作为一种新兴的国际贸易形式，围绕着其产生的竞争也愈渐成为各国国际贸易的主要竞争战场。文化贸易是在

对文化资源不断深入挖掘的过程中发展壮大的。文化贸易对文化资源的挖掘，主要体现在两个方面，一是将文化资源直接转为文化贸易产品，例如我国的一些民间手工艺产品，深受国际文化人士的喜爱。可以将带有中国特色的手工艺产品直接进行出口，推动中国总体文化贸易的进步。二是通过文化创意的形式对文化资源进行加工，生产出新的产品，满足大家的精神消费需求，从而推动文化产品的出口，提升本国文化产品的出口竞争力与影响力，最终促进文化贸易的可持续发展。

文化资源是文化贸易得到不断发展的动力源泉。文化贸易作为一种以文化知识为基础的贸易方式，其发展动力在很大程度上离不开文化资源，文化资源的性质决定了文化贸易的发展方向。文化资源推动文化贸易的发展，一方面，表现在对文化资源创新的基础上，促进文化贸易的发展，例如，电影、电视剧、动漫产业在对文化资源进行挖掘的过程中，不断深入了解当地消费者对文化产品的需求，从而不断扩大文化产品的消费市场，促进文化贸易的发展。另一方面，通过提高文化产品附加值的方式，将文化资源进行相应的产业加工推动文化产业的发展，通过这一方式，将文化资源不断转化成为文化产品与文化服务，为文化贸易的发展提供更多的发展空间与机会。

（一）文化资源对中国文化贸易的影响

中国是古代文明的四大发源地之一，五千年的文化源远流长。中国的文化贸易是在对文化资源深入挖掘的基础上，不断发展起来的。其中最具代表性的是兴起于秦汉时期，繁荣于唐宋时期，却又逐渐衰落于明清时期的“丝绸之路”，从某种程度上看，“丝绸之路”本身就是一条中西方的文化贸易交流之路。

中国物质文化资源丰富多彩，从生产工具的角度来看，中国物质文化资源的发展经历了原始社会的石器、骨器，到春秋铁器牛耕的出现，再到西汉的犁耕法，最后到唐代的曲辕犁与筒车；从水利设施的角度来看，中国物质文化资源发展经历了由战国时期的都江堰、郑国渠的修建到汉代漕渠、白渠、坎儿井的修建；纺织业中，纺织原料在麻和葛的出现之后，唐代棉花的种植逐步兴起，宋代棉花的种植便推广到了广州、福建一带，到了明代时期，棉布运用到衣服的制造中，成为民众的主要布料。在陶瓷业中，商代中期到东汉晚期，将“陶”发展到“瓷”，出现了青瓷，到了唐朝时期，制瓷业中出现了青瓷、白瓷、唐三彩，到了明清时期发明了粉彩，使得中国的陶瓷业发展达到了顶峰。以上这些种种的物质文化资源，构成了我国的物质文化遗产，奠定了古代“丝绸之路”中西经济文化贸易交流的基础。

在对各种历史文化资源综合利用的基础上，中国古代兴起了以“丝绸之路”为代表的文化贸易发展模式。“丝绸之路”的发展以秦汉时期为起点，止于明清时期，经过一千多年的发展，成为中西方贸易交流的重要载体。从“丝绸之路”开通之日起，印度、中东、中亚、罗马帝国等区域的国家，皆沿着“丝绸之路”与中国进行贸易交易，因而古有唐诗云“开元太平时，万国贺岁丰”。由于当时中国不论是农业、纺织业还是陶瓷业等的发展，都处于世界领先地位，中国通过“丝绸之路”向外部带去了衣服、瓷器、指南针和火药。作为当时世界文明中心，中国的书籍、字画、制度典章等也广泛传播到日本、韩国等周边国家，并对日本、韩国的制度文化与精神文化产生了深刻的影响；中国带有浓郁东方情调的服装、折扇、家具、纺织品、刺绣、陶瓷等也大量出口到欧洲国家，产生了古代西方国家对中国文化的追捧热潮，并形成了“洛可可”的艺术形式。

在对历史文化资源进行深入挖掘的基础上，现代中国开启了以“一带一路”倡议为代表的现代国际贸易形式。“一带一路”是以促进共同繁荣、共同发展为目的，贯穿亚非欧大陆的贸易之路，它是在古代“丝绸之路”的基础上建立发展起来的。“一带一路”是一条互尊互信、文明互鉴之路。在“一带一路”倡议的实施过程中，文化贸易的先导作用将不断得到加强。在与沿线国家与地区的文化交流中，应该从国家层面、地区层面、企业层面、个人层面等四大层面展开与沿线国家和地区的全方位文化与经济交流。“一带一路”倡议的实施，在加强与各国之间经济联系的同时，也加强了各国之间的文化交流，使得中国文化进一步多元化，更能适应世界市场对文化的需求，从而促进中国文化贸易的不断扩大与发展。

（二）文化资源对国际文化贸易影响的表现

文化资源对国际文化贸易影响是全方位的。从文化贸易实践看，国际上凡是文化贸易大国，基本上都是文化资源相对丰富的国家，或是对世界文化资源挖掘利用得较好的国家。

美国是当前世界文化贸易第一大国，其文化贸易模式的成功经验在于：通过自己的高科技与信息技术，不断融合世界范围内其他国家的优秀文化资源，从而形成了具有美国特色的文化产业与文化贸易发展模式。纵观整个美国文化贸易发展史，其文化产品与文化服务的取材，无一不与其对文化资源的充分利用息息相关。美国经过多年的不懈努力，其文化贸易发展稳坐世界头把交椅，并成为美国经济发展的重要支柱之一。例如，美国的影视文化产业以及文化贸易发展速度，在世界市场上独树一帜。2008 年美国出品影片《功夫熊猫》，在中国文化消费市场上形成了巨大的影响力，它是以中国传统文化素材为支撑，以西方精神文化为内涵衍生而出的一部电影。在中国文化的表现上，首先，电影以中国国宝——熊猫为主要人物，并与中国功夫相融合，形成整部电影的主线。功夫作为中国传统文化的一部分，代表了中国古老而神秘的文化，将熊猫与功夫相结合，是对中国传统文化的最好注释。其次，在场景和音乐制作上，电影中以青城山为场景，塑造了中国以蜿蜒曲折为特点的建筑风格，形成了一幅水墨画式的长卷。影片中的配乐，以中国古典乐器唢呐、二胡为主进行了制作，使得整部影片在视觉和听觉上更加具有中国特色。最后，影片中的“龙之武士”“龙之神旨”无一不体现了中国的图腾文化，传达了中国对神龙的敬仰和敬畏。在宣传了中国现代文化与传统文化的同时，影片中也宣传了美国的个人英雄主义思想：一只平凡的熊猫在经过不断学习而变得强大的过程中，承担起了拯救他人的任务。整部影片也是“美国梦”的体现，不论是大人物还是小人物，不论身份、社会地位，都需要有自己的梦想，并通过自己的努力去实现。总之，影片《功夫熊猫》很好地体现了美国以文化资源挖掘为源泉，以高科技为手段的文化生产与贸易发展之路。

近年来，日本文化贸易在国际上产生了巨大的影响力，其动漫产业在传播日本文化的过程中扮演了不可或缺的角色。日本动漫是一个典型的文化资源类型决定文化贸易类型的案例，它是建立在对日本文化资源充分利用的基础上的文化贸易发展模式。日本动漫题材丰富，情节中不断地展现出“日本精神”。其中广为人知的动漫——《夏目友人帐》，最为明显地体现了日本文化中“集体主义”的精神。在该动漫中，主人公在不断地磨炼中收获了友谊，在其遇难之时，大家团结一致，提供力所能及的帮助，这正是日本文化中“集体主义”精神的展示。日本人对大自然的崇敬，也在动漫情节中得到淋漓尽致的体现。日本对大自然的崇敬，源于日本独特的地理区位环境，日本是一个四面环海的岛国，岛内资源匮乏，自然灾害频繁，在科学医疗恶劣的条件下，日本人在发展的过程中，自然而然形成了对大自然的崇敬与敬畏之情。在《夏目友人帐》的动漫情节中，几乎所有的场景设置，都是在烟雾缭绕、光阴斑驳的森林之中。对神明的崇敬也是《夏目友人帐》的特点之一。日本文化中对神明的敬仰，源于日本的“稻田文化”。自古以来，日本的农业以稻田种植为主，农作物的生长依赖于自然地理环境和气候土壤特点，“靠天吃饭”的说法也论证了农耕文明对自然的依赖，日本人认为一国之内的一草一木皆是神灵所赐，对神灵的崇拜促使日本建立了大量的祠堂，对神灵进行祭祀活动。在《夏目友人帐》中，有大量以各路神灵、鬼怪为线索构建的情节。日本的文化产业与贸易发展模式说明，通过对处于内核的精神文化资源进行深入挖掘，形成电影、动漫书籍等能够引人入胜的文化产品，并受到各国文化人士的欢迎，进入国际交易市场、推动文化贸易的发展。

三、文化资源影响文化贸易发展的作用路径

现今，随着文化产业的不断崛起，文化贸易已经成为国际贸易中必不可少的组成部分。文化产业在进行贸易时，从其表象来看是对产品和服务的交易，但究其根本是对文化中所蕴含的价值和理念的输出，这便使得文化贸易在具有其经济属性的同时还附有文化属性，使得它具有区别于一般国际商品和服务贸易的特殊性和重要性。

文化贸易的发展依赖于文化资源，离不开对文化资源的深入挖掘。文化资源影响文化贸易的发展，从时间维度看，可以概括为文化资源转化为文化产品、文化产品升级成文化产业链、文化产业塑造成文化品牌、推动文化品牌“走出去”这环环相扣的四个阶段。

（一）文化资源利用是文化产业发展的基础

文化资源的多样化发展能为文化产业提供肥沃的养料，繁荣的文化产业发展离不开本地区丰厚的文化资源。文化贸易的发展是以文化产业的兴旺为基础，文化产业则又是促进文化贸易进步的重要前提；而文化产业的发展基于对文化资源的深入挖掘、开发和利用。换而言之，不能将文化资源简单地等同于生产力，其重要的原因在于文化资源本身并不能对文化贸易产生直接的影响。文化资源和大多数自然资源一样，如若不对其进行大力的挖掘利用就不会主动地创造出任何有利于社会进步的经济价值。因此，最为关键的一环是如何将文化资源转化为文化产品。将文化资源进行合理的挖掘、开发，使得文化资源转化为经济资源，再通过文化资源的产业化开发，将文化资源创新性地转化为文化产品和服务，只有这样才能使文化资源焕发出所蕴含的经济价值。文化贸易对文化资源的依赖犹如工业产品的生产对自然资源的需求一般，如果失去了文化资源这一重要的资源，文化贸易产业发展便成为无本之木、无源之水。

如果说文化资源是文化产业与文化贸易发展的根基，那么文化产业与文化贸易则是文化资源开发与利用的结果。文化资源在生产加工中被赋予了更为丰富的产品属性和附加价值形成文化贸易产品，从而推动了文化产业与文化贸易的进步。

（二）文化产业是文化贸易发展的前提条件

将种类繁多的文化资源转化为文化产品是一个复杂的历程。首先，应审时度势地将文化资源转化为拥有丰富内涵的文化产品；其次，在此基础之上形成具有规模经济的文化产业链，将文化产业发展成为具有极大市场竞争力的文化品牌；最后，推动文化产品发展“走出去”战略，迈向世界，实现文化贸易的可持续发展。

将文化资源转换成为文化产品，仅凭借单一的文化产业发展，难以拉动其整体的进步。文化产业竞争力的提高必须使文化产业拥有较为完整的价值链，在一定程度上形成产业集聚效应，才能带动整体文化产业的发展。作为文化资源产业化的开拓者，一定要紧跟时代发展的轨迹，善于研究新资源、开发新资源、形成产业链。

文化产业是促进文化贸易发展的根本要素，文化贸易则是以文化产业为基础进行的快速发展。只有在文化产业发展相应阶段，具备了较大的生产规模，同时在国内外拥有厚实的市场基础时，文化产品和服务的跨境交易才成为可能，从而形成国际文化贸易。文化产业的壮大能够促进文化贸易的发展，为文化贸易的进步提供良好的产业基础。

总而言之，文化产业在很大程度上决定了一国国际文化贸易中所处的地位，只有在文化产业逐步发展壮大的基础上，才能全面推动一个国家文化贸易的进步。与此同时，优化文化产业结构也能够带动文化贸易结构的转型升级。相反，一个羸弱的文化产业无法支持文化贸易在激烈的国际竞争中获得全面发展，同时文化产业结构的不合理也会导致国际文化贸易结构分布的紊乱。

（三）文化创意是文化资源转化为文化贸易产品的重要手段

文化资源的文化产品化，在发展初期主要依赖于文化资源的数量。随着文化产业的逐渐升级，以及文化贸易市场的扩大，使得其所面临的市场竞争越发激烈，文化资源的创意手段与技术创新的作用更加明显。文化资源只有不断地鼎新革故，才能实现文化资源贸易化进程。文化创意是在对文化资源、文化观念、文化习俗等深入挖掘的基础上产生的。如何充分利用各种物质与非物质文化遗产，通过文化创意的手段，有效挖掘其文化价值与经济价值，生产出高品质的文化贸易产品，是推进文化贸易发展必须解决的关键问题。

当然，文化创意必须与科学技术发展水平相适应。技术发展水平相对较高的区域，文化创意可以在利用各类高技术人才的同时，提高文化产品的科技含量，以增强同类文化产品的竞争力水平；技术发展相对较弱的地区，则可以通过与民间工艺文化资源相结合，发展一些手工艺文化创意产品；也可以引进技术相对发达的产品，开发具有比较优势的文化创意产品，使文化贸易产品达到提质增效的目的。

品牌塑造是文化贸易创意的重要一环。文化产业链形成后，没有相应的文化品牌作为支撑也难以得到发展。通过对文化品牌的塑造，可以提高文化产品溢价，并增加企业的销售量，从而促使文化贸易得以长足发展。

（四）文化博览会是文化贸易发展的重要平台

展会即是展示产品和技术、拓展渠道、促进销售、传播品牌而进行的一种宣传活动，展会是指在固定或一系列的地点、特定的日期和期限里，通过展示达到产品、服务、信息交流的服务平台。文化博览会则是展会中重要的一部分，它是针对文化及其相关产品的宣传活动。文化博览会为文化企业提供产品展示和交易窗口的同时，也为生产商、经销商和贸易商提供了一个交流与沟通的平台，为文化企业对外展示、宣传和营销自己品牌和产品提供了重要的平台。文化企业积极参与文化会展，不仅有助于自己企业品牌的宣传和推广，还为文化企业提供了一条开拓国内外新市场的途径，并为其产品国际化发展提供了良好的条件。文化企业对国际国内的文化博览会进行相关文化产品和品牌推广，可以促进对外贸易交流和海外市场开拓，以达到多渠道、全方位地融入国际市场的目的。

四、文化资源影响文化贸易发展的具体形式

如何把文化资源优势最大化地转化为文化贸易优势，也即文化资源产业化的路径问题，是文化资源与文化贸易融合发展所要解决的核心问题。归纳起来，文化资源推动文化贸易发展的具体路径，可以总结为以下六大方面。

（一）文化产品直接出口

文化产品直接出口的文化贸易可以有两条路径：一是某些文化资源不经过工业加工制作，以原生态的面貌直接出口。比如一些民间的手工艺品、装饰品、翁器物等，就是原汁原味的文化资源直接出口，不经过工业化流程的加工制作，使其民族文化的味道更浓，文化特色更加凸显；二是指某些文化资源，通过产业化开发过程变成文化产品、服务产品和通过传统贸易的渠道对外出口。

要促进文化产品直接出口，推动文化贸易的发展，需要在区域内形成

直接出口的文化产品集聚效应，使得直接出口的文化产品能够在聚集过程中，共享文化产品的基础设施与劳动力，减少企业生产直接出口的文化产品的生产成本，加强文化产品出口企业的竞争力，带动对文化产品的创新活力，扩大文化产品的影响力，最终带动文化产品“走出去”，从而促进直接出口文化产品在贸易中的比较优势。

（二）文化旅游在地贸易

由于文化旅游资源存在不可移动性和不可复制性，文化旅游资源转化为文化产品和服务走出国门似乎难以实现，因而对文化旅游资源的贸易，需要转变贸易观念，把产品“走出去”变为引进消费主体，通过加强吸引外国消费者走进国内市场进行文化消费，从而实现文化产品和服务不走出国门，就完成了旅游产业“出口不出国”的文化贸易交换模式。同样，“出口不出国”也是旅游演艺产业实现对外贸易的重要方式，通过吸引源源不断的外国游客来观看演出，最终也可以实现演出服务的“出口”。

以文化旅游产业带动文化贸易发展，其对文化资源的宣传尤为重要。必须在促进文化旅游产业对外交流的基础上，全面地吸取国外文化旅游资源模式的精华，对演艺内容实行创新，生产出满足外国游客需要的产品，才能在促进文化旅游产业发展的同时，推进“出口不出国”对外文化服务贸易发展。

（三）在线平台网络贸易

在线出口平台即通过利用 PC 与互联网等网络资源，衍生出虚拟的贸易交易平台与营销渠道，以达到促进文化产品贸易目的。数字信息技术在计算机领域的运用，文化贸易交易平台与营销渠道不断推陈出新，以互联网为依托的文化产业产品与服务也愈发繁盛，网络资源最终成为新一代文化贸易平台载体。

传播营销功能作为网络的重要作用之一，正日新月异地改变着我们获取信息的渠道，世界各国之间的联系也因此变得愈发紧密，使得消费者足不出户便可获取各类信息资源。网络的变化发展使得传统的媒体产业面临转型升级的危机，由此衍生出新媒体，并带来了新的传播和营销渠道，如网络视频、网络广告、电子营销等，这些技术的进步提高了信息流动性，降低了交易成本，提高了文化贸易的效率，从而促进了文化贸易的发展。

从交易平台来说，动漫、网络游戏、电子商务等虚拟或实物形态的文化产品和服务，都能以虚拟的网络为平台实现对外文化贸易。随着网络本身的成熟，以及消费者习惯性的更新换代，通过文化贸易网络化发展所占的比重会不断上升，如2011年，有34家中国企业自主研发的131款PC网络游戏进入海外市场，实现销售收入3.6亿美元，据《2012上半年度中国游戏产业报告》统计，2012年上半年中国自主研发PC网络游戏出口销售收入已经达到11.3亿元，同比增长7%。因此应该充分重视网络的对外文化贸易的平台作用。

（四）内外结合融合发展

内外结合的模式是指与国内外文化企业共同投资、共同合作、共担风险、共享利润，借助国外文化资源及国际营销渠道等方式，打入国外主流文化市场。中国文化出口营销网络的建立，要积极向海外的发达国家与文化企业学习，采取共同投入、收益分账等合作方式来促进中国文化产品的出口。这方面成功的经验很多，比如广东南方广播影视传媒集团的少儿卡通频道就与迪士尼合作，共同开发了独具匠心的本土化少儿节目；广东南方广播影视传媒集团以中国故事为主题，不断开发优秀的动画作品，充分利用迪士尼媒体平台将作品向国际化方向发展。通过国际合作与外国文化企业进行取长补短，有效地推动了国际文化贸易发展的深度和广度。

（五）教育拉动文化交流

在跨文化贸易中，受不同文化习俗的影响，容易导致思维方式和价值观产生较大的冲突，但通过教育交流，能够减少文化交流过程中因文化传统与文化习俗不同所导致的文化理解障碍，从而促进文化贸易的发展。

教育交流带动出口的主要方式有三种：第一，吸引留学生留学，以及鼓励国内学生出国留学；第二，人才的双向交流，加强科研人员、技术人员之间的交流；第三，成立教育机构推动交流。通过教育交流，传播本地区文化内容，可以加强双方之间的文化了解程度，减少“文化折扣”现象，加强彼此之间的了解，为开展文化贸易创造一个良好的外在环境。以外国的孔子学院为例：2004 年，全球首家孔子学院在韩国成立。直至今日，孔子学院遍布亚洲、非洲、欧洲、美洲、大洋洲的各个国家与地区，总数达到 500 多家，在教育交流方面取得了不俗的成绩。孔子学院在推广过程中，借鉴了法国、英国、德国和西班牙等国推广本民族语言的经验，使学生在学习汉文化的过程中更易接受。

（六）会展平台展示出口

文化会展业是文化产品展示和交易的窗口，展会既能够为生产商、经销商和贸易商提供良好的交流合作平台，也能够为文化企业宣传和营销自己的文化产品提供一条重要的渠道。企业参与文化会展，不仅可以推广和宣传自己的文化品牌，还能够为文化企业“走出去”提供有效的途径，使企业可以多渠道、全方位地融入国际市场。

为了促进文化会展平台的规范化，首先，应完善文化会展平台的发展运营机制，即在发展文化会展平台过程中，将优秀的人才引入文化会展平台行业，并加强文化会展平台对社会资本的吸引力。其次，要加强文化会展的市场化与商业化操作，将文化会展平台推向市场，实现文化会展平台的规模效应与集聚效应，使得企业在发展过程中提高竞争力。最后，要提高文化会展平台的科技化水平。文化会展平台的科技化包括文化会展的信息化与创新化发展，信息化应发展网络信息系统，以加强与合作方、与消费者之间的相互联系，减少交流过程中的相互摩擦；还要求将信息技术融入文化会展产品，从而加强消费者在消费过程中的视觉冲击、感官冲击等，激发更多消费者的消费欲望。创新化发展是文化会展平台发展不可或缺的环节，创新化发展不仅在技术上进行创新，还应对发展文化会展平台的制度、文化会展产品的外形、文化会展产品等进行创新。

以上六大路径是文化资源与文化贸易融合发展的基本路径，当然也不排除存在其他有效的途径。基于不同的观察视角可以发现，文化资源与文化贸易结合的其他方式多种多样。随着经济和科技的不断发展和进步，文化资源与文化贸易融合发展路径会呈现出多样化的特点。

第六章

文化保护、传承与文化产业可持续发展

文化资源产业化开发的最终目标，是推动一个国家的文化传承、创新与文化产业可持续发展，这离不开对文化资源的保护。文化资源保护的意义在于长期保持文化资源的真实性与完整性，延续文化资源的生命力和历史文化价值。文化资源的开发与文化资源保护的辩证关系是：一方面，加强文化资源的保护，对于开发文化资源，实现文化产业的可持续发展具有积极作用；另一方面，对于文化资源进行产业性开发，会促进经济的转型升级，奠定文化发展的经济基础，进而反哺文化资源的保护，实现文化的传承、创新与发展。

第一节 文化资源保护的必要性与意义

一、我国文化资源保护的现状

华夏文明具有五千多年的文化传统，拥有丰富的历史文化资源，仅各类文物就有一千多万种，各地的戏剧艺术多达三百六十多种。此外，我国56个少数民族地区也蕴藏着丰富多彩的民族文化，构成了世界文明的宝贵财富。

为了更好地开展和保护非物质文化遗产工作，各国和国际组织都相继出台了相关的法律政策，期望用正规的方法将非物质文化遗产——这一人类智慧集成的瑰宝完整地传承下去。这不仅是对现代文明的极大完善，更是对人类几千年文明史的尊重，无论是对现代还是未来都是一笔无法计量的财富。

近年来，我国开始重视文化资源的保护工作，国家各种类型的非遗保护工程已经在全国范围内得到开展。2005 年 3 月，国务院颁发了《国务院办公厅关于加强我国非物质文化遗产保护工作的意见》，确立了我国文化遗产保护工作的任务、目标、要求和措施，它的颁布为我国在 21 世纪进行非物质文化遗产保护工作开创了先锋，对以后的工作有了最基本的指导。2005 年 12 月，国务院颁发《国务院关于加强文化遗产保护工作的通知》，决定从 2006 年起，每年 6 月的第 2 个星期六为我国的“文化遗产日”。《中国非物质文化遗产保护发展报告（2016）》指出，非遗保护与国家发展战略在很多领域都遥相呼应，如非遗传承人群培训计划、扶持戏曲政策、“一带一路”的非遗交流、公共文化服务体系建设中的非遗保护、新型城镇化建设中的“留住乡愁”等。

国务院先后批准分别于 2006 年、2008 年和 2011 年、2014 年命名了四批国家级非物质文化遗产名录：2006 年 5 月 20 日第一批国家级非物质文化遗产名录（共计 518 项）、2008 年 6 月 14 日第二批国家级非物质文化遗产名录（共计 510 项）、2011 年 6 月 10 日第三批国家级非物质文化遗产名录（共计 191 项）、2014 年 7 月 16 日第四批国家级非物质文化遗产名录（共计 153 项）。经过十多年的不懈努力，截至 2020 年，我国入选联合国教科文组织的非遗名录（含“急需保护名录”和“优秀实践名册”）的项目已达 42 个，也是世界上拥有世界非物质文化遗产数量最多的国家①。

到目前为止，我国已经基本建立了较为完善的文化遗产保护体系，具有历史、文化和科学价值的物质与非物质文化遗产均得到了全面有效地保护。保护文化遗产深入人心，成为人们的自觉行动。

---

① 曹岩，李晶晶，邹合义，贾延宁．“太极拳”“送王船”列入人类非物质文化遗产代表作名录［EB/OL］．央视新闻，2020－12－17.

二、文化资源保护面临的问题

在文化产业的开发过程中，由于思想认识不到位、管理体系不规范、立法滞后等问题的存在，出现了不少破坏文化资源的现象。随着城市化进程的加速，越来越多的文化遗址受到了威胁，从当前发展的视角来看，这不仅是对人类共同文化财富的侵害，也是对城市“潜在财富”的破坏和浪费。改革开放40多年，我国为了发展社会经济，进行旧城改造，使得文化遗产遭受了极大的建设性破坏，其中很大一部分是由于地方政府对房屋征收之后的大规模拆迁造成的。

那么，如何正确处理两者的关系呢？我们既不能以牺牲珍贵文化为代价，换取以文化资源为核心“卖点”的产业发展，也不能因为保护文化而拒人于千里之外。对文化资源进行全面的保护、规划、管理，已成为国家和地方政府关注的重大课题。

具体来看，文化资源保护面临的问题主要表现在以下几个方面。

（一）物质文化资源破坏严重

物质文化遗产由于其自然属性，在自然的风化、日晒雨淋下，具有生物性上不可抗拒的自然衰退周期与特性，这是不可抗拒的自然规律。但是，在现实生活中，由于工业化的扩张、旧城改造和新农村建设等经济发展的需要，文化生态正在发生巨大变化，物质与文化遗产的生存环境受到严重威胁，不少历史文物、文化名城、古村镇、古建筑、古遗址以及风景名胜区的整体风貌遭到毁灭性的破坏。非法文物交易、盗窃活动以及走私文物的违法犯罪活动在一些地区十分猖獗，导致许多重要文化遗产濒临消亡或失传。

（二）非物质文化遗产失传严重濒临消失

非物质文化遗产以人为载体，是人类活文化的一部分。我国是一个多民族国家，具有数量庞大的非物质文化传承人和民间技艺。但随着人类发展进入工业化社会阶段，在比较利益的驱使下，很多年轻人过上了现代化的生活，对传统文化及其民间技艺并不感兴趣，由此导致非物质文化遗产面临后继无人、濒临失传的严峻形势，大量依靠口授或行为传承的非物质文化遗产正在日渐消失，传统技艺濒临消亡。一些民间文学和工艺美术被盗用或掠夺式地粗暴使用，更有一些珍贵实物资料流失海外。以上种种问题的存在，对于我国优秀传统文化的保护与传承造成了巨大的负面影响。

（三）对文化资源开发不当和过度开发

我国一些地区为了追求经济利益，缺乏对文化资源的科学分析和合理开发，使得文化产业规划中强调的保护原则与现实利用中偏重开发形成相互脱节的矛盾。如许多反映民族文化精髓的传统工艺品被庸俗化开发，优劣不分；很多历史悠久的景观性文化资源遭到人为破坏；一些开发商和人员在经济利益的驱动下，强制性、掠夺性地开发文化资源，造成文化资源的低效率利用和严重损毁。以上种种对文化资源的不当开发和过度开发，造成了对文化资源的开发性破坏。

从文化资源保护实践方面看，如何克服“重申报轻保护”“重开发轻传承”“重技术轻文化”“重形式轻内容”等顽疾，是我国文化遗产保护面临的主要障碍与问题。

三、文化资源保护问题产生的原因

（一）文化保护观念淡漠

长期以来，上自各级政府、下到老百姓，都对历史文化资源的价值认识不足，因而存在对文化资源保护意识淡漠的倾向。从政府层面看，在经济利益的驱使下，随意对旧城进行改造，形成新的造城运动，导致很多宝贵的文化遗产就此消失得无影无踪，造成今天“千城一面”的严重后果；从社会层面看，很多人对身边的文化资源和历史文化价值缺乏保护意识，认为这都是些落后的东西，从而随意处置、抛弃，导致众多的文化资源被人为毁灭。例如，在这次新一轮的新农村建设运动中，很多具有历史文化价值的古村落，正在以惊人的速度消失，以此为载体的大量民俗文化，正在失去其赖以生存的根基。“皮之不存，毛将焉附?”[①] 大量的非物质文化生存环境令人担忧！在文化发展中，很多地方忽视了非物质文化遗产传承人的地位与价值，导致部分非物质文化遗产传承人的权益得不到保障，对于一些经济价值不大的非物质文化遗产，仍处于无人继承甚至濒临消亡的境地。

（二）文化保护资金匮乏

近年来，上至中央财政、下到地方政府，都加大了对文化保护工作的投资力度，实施了大量的文化保护工程，取得了令人瞩目的成绩，这是值得肯定的。但我国作为一个具有五千年文化传统的文明古国，文化资源数量之多可谓是不胜枚举，相对于文化遗产的保护需求，当前的财政投入是远远不够的。

由于没有充足的资金，很多保护文化遗产的活动无法开展，非物质文化遗产不能得到有效的传承，物质文化遗产也不能得到合理的保护，在这种情况下，要使文化遗产的经济价值得到很好的保护和开发，是不可能的。因此，在保护文化资源方面，应该在扩大投资的基础上，将每笔资金分项落到实处，做到每笔资金都得到有效的利用。

（三）文化保护人才缺乏

目前，在全球化浪潮的冲击下，很多具有民族特色的非物质文化遗产正在逐渐消亡。各地的民间文化遗产保护面临困境，一些掌握专门技艺的老手艺人正在逐渐消失，而年轻人对文化技艺的继承因收入缺乏保障，或不感兴趣的原因面临着后继无人的问题，也使得这些非物质文化遗产面临着消亡的危机。在保护传承人方面，日本、韩国等非物质文化遗产保护先进国也曾想过种种办法，改善非物质文化遗产传承后继乏人的问题。在文化保护方面，政府应该每年拿出一定数额的经费，用以补贴杰出的文化遗产传承人，以保证他们衣食无忧。要以国家命名的方式吸引传承人，以带徒授业的方式拴住传承人，这些都是可以进一步改进文化保护问题的。

---

① ［汉］刘向：《新序·杂事》。

（四）文化保护技术相对落后

文物保护除了人员素质之外，更重要的是技术与设备的现代化问题。就目前的情况而言，文物部门由于设备的简陋或短缺，使得文物部门的遗产保护步履艰难。加之文物保护和文物科技所面对的，主要是文物自身存在的非直观可接受的潜在信息，所以对这些研究必须采用现代的分析仪器，而不能在以往作坊式的工作条件下完成。文化遗产保护的难度在于它面对的古代材料既没有替换，也没有再生的机会。一件文物或一个遗址若重要到必须对其进行保护时，资金或成本就变成次要的了，技术性问题便会成为主要矛盾。如此不难理解国外在对一些遗址发掘、采集完资料后为什么要回填；为什么美国对自由女神铜像的保护要动用著名的贝尔实验室及其众多的科学家。这些技术问题实际上就是必须用先进的科学实验仪器，找出文化遗产蜕变的原因，然后才是保护方法和保护措施的确立。

四、文化保护对文化传承与文化产业可持续发展的意义

文化资源具有不可再生性，文化资源是大自然、先辈遗留的历史与文明的见证，这是人类社会实现可持续发展的前提，宝贵的物质文化遗产与非物质文化遗产在社会经济生活中，应该发挥指引人类发展方向的积极作用。

如何协调文化资源的保护与开发，是文化传承、创新与发展、文化产业可持续发展所亟须解决的问题。长期以来，我们注重数量型增长的文化产业发展模式，以及传统单一的文化资源保护模式，不仅导致文化资源产业化过程中资源的低效率利用，也带来了文化资源的严重破坏、浪费，由此导致文化环境的破坏。因此，实施文化资源保护工程不仅有利于文化产业发展的提质增效，释放文化、生产新动能，提升文化生产力，优化文化产业结构，而且能优化文化生态环境，促进传统文化的传承、创新与发展，因而具有十分重要的理论与现实意义。

在各国不断增强文化软实力的背景下，想要发展文化产业，就必须具有自身独有的文化资源禀赋。文化资源尤其是非物质性的文化遗产离不开

一代代的传承，但物质文化资源由于其自然属性，有逐渐老化的趋势；非物质文化遗产在社会发展的过程中，由于人们生活方式的改变，有失传的可能，这种文化原生态的消失和破坏，是没有办法实现真正复原的。因此，全面发展文化保护产业，必须从整体着眼，统一规划，树立正确的文化资源开发理念；要健全知识产权保护体系，完善文化保护法律体系，建立大区域的文化资源开发生产循环使用链，推动文化资源开发走上良性循环道路。

文化资源的产业化开发是实现文化资源保护的重要途径，是文化资源保护的资源供给和发展的持续动力。文化遗产的产业化开发需要最大限度地利用其价值，获取经济利润，这与我们想要将遗产留给子孙后代的希望一致。文化遗产的寿命必须尽可能地延长，这一点与其他实体经济相反，因为文化遗产是独特的、无可替代的。一方面，我们对文化遗产的开发是不断持续的，文化遗产也逐渐成为包含文化旅游在内的文化产业的一部分，文化遗产，特别是物质文化遗产正在不断地被现代社会所开发和利用，人们对文化遗产的消费需求也日益强烈；另一方面，文化遗产遭受破坏的事情大量存在，这样就出现了保护和开发、传承和利用这两对矛盾的冲突，文化遗产保护和利用问题应逐渐引起人们的重视。

第二节 文化资源保护与文化保护产业的概念与目标

一、文化资源保护与文化保护产业的形成与分类

（一）文化资源保护与文化保护产业的形成

“文化遗产”的概念，起源于1789年的法国大革命时期。1960年《保护世界文化和自然遗产公约》颁布，随后出台了《遗产旅游社会》《文化遗产的价值评估》等国际性的文化保护公约，文化遗产保护在全球范围内日渐兴盛。从国际上看，国外主要是通过制度约束来保护文化遗产，制定详细的文化保护条例与法律法规。随着文化保护相关法律、规范的完善，文化保护观念的深入人心，国际社会对文化遗产的保护，不仅涉及历史文

化古迹、历史建筑，而且扩大到文化遗产周边的自然遗产和生态遗迹、人文环境、非物质文化遗产，形成整体保护意识。同时，文化保护参与人群也逐渐扩大到全体公众，实现了综合、整体的文化保护系统工程。

进入到21世纪以来，将文化资源保护与经济效益相结合的理念，开始体现在中国的文化发展领域中，越来越多的城市管理者们认识到了文化资源的保护，对于城市、国家、民族的重要意义；同时更意识到了文化资源保护与经济发展并不是非此即彼、互相冲突的“零和”关系，而是可以通过某种方式融合在一起，从而相互促进、协同发展，既取得了社会效益，又取得了经济效益，在此基础上，文化保护产业的概念应运而生。

文化资源是文化产业发展的基础与创意源泉，也是文化传承、创新与文化产业可持续发展的基石和载体。近年来，随着文化产业的发展，文化资源产业化开发与保护的矛盾日益突出。目前已有的研究在文化资源的利用与保护中观点不一，有的强调“优先保护”，有的强调“应保尽保、保护第一”，有的强调“合理保护、有效开发”，有的强调保护与开发并重，大家的出发点不一样，但都是为了实现文化资源的保护、文化产业的可持续发展，以及文化的传承、创新与发展的目标。

对于文化资源保护，最大的障碍就是将文化资源保护与文化资源利用对立起来的观念，讲到文化资源的保护就只停留在“投入式保护”，而没有认识到还有“利用式保护”一途。“授人以鱼”，还不如“授人以渔”。文化资源的传承、创新与发展内在于文化本身，只有其具备了自我生存和发展能力，能够被人们所利用，并通过利用过程产生新的文化资源，才能够不断地推陈出新，获得不竭的发展动力，任何幻想单纯通过外界保护来维系文化资源生命力的思想都是不可持续的。

《保护非物质文化遗产公约》专门给非物质文化遗产保护下过一个定义：“保护指确保非物质文化遗产生命力的各种措施，包括这种遗产各个方面的确认、立档、研究、保存、保护、宣传、弘扬、传承（特别是通过正规和非正规教育）和振兴”，这一定义涵盖了文化保护的诸多方面和流程，尤其是在当前的经济社会环境下，“开发”是实现文化传承、创新与发展的最佳形式和必要前提。离开了开发，文化资源保护的发展动力将是不可持续的，单纯采取展览馆、博物馆式的“归档”展览，成为“记忆”，必然失去生活的滋养，“保存”的意义有限。历史上看，大量的文化资源之所以能够历经变乱，延续与留存下来，根本原因在于艺人可以从中获“利”，百姓可以在生产生活中使用和赏鉴。

因此，通过对于文化资源的开发和利用，大力发展文化保护产业，形成一个自生、自发、自我维持的产业链条，是推动文化保护事业发展的根本途径。

按照文化资源保护的目的、手段与性质进行界定，可以把文化保护产业定义为：文化保护产业是指以传统技艺与高科技相结合为手段、以历史文化遗产修复与传承为目标、以市场化运营为平台，从事文化资源修复和提供文化保护服务，推动文化资源长期存续与可持续利用的文化生产与经营活动。

文化资源保护当前正由“遗产与文化阶段”向“资源与产业开发阶段”过渡，文化保护活动的产业化发展，是社会生产力发展到一定阶段的必然产物，是伴随着文化产业规模的不断扩大，经过市场经济体制的不断完善而发展起来的新兴文化产业，具有巨大的市场发展潜力。

（二）文化保护产业的分类

围绕着文化保护产业而产生的形式多种多样，从文化保护的主体来看，有国家主导的文化保护产业、有企业出资新建的文化保护产业，如博物馆等，也有民间个人收藏的历史文物等；从对文化保护的手段来看，有用高科技的手段对文化资源进行保护，也有用民间工匠利用手工艺对文物进行的修复等。本书从文化资源保护的手段与路径出发，将文化保护产业划分为以下八大类型。

1. 民间技艺文化保护产业

艳丽的苏绣技艺、精致的掐丝珐琅、独特的昆曲腔韵、滇西民间纸扎等不胜枚举的传统技艺，是我国民族光辉灿烂文明的精神印记，不可泯灭，这些技艺需要保护、传承、发扬光大。通过产业化运作、市场化运营，将传统技艺转化为可进入市场的优质商品，一方面使普通民众有机会接触到这些优秀的中华传统技艺，另一方面可以取得经济收益，从而更好地将这些宝贵技艺传承下去。

民间技艺文化资源的保护，最主要的是保护民间技艺的主体与内容。在这一方面，我国目前已经做了大量工作，很多民间文化艺人已经成为国家重点保护对象，像京剧、昆剧等很多文化遗产也已经进入国家文化保护工程，很多民间技艺通过文化创新，已经成为文化产品，走上了自我良性循环发展的道路，如杂技表演、民间风俗歌舞表演等。我们应在此基础上，加大对民间技艺文化资源的保护力度，使其能够长久地传承下去。

2. 科技创新文化修复产业

物质文化遗产由于其自然属性，随着时间的推移，会出现老化、风蚀，逐渐消失的现象，这是不以人的意志为转移的客观规律。但是如何在其老化的过程中，减缓其衰退的周期，尽量延长其生命周期，则通过文化保护产业的发展可以做到。而且，在我们现存的文化遗产中，有很大一部分本身是由于人为的破坏而残损的亟待修复。

文物作为历史文化的物质遗存，是中华文化的重要载体和精神命脉。我们应该利用各种手段，对宝贵的文化资源进行修复和完善。在这个过程中，利用科学技术修复文物，不失为一条重要途径。

科学技术是文物保护工程的重要支撑，不论是学术前沿最新技术手段的创新发展，还是已有行业技术成果的转化应用，都会给文物保护工程的理论、方法带来重要变革。中国历代都有大量关于文物修复的技艺，而现代科技的进步为传统修复打开了一扇新的窗户，X 光、红外热像探测、光谱分析、3D 建模、三维显微等科学技术创新，使文化修复专家们的视觉和嗅觉得到延伸。而利用科技创新的古迹、文物的修复活动，为被破坏了的文化资源焕发新的生机、得到新的有效利用提供了有力支持。例如，关于故宫文物修复工作的系列纪录片《我在故宫修文物》，近几年在年轻人中引起巨大反响，成为文化修复产业化过程中的一次新的尝试，最终必然有益于文化资源的保护。

3. 信息数字文化保护产业

自从人类产生以来，伴随着文明的进步，先人们创造了大量的以文字、绘画等为载体的知识形态的文化资源。然而，在以前信息技术不发达的情况下，很多知识形态的文化遗产因老化只能自生自灭，或者只能通过口诵、歌舞的形式传承下来。中国的古籍中记载了很多传统的优秀工艺和技术，其工艺之精，令人惊叹，如张衡地动仪、郑和宝船等，然而它们都因细节的缺失而失传，当代人只能凭想象还原它们的面貌，令人唏嘘。

现在，随着信息数字技术的发展，所有这些宝贵的文化遗产，都可以通过数字信息技术永久地保存下来。信息数字化指，将各类文化内容经过数字化加工之后，以电子文档格式存储和管理，在文化保护领域应用潜力巨大。依赖于当代信息数字技术的发展，我们可以将物质文化遗产通过扫描存储到数据库中，将非物质文化遗产通过影音记录的方式有效地保留，借助这种数字化手段形成了信息数字文化保护产业，使我们的传统文化资源得到有效传承。

4. 文化传人“活化”保护产业

当前，中国共有国家级非物质文化遗产 1372 项，国家级非物质文化遗产传承人 1986 人[①]，这些非物质文化遗产是中华民族的宝贵财富，这些非遗传承人更是中华民族灿烂技艺文化的见证。像苏绣、剪纸、戏剧等手工技艺，都是生长在人的大脑之中，通过手、脚、口、鼻、耳等体现出来的，只可意会，并通过师傅带徒弟的方式传承下来的。

面对非物质文化遗产（以下简称“非遗”）的这种特点，较为有效的保护方式是“活化”保护，即将这些非物质文化遗产，通过贴近人们生活的喜闻乐见的新形式，融入日常生活，让非遗文化传承人与人们进行更深入的交流，向他们展示这些优秀的传统技艺文化，并借此利用市场化手段、形成产业化规模，使宝贵的文化资源日益成为人们生活中的一部分，从而实现“活化”保护。

5. 文化资源集聚保护产业

历史文化资源由于时间久远，在很多地方呈现出分散分布的状态，而且很难形成文化产业链。对于这种文化遗产，可以采取集聚归拢的办法，通过发展文化资源聚集保护产业，将其保存下来。

---

① 雒树刚．国务院关于文化遗产工作情况的报告——2017 年 12 月 23 日在第十二届全国人民代表大会常务委员会第三十一次会议上［R］．中国人大网，2017－12－23.

具体来说，可考虑建立文化遗产产业园，将众多文化遗产集中在一个产业园区内统一管理、统一提供支持，提供经营场所及集中的原材料采购、人员培训、营销渠道等服务，对文化遗产资源进行有效保护，这样既可以节约成本，又能通过规模经济实现经济利润。例如，在我国北京等城市，形成了许多古董交易市场；在浙江绍兴、形成了古旧家具与装饰品交易市场，这些交易市场就是典型的文化资源集聚保护产业。目前，在我国很多农村地区，农民为了吸引游客，将很多农具收集起来，开办展览馆，使城市来的游客能够产生一种怀旧的情愫，这将形成一种以农村生活用品为内容的文化聚集保护产业。

6. 节庆活动文化保护产业

我国传统文化节日的庆典活动丰富多彩，既有展示民族风情的西双版纳泼水节、宣传传统文化艺术的曲阜孔子文化节，也有宗教文化类的普陀山观音文化节等，还有不同民族自己特有的传统民俗节日，最著名的是我国的春节、清明、端午、中秋等节日。随着城市化的发展，来自外界的文化冲击，使这些传统的民俗节日面临消失的风险。而通过举办形式多样的节庆文化活动，可使这些民俗文化发扬光大，并且长期传承下去。

节庆活动作为民俗文化的有效载体，依托的是具有独特文化价值的地域文化。从总体上看，节庆活动的内容包含众多的当地民俗文化的表演，是民俗文化的集中展示，也是民俗文化的传承、创新与发展。可以这样说，凡是节庆活动搞得比较好的地方，都是民俗文化传承比较完善的地方。因此，利用市场化手段，将这些民俗节庆活动与民俗旅游业相结合，形成节庆活动文化保护产业，通过吸引游客参与到节庆活动中来，既实现经济效益，又加深民众对于少数民族节庆活动的认知和理解，实现对传统民俗节庆活动的有效传承和保护。如一年一度的春节活动，就是我国节庆活动文化保护产业的集大成者。

7. 主题公园文化保护产业

在悠远的历史长河中，中华大地上发生过很多著名的历史故事，从而使一些地方形成了为世人所熟知的文化符号，如官渡古战场、长安古城、山西乔家大院、唐代芙蓉园遗址等，这些文化符号有着巨大的历史文化价值，同时也具备一定的开发潜力。为了保护这些见证了中华先祖历史的现实印记，可以通过产业化运作成立主题公园，使这些历史文化遗产发扬光大。

主题公园不仅能将许多非物质文化遗产都纳入其主题架构，感受历史文化的熏陶，还能将宝贵的物质文化遗产、文物古迹完善保护，吸引游客亲临历史现场。既提升了民众的文化素养，又有效地保护了中华民族的历史记忆。

从国际上来看，目前世界教科文组织从保护文化遗产的目的出发，已经将全世界各地数千处古迹，通过严格的程序评定为“自然文化遗产”或“非物质文化遗产”，以上遗产保护工程都有一个特定的自然或文化保护主题，可谓是标准的“主题公园文化保护产业”。

8. 博物馆收藏文化保护产业

对于一些体积不大、在室外容易蜕变的文化资源，如书籍、金属器具、丝织品、瓷器等，可采取博物馆收藏的手段，对其进行有效保护，由此形成博物馆收藏文化保护产业。

文物收藏品是文化资源的重要载体，建立博物馆是保护这些文物收藏品的主要方式。当前全国共有博物馆近四千家，从业人员近十万人，收藏品三千余万件，每年门票收入三百亿元以上，且近几年一直在持续不断地增长。博物馆产业成为对文化资源保护提供有力支持的重要方式，特别是近几年，私人收藏家建立的私人博物馆向公众开放的越来越多，使人们有了更多的渠道，见识到更多精美的历史珍稀文物，对历史文化的保护和传承起到了重要的推动作用。

二、文化保护产业发展的目标：文化传承、创新与文化产业可持续发展

文化保护产业的发展，主要目标并非通过对文化资源的利用而赚取收益，而是通过市场化、产业化的手段，实现对文化遗产的有效保护，实现文化的传承与创新，推动文化产业的可持续发展，实现历史记忆的永久存续。

文化保护产业发展的首要目标是文化传承。华夏文明诞生于五千年前

的山河之间，至今成为全世界唯一一个从未间断的古文明并发展至今，文化的传承至关重要。优雅的象形汉字、独特的传统民俗、多样的戏曲腔韵、智慧的儒道箴言，这些元素构成了华夏文明五千年的特有魅力，在世世代代中国人的传承和保护中延绵至今，让我们有幸从其中感受中华民族深厚的文化底蕴，从与先贤的精神交流中得到心灵启迪。

针对文化资源的保护，主要就是为了将我国悠久历史中逐渐形成的物质与非物质遗产得以保留及延续下去，对前世有敬意、对后世有交代。而文化保护产业通过运用创新的数字化科学技术、先进的市场化管理理念，使文化资源的保护从被动接受保护变为主动促进保护，使我们当代的文化传承能够充分适应时代要求、有效应对时代挑战，让一些文化遗产，特别是一些偏远地区受众和传承人较少的非物质文化遗产，在市场经济的冲击中生存下去，继续作为中华文明肌理中的一部分更好地存在下去。

文化保护产业发展的另一个重要目标是推动文化产业的可持续发展。中华传统文化延续至今，靠的不仅是传承不断，更是在历代为了适应当时的需求和挑战而不断发展、融入新的理念和元素，从而使文化遗产增添了新的蓬勃生机和创新内涵，否则必将被时代所淘汰。文化保护产业为传统文化遗产提供了与当代市场相匹配的信息渠道，通过规模化生产、现代化营销以及将传统技艺与当代市场需求相匹配，对文化遗产进行发展创新，使文化遗产能够时刻保持生机活力。

文化资源的保护性开发，不仅要处理好文化资源本身的保护与开发的关系，还要实现文化资源开发与自然环境、人文环境协调发展的关系，以实现整个文化生态系统的共存和文化产业的可持续发展。要做好文化资源的存量保护，保护好其文化价值和文化理念；同时通过对文化资源进行合理的产业化开发和综合利用，做好流量保护和增值，实现其经济价值、社会价值和生态价值的高度统一和综合效益最大化；既要实现我国文化资源保护与开发的动态平衡，又要为华夏子孙后代留下类型多样、内涵丰富、价值不断增长的各种物质和非物质文化遗产，以实现传统文化传承、创新与文化产业可持续发展的目标。

以北京故宫博物院为例。故宫博物院是中国最大的古代文化艺术博物馆，保存有大量中国古代珍贵的历史文物。以前，人们只能通过排队购票参观的方式接触故宫文化，故宫纪念品也种类单一，大多数人在参观过一次故宫后，便再没有更多兴趣接触或了解故宫文化。但近年来，在原故宫博物院院长单霁翔的带领下，故宫博物院开始探寻利用文化创意产品开发的方式，拓宽故宫文化和精品文化遗产的展示渠道。故宫博物院以社会公众需求为导向，研发了大量既体现故宫传统文化特色，又与人们日常生活相结合的实用性强的文创产品，如故宫筷子、云起如意的领带、珐琅腕表、书画手机壳等，受到了广大消费者的追捧。正是通过这种产业化的发展，使以故宫藏品为代表的传统文化，以一种新的方式焕发新的生机，形成了庞大的文化产业集群。目前，故宫文创产品的市场价值已经超过了故宫门票的收入。

三、文化保护对文化资源产业化开发的影响

（一）文化保护是文化资源产业化的前提

文化资源是文化产业发展的前提和基础，只有珍贵的文化资源得到了充分、有效地保护，有了文化资源素材，才能在此基础上对文化资源进行开发，并将其与当代市场化运营、产业化运作相结合，从而发展出现代的文化产业。否则，文化资源的产业化就成了无源之水、无本之木，只是一个美好的空中楼阁。放眼世界，凡是文化创业发展得比较好的国家，无一例外都是重视文化资源保护的国家。以西方的文明中心罗马为例，放眼望去，全是三四百年历史的哥特式古老建筑，几乎很难发现一幢现代建筑的痕迹。正是在文化保护的基础上，成就了当今罗马文化旅游产业的繁荣。我国的故宫、万里长城等文化经典，都是建立在文化保护的基础上，才成为举世瞩目的文化旅游热点。

总体上看，我们致力于发展文化保护产业，必须以真实的、原生的文化遗产为基础，着力保护那些真正有文化质感，真正使民众感受到敬畏的文化印记，否则就是“伪文化保护产业”。

（二）文化保护是文化资源产业化的动力

文化资源产业化开发，前提是要有文化资源可供开发，否则文化资源

产业化开发就成了无源之水、无本之木。从世界范围来看，凡是文化资源保护得好的国家，也是文化产业发展得比较好的国家。古埃及的金字塔、威尼斯的水城、梵蒂冈的圣彼得大教堂、北京的万里长城、西安的兵马俑等，无一不是推动文化创业发展的强大动力与奠基石。

文化资源产业化是在文化保护的基础上，以文化创意为动力，以高科技为手段，推动文化产业发展的过程。文化资源保护，可以为我们留下大量宝贵的物质文化遗产与精神文化遗产，成为我们发展文化旅游产业、文化服务产业、文化贸易产业等文化产业的基础与出发点，同时也成为我们发展文化创意产业的灵感来源与动力源泉。正是基于对传统文化传承、创新与文化产业可持续发展的追求，最终促使文化资源的保护唤起新的活力，形成了庞大的文化保护产业系统工程。

（三）文化保护是文化资源产业化的核心内容

对文化资源的充分保护，必须体现在文化资源产业化过程中的方方面面。文化资源产业化之初的目的是文化保护与发展，把无形的历史资源兑现为有形的经济价值，提升一个国家的文化软实力。在产业化发展过程中，如何处理历史资源的保护与商业开发的关系，是影响文化产业发展的矛盾点和关键点所在，只有“不忘初心”，不断加强文化保护，才能为文化资源产业化提供源源不断的发展动力。文化保护需要大量的资金投入、技术投入、交易投入和人才投入，在此基础上形成的文化保护产业，本身就构成文化产业的主要组成部分，形成庞大的生产能力，是文化资源产业化的基本途径与内容之一。

以清明上河园为例，开封有着数不清的历史文化景观，道不尽的民俗传说，正是在保护这些文化资源的基础上，进行历史性、文化性和艺术性的多元融合，通过文化产业的大量投入，才形成了建立在一张宋代名画基础上的文化主题公园。在其建设过程中，所产生的包括产值与就业等经济效益是有目共睹的，而将大量的民俗文化遗产引入园内，所形成的对非物质文化遗产保护的社会意义也是看得见、摸得着的。总之，清明上河园在产业化发展过程中，很好地解决了文化保护与经济效益之间的关系，获得了巨大成功。

第三节
以文化保护为载体，推动我国文化传承与文化产业可持续发展

文化保护产业是随着文化产业的发展而出现的一个新兴产业，它涉及政府、企业与个人等保护主体的关系，文化资源的归宿与载体，文化资源的开发权、收益权等经济问题，需要协调好各方面的关系，才能够推进文化保护产业的健康发展。文化保护产业发展，其本质上是一种生产与经营活动，打破了过去在文化资源保护中“只见投入，不见产出”的尴尬局面。文化保护产业的发展，一方面，能够取得经济效益，拉动地区就业；另一方面，在生产经营中获得的利润能用来为文化保护提供资金支持，因而有利于我国文化的传承、创新与发展。

一、文化资源影响文化保护产业发展的作用机理

（一）资源保护需求为文化保护产业发展提供契机

当前，中国经济发展进入了新的历史机遇期，人们的生活水平已经有了显著提高，对于温饱等物质生活的需求已经不再紧迫，因此人们开始更多地关注文化层次的需求，从中华传统文化中找寻民族尊严和认同感，对于文化资源的保护也成为越来越多人关心的领域。同时，由于过去经济发展过程中存在不尊重文化遗产的现象，造成文化资源被大量破坏，使当前对文化资源保护的呼声很高，需求不断扩大。另外，大量的传统文化从业者，特别是非物质文化遗产相关手艺人在生活、生产、培训、传承方面面临困境，而市场化的运作可以帮助他们解决这些困难。

总之，由于长期以来对文化资源价值的忽视，导致文化资源遭到严重破坏，当今文化产业的大发展和对文化资源开发的迫切需要，都为发展文化保护产业的发展提供了契机。

（二）民间工艺为文化保护产业发展提供手段

文物是旧时光的产物，旧的技艺沿用至今，也有其安全与稳妥的意

味。在文化保护产业的发展过程中，民间传承的传统工艺，为文化保护产业提供了重要的手段补充。特别是在文化遗产的修复工作中，大家遵循的理念是“修旧如旧”，这就要求我们要从民间传统工艺中找寻方法，应用到文化遗产的修复中去，使文化遗产的维护过程尊重其本身被创造出来时的规则。

民间工艺是发展文化保护产业的主要手段。比如在对民间古宅的修复过程中，就离不开木匠、雕刻大师的手艺；在对南宋千手观音像的抢救过程中，就运用了民间濒临失传的传统髹漆工艺，而修复技艺本身也作为非物质文化遗产得以保护与传承；在故宫文物的修复过程中，虽然如今的涂料、木器工艺等都取得了长足的进步，但仍然采用了大量的传统工艺、传统配料，如在漆器表面修复中，仍然采用猪血混合石灰、糨糊等材料用于漆面涂抹，这样更能保证传统文物的原汁原味，使人们更真实地感受到传统文化遗产的独特魅力。

（三）科技创新为文化保护产业发展提供动力

文化保护产业发展，必须要借助科技创新。随着科技的发展，包括互联网、电子存储、多媒体、大数据等在内的高新技术的出现，为我们更好地保存和传播传统文化资源，提供了全新而又高效的手段。例如，结合当前的 VR 技术，可以将一些只存在于平面上的文化遗产的图片和描述，扩展为生动的三维动画，从而可以起到很好的保护与传承效果。

对于非物质文化遗产，仅靠图片和语音的讲解，远远无法传达其深厚的底蕴和内涵。而借助高科技构建的、多维信息交互的虚拟环境，可以动态地反映客观世界的存在，或是在意识世界存在的“意象”；对于物质文化遗产，科技的创新发展，改变了以前文物保护工作“头痛医头，脚痛医脚”的尴尬局面，现在，诸如“发射光谱分析仪器”“X 射线荧光光谱仪”“透射电子显微镜”“热释光仪”等技术已成为文物保护的主力军。将传统技艺与当代高科技相结合，能够使我们的传统技艺焕发新的生机和活力，从而更好地实现文化资源的保护和文化保护的产业化运作。

（四）“以人为本”为文化保护产业发展指明方向

以人为本，即认识到人是文化的创造者和拥有者，也是历史文化资源的重要载体。以人为本主要包括两个方面的含义：一是以人的文化需求，作为文化保护产业发展的方向；二是以保护文化传人与技艺，作为文化保护产业的对象与重点。

文化保护产业发展的目的是文化资源保护，而文化资源的保护最终目的是满足人的文化需求。特别是对于非物质文化遗产而言，人自身就是文化的载体和文化传承者，保护好文化遗产传承人本身就是发展文化保护产业。在文化保护产业的发展过程中，要时刻以人的文化需求为发展方向，而不是成为脱离人民群众的“空中楼阁”。这要求在文化保护产业发展过程中，一方面，要保证传统文化与现代人的生活需要相结合，同时注重传统文化的知识性、艺术性和实用性；另一方面，要注重对于非物质文化遗产传承人的保护，注重对文化保护产业从业人员的培训和支持。只有始终坚持“以人为本”的原则，始终以人的文化需要为发展目标，才能够使文化保护产业得以不断发展创新，才能够使文化资源保护事业生生不息，才能够有效延续民族文化血脉。

（五）文化传承构成文化保护产业的必然归宿

文化保护是为了实现文化的传承与发展，延续传统文化血脉，使传统文化发扬光大，提升民族核心竞争力。而通过文化保护产业的发展，使文化资源能够被保护下来、文化精神被继承下来，在此基础上发扬光大、实现文化创新，推动文化产业的发展。要着眼于文化保护，要以历史文化遗产传承为目标和最终归宿。文化资源保护的产业化发展，与其他领域的产业化模式有所不同，即文化保护产业的主要目标是着眼于对文化资源的保护，推动文化资源的长期存续与可持续利用，使中华文明的文化血脉得以延续、文化精神得以继承，是为了对历史、对文化、对祖先、对后代负责！

二、以文化资源传承为目标，发展文化保护产业的路径

（一）以文化传人保护为载体，延续民族文化血脉

从根本意义上说，无形文化遗产的保护，首先应该是对创造、享有和传承者的保护，以及技艺传承。联合国教科文组织《保护非物质文化遗产

公约》提出：努力确保创造、保养和承传这种遗产的群体、团体，有时是个人的最大限度地参与，并吸收他们积极地参与有关的管理。对文化资源的保护，尤其是在对非物质文化遗产的保护上，要重视对“人及其技艺”的保护。要通过财政支持、政策协调、教育培训等手段，加强对文化传人的生活照顾、对其继承人的教育培训，而不是仅限于对文化遗产物态成果的搜集、对文化传人的信息整理造册登记等表面工作，做一些本末倒置的事情。

保护文化传人，就是保护传统文化。当今社会，人力资源如今已成为第一资源，想要发展，人才是关键。中华文化传人就是那些普普通通生活在农村的老百姓，他们身怀绝技与高妙手艺，更接近非物质文化遗产的本来面目，是非物质文化遗产真正的灵魂。对于非物质文化遗产的传承，其依赖于传承人的代代相传，需要启动文化传人保护的系统工程。

中华文化博大精深、形式多样，发展文化保护产业，首要的是加强对文化传人的保护。近年来，我国加强了对文化传人的保护工作，对具有重要价值的民族民间文化遗产，国家采取了重点扶持政策，如对京剧、昆曲，分别成立了振兴京剧指导委员会和振兴昆曲指导委员会，采取各种措施予以扶持。到 2018 年 5 月，我国已经认定并且命名的国家级非物质文化遗产项目代表性传承人共计 3068 人①，对传承人的年补助达 1 万元，基层的地市、县级的文化遗产传承人就更多了。但是，从总体上看，相对于我国非物质文化传人的庞大数量来看，我们对文化传人的保护工程仍然满足不了现实需要，伴随着一些文化传人的老去与离世，有的文化遗产已经没有传承人了，很多非物质文化遗产出现传承环节的断裂，以致消失，成为浩瀚历史中的一颗颗流星，因此，我们需要从各方面继续加强对文化传人的抢救工程力度。

（二）以节庆活动为载体，光大非物质文化遗产

当前人们的物质生活极大丰富，日常文娱活动的需求日益扩大，特别是借助网络社交媒体的传播，节庆活动在人们日常生活中变得日益重要，

① 中国非物质文化遗产保护中心：国家非遗代表性项目代表性传承人数据统计。

起到对紧张地学习、工作等的重要调节作用。

中国的节庆活动种类繁多，构成中华文化的重要组成部分。从国家层面来看，我们有二十四节气，每个节气都可以变成节气活动。从地方层面来看，节日活动更是多得不可胜数，56个民族都有自己的节庆活动，其中藏族人口分布范围广，几乎每天都有节庆活动。还有汉族传统的春节、端午节、中秋节等重要节日，少数民族的火把节、泼水节等广受欢迎的特色民俗节庆活动。可以说在节庆活动方面可供挖掘的文化资源丰富而又多元。节庆活动是民俗文化的主要载体，是众多非物质文化因子的展示舞台，民俗节庆活动的产业化开发，一方面可以将文化优势转化为产业优势，另一方面更重要的是，它是非物质文化遗产的重要保护平台。民俗节庆活动意味着民俗保护主体向多元化方向转变，由被动保护向主动保护转变，将静态保护和动态保护相结合，在开发和保护之间形成一种良性的互动循环。结合旅游观光、餐饮服务、休闲娱乐等产业开展的节庆活动，能够有效地光大非物质文化遗产，传承优秀的民俗文化基因，成为发展文化保护产业的主要载体。

（三）以现代高科技和传统技艺为手段，大力发展文物修复产业

中国有着悠久的历史和文明，在各个时期也产生了丰富、多样的文物遗存，使我们得以一窥千百年前先人的生活，有些更是对历史的搜寻和印证起到了至关重要的作用。然而随着岁月的侵蚀，一些文物难免因各种复杂的原因而受到氧化、侵蚀，因此催生了文化修复产业。现代高科技的发展，如信息技术、3D激光扫描、3D打印、近景摄影、X光探伤、红外热成像扫描等高科技的出现，为传统修复打开了一扇新的窗户，这些技术在敦煌壁画、大足石刻、故宫博物院等文物古迹的修复工作中，都发挥了不可替代的作用。

当然，我国民间也存在着很多传统手工修复工艺，如文物字画的修复技艺，古老建筑的修复工艺、老旧木头房子的修复技艺等，可谓是数不胜数。这些手工技艺，本身就是中国文化传统的重要组成部分，在现代文物修复产业的发展过程中，更应该发扬光大、焕发青春，为我国文化保护产业的发展做出自己应有的贡献。

（四）以数字信息技术为手段，开拓文化保护新渠道

现代数字技术的出现，为文化保护产业的发展打开了另一扇门。在文化保护产业建设过程中，应当充分利用数字信息技术，将传统文化遗产以信息数据的方式，进行有效保存和管理，为文化遗产的传承和创新做出贡献。

目前，随着数字技术与新媒体技术的出现，数字技术在文物保护方面将发挥越来越重要的作用。尤其是在图书馆（书画、文字等）孤本、珍品文化资源保护方面，数字技术将发挥日益重要的作用。以文字记录、人物采访、摄影录像、物品收藏等为代表的传统文化遗产保护工作，目前已在我国不同层面的图书馆、博物馆广泛地开展起来，保存了大批珍贵的历史文化资源，历史文化资源数字化的保护与开发，已成为文化传承创新的重要途径。

近几年来，相继取得成果的虚拟紫禁城、数字圆明园项目，都为有效保护文化遗产、保存历史记忆、培养文化情操，提供了一种崭新的手段。在未来文化保护产业发展过程中，类似的通过数字化的方式将文物古迹、传统技艺、文化遗产转化为数据进行存储、传播，防止遗失和失传，并借此使人们更易深入地了解这些平时较难接触到的文化遗产，使我国种类繁多的文化遗产能够产生更大的社会效益和经济效益。

（五）以智慧城市建设为载体，发展城市文化保护事业

城市是文化的容器，记载了人类的发展历程，积累了人类发展过程中的物质财富和精神成果。城市文化不仅是人类智慧和思想的结晶，同时具有强大的融合性和地域性，代表了一座城市的个性和形象。城市，因为有文化，才会有智慧。近年来，中国城市化进程中出现急于求成、模式化、千城一面、毫无特色的现象，片面追求经济效益和表面成效的城市发展模式，最终导致城市文化缺失、人文精神缺失等现象。

针对出现的各种各样的城市病，有学者开始强调城市特色、城市文化发展的重要性，提出文化造市、文化强市、文化兴市等概念，“人文型智慧城市”概念也应运而生。智慧城市强调在城市全面数字化、信息化和技

术化进程中要重视文化的嵌入，关注城市历史、城市文化及城市与人的关系，发挥城市与人真正的智慧，实现城市的可持续发展。

智慧城市建设是随着信息网络技术的发展，而提出的新兴城市发展规划方向，借助物联网、云计算、互联网、大数据等技术，使城市信息高效融通、数据迅捷处理，实现城市管理快速观察、快速决策、快速规划的目标。在城市文化资源保护产业建设中，搭乘智慧城市建设的快车，对城市文化资源保护进行统一管理、直观统筹，将文化遗产数据通过智慧城市物联网、互联网拉近其与民众的距离，使普通人能够近距离感受城市文化遗产、传统技艺的独特魅力。

以河南开封市为例，开封作为历史文化名城，同时也是“互联网＋文化”建设智慧城市的范例。全市90个景点、街道、特色建筑入选“全民接力话汴京”工程，在其显著位置布置语音导览标志，方便游客近距离深入了解开封历史文化，大量的民间记忆也通过智慧城市的建设得到了挖掘和存储。另外，陕西省西安市在国际文化大都市建设中，针对历史文化资源过于丰富的特点，提出了建设100个城市历史文化博物馆的宏大设想，并正在一步步地付诸实施。

借助智慧城市建设，在未来，城市发展与传统文化记忆将紧密融合，告别城市建设的千篇一律，形成自己的文化特色。此外，借助信息技术，遗址古迹还能够得到实时监测，监控参观容量、文物腐蚀状况，为文化遗产的保护开辟新的路径与渠道。

（六）以乡村旅游建设为契机，传承与创新民俗文化遗产

当前，中国城市化发展迅速、城市人口不断扩大、城市生活日益紧张，越来越多的人开始利用周末与黄金周的时间，逃离城市，其目的是追求乡下清新的空气、传统的文化氛围与民俗娱乐活动。在此背景下，乡村民俗文化旅游活动日益红火起来。

乡村旅游要形成特色，离不开对丰富多彩的民俗文化资源的深入挖掘与创新。通过发展乡村旅游，不仅充分利用了民俗文化的传统价值为乡村旅游发展服务，开发出一种持续的新农村旅游方式；而且还使各种民俗文化发扬光大，有效传承并保护了民俗文化资源，从而形成了一种乡村旅游

与民俗文化保护之间的良性互动机制。

很多传统民俗文化都集中在偏远乡村，有些更是在少数民族聚居区，这些乡村多风景优美、民风淳朴，吸引了大量城市旅游者去放松心情、体验民族风情。因此在乡村旅游建设中，将其与传统民俗文化相结合，形成一种文化保护产业的手段，既能丰富乡村旅游的内涵和文化底蕴，又能促进民众对于偏远地区传统民俗文化的深入了解，同时还能拉动就业、提高当地村民的生活水平。发展乡村旅游是推动乡村传统文化传承和创新的重要舞台，恢复与保护这些曾经失落的乡村记忆与传统文化，是保持民俗文化的纯真性与地域性的重要手段。

（七）以文物保护法为准绳，推进文化保护事业发展

文化保护产业的发展，离不开法制化手段。经过改革开放 40 多年的发展，中国的文化保护法目前基本上已经形成了比较完善的法律体系。从国家层面，全国人大常委会 1982 年制定了《中华人民共和国文物保护法》，最近一次修订在 2015 年完成。我国的 32 个省、市、自治区，以及各大城市，都有了自己的文物保护条例；此外，在一些少数民族聚居的自治地方，还颁布了一些自治条例和单行条例，如西藏自治区、云南丽江和西双版纳等地都有结合民族地方实际的文化保护条例。

可以说，中国当前关于物质文化遗产保护的法律体系已经较为完善，在文化保护过程中，必须依法、守法，防止用产业化的手段造成对文化遗产的破坏，反而得不偿失。文化保护产业的发展要以对文化遗产的保护为主要目标，在此基础上通过市场化、产业化的方法合理利用，从而促进文化的传承和发展。

文化保护事业发展的关键在于落实、执行文化保护法的相关法律与条例。在城市旧城改造运作中，在社会主义新农村建设中，对于有可能损毁文化资源的行为，要实现一票否决制；要通过宣传文物保护法，增强人们的文物保护意识，从而达到全民保护文化遗产的效果。

三、文化保护与产业开发的模式选择

文化资源的类型多种多样，导致文化资源的保护手段与路径不一样，

由此形成了多种类型的文化保护与产业开发模式，归纳起来，主要有博物馆式保护与开发模式、遗址保护与整体开发模式、文化遗产保护与旅游开发模式、城市历史街区保护与开发模式、古村落保护与开发模式、主题公园保护与开发模式等。

（一）博物馆式保护与开发模式

博物馆式保护与开发模式是指以博物馆为载体，将历史文化遗产植入其中，将博物馆作为社会教育传播平台，在文化旅游、展览、文化休闲、文物复制品生产、销售等行业和领域切入文化创意产业链，进而形成的文化保护与开发模式。博物馆开发模式主要包括公共博物馆、数字博物馆、民俗博物馆等文化保护与开发模式。

通过博物馆将文物等历史文化资源进行归类保护，同时加以适当的方式进行展览和文化创意，可以发挥其观赏价值、教育价值和经济价值。具体来说，可以运用信息技术、互联网、多媒体、新媒体等高科技手段，整合不同类型的文物资源，打造具有各地文化特色、体现文物事业发展、高科技含量的历史文化博物馆，使观众可以通过网络等现代化设备，随时随地、不受限制地访问一个个内容丰富的博物馆，推动影视文化产业发展。博物馆作为保护文化遗产、传播民俗文化的重要窗口，也可以定期举办一些民俗活动，传播优秀的民俗文化知识，有效保护、利用、开发各地独特的民俗资源，弘扬民族文化精神。

（二）遗址保护与整体开发模式

遗址保护与整体开发模式是指以物质文化遗产与非物质文化遗产保护与开发为对象，将整个遗址区进行整体保护和产业规划的产业开发模式。遗址保护与整体开发模式可采取建立遗址主题公园形式；或将遗址区与风景区结合，建立文化遗产旅游景区；或将整个遗址区与周围自然风光相结合，建立遗址森林公园；或将遗址保护与现代农业园区结合，建立历史文化农业园区等。例如三星堆，就是在遗址保护的基础上，打造了三星堆博物馆供游人学习参观，推动了文化旅游产业的发展，从而达到了遗址保护与整体开发相结合的效果，取得了较好的经济效益。

（三）文化遗产保护与旅游开发模式

文化遗产旅游开发模式是指以文化遗产为中心，以其他自然景观、文化景观、民俗景观、纪念品为支撑，将物质文化遗产及周边景观整体开发成为主题公园或旅游景区（点）的文化产业开发模式。文化遗产旅游开发模式较为常见的有开发节庆旅游活动、民俗旅游村、文化园区等。在这方面，十三朝古都西安做得最好，兵马俑、华清池等著名的景区都是建立在文化遗址的基础上，通过文化创意手段，最终达到了文化遗产保护与旅游开发的双赢效果。

（四）城市历史街区保护与开发模式

城市历史街区保护与开发模式是指以历史文化遗存丰富的城市街区为保护与开发对象，对具有特殊的建筑或历史价值，需要外观保存或内容整治的地区，进行整体保护和产业开发的模式。城市历史街区保护与开发要采取持续性的保护与整治手段，因地制宜地进行扩建或改建，并注重环境协调性和静态建筑与活态居民的一体化保护，注重历史街区的原生态和整体性。在这方面，上海的南京路、田子坊，杭州的河坊街等，都是城市历史街区保护与开发的成功案例。

（五）古村落保护与开发模式

古村落保护与开发模式是指以文化遗存丰富的农村村落为对象，对具有乡村文化意义的建筑或民俗文化进行系统性的整体保护和开发的产业发展模式。

近年来，随着新农村建设的深入，我国古村落的保护与开发已经形成了很多模式。如在古村落旅游开发中，所采用的模式多是合理利用古旧民房，允许村民进行适度装修，统一风格，改造与古村落风格不协调的房子，以减少对古村落原生态风貌的破坏；或是经过有关专业部门批准，允许居民按照仿古风格进行装修建设，并且允许居民以餐饮、住宿、工艺品销售、门票收入分成等形式，参与到整个村落的文化旅游开发中去。

（六）主题公园保护与开发模式

主题公园保护与开发模式，是指在具有一定文化底蕴的区域（园区）内，通过确定文化主题，仿造民俗环境、表演民俗节目或人们在生产、生活中的某些文化活动，结合自然景观，形成文化资源集中保护与展示，并让旅游者参与体验的一种文化旅游产业发展模式。

主题公园保护与开发模式具有广泛的内容包容性，任何物质和非物质文化遗产，都可以主题公园的形式进行专题保护。世界上很多文化与生态遗址公园都是以主题公园的形式得到了保护，如杭州的宋城、徐州的台儿庄，都是这方面的典型范例。

第七章

促进我国文化资源产业化开发的对策研究

文化资源与其他资源不一样，文化资源的产业化开发涉及意识形态、文化安全等敏感问题，这就不可避免地会受到各级政府的监管与政策干预。而政府相关部门的这种干预，有时有助于推进文化资源产业化的进程，有时又会阻碍文化产业的发展。如何在尊重经济规律与文化安全的前提下，进一步促进文化资源产业化开发，最大程度地满足人民群众多样化、多层次的文化需求，是文化产业发展过程中需要解决的一个基本问题。

第一节 我国文化资源产业化开发的现状

近年来，我国文化产业发展取得了很大的成绩，在对文化资源开发利用的基础上，我国已经成为文化产业发展大国，但也存在着许多经验教训与不足，主要表现在对文化资源保护不够，造成了文化资源的消失与破坏比较严重，从而使得我国文化产业的可持续发展面临挑战。

一、我国文化资源概况

（一）我国历史文化资源禀赋概况

作为世界四大文明古国之一，中华民族具有五千年的历史，源远流长，生活在这片土地上的56个民族，长期以来融合发展、相互交流，形成了以汉文化为主体、多民族文化共存的大一统华夏文明。博大精深的中华传统文化民族特点独特、鲜明，内涵丰富，儒、释、道思想宏大精深，古典美学令人陶醉，并早已融入每一个中国人的骨髓，成为大家共有的精神基因与文化遗产，成为我国文化软实力的主要体现和文化产品的核心竞争力。文化资源丰富、文化底蕴雄厚，这构成了我国文化资源产业开发的重要保障。深入挖掘传统文化资源，并兑现其历史文化价值，是推动中国文化产业发展的必由之路。

从世界范围来看，目前评判一个国家的历史文化资源禀赋，一个比较令人信服的标准是联合国教科文组织的世界遗产名录和非物质文化遗产名录。中国于1985年12月12日正式加入《保护世界文化与自然遗产公约》；1986年，中国开始向联合国教科文组织申报世界遗产项目；1999年10月29日，中国当选为世界遗产委员会成员。目前，中国世界遗产总数达到55处，居世界第一，其中世界文化遗产32项、世界文化景观遗产5项、世界文化与自然双重遗产4项、世界自然遗产14项，成为是世界上拥有世界遗产类别最齐全的国家之一，也是世界文化与自然双重遗产数量最多的国家（与澳大利亚并列，均为4项），其中有14项世界自然遗产位居全球第一。中国的首都北京是世界上拥有遗产项目数最多的城市（7项）①。

从非物质文化遗产来看，国务院先后于2006年、2008年、2011年和2014年公布了四批国家级项目名录（前三批名录名称为“国家级非物质文化遗产名录”，《中华人民共和国非物质文化遗产法》实施后，第四批名录名称改为“国家级非物质文化遗产代表性项目名录”），共计1372个国家级非物质文化遗产代表性项目（以下简称“国家级项目”），按照申报地区或单位进行逐一统计，共计3145个子项，涉及国家级非物质文化遗产代表性项目保护单位3154个。经过十多年来的不懈努力，截至2016年底，中国被纳入联合国教科文组织的非遗名录（包含“急需保护名录”）的非物质文化遗产项目已达39个，中国已经成为世界上拥有世界非物质遗产数量最多的国家②。

① 《中国世界遗产名录》。

② 中国非物质文化遗产网、中国非物质文化遗产数字博物馆：国家级非物质文化遗产代表性项目名录。

可以说，我国丰富的历史文化资源，正是我国发展文化产业的基础，是文化创意的重要动力源泉。如何保护和利用好我们丰富的历史文化资源，是文化资源产业化过程中需要优先考虑的问题。

（二）我国现代文化资源存量概况

1. 现代物质形态文化资源概况

现代物质形态的文化资源主要是各种类型的现代建筑资源。我国现代建筑是指1949年中华人民共和国建立以后，直至目前这段时间的建筑活动。我国很多标志性的建筑不仅创造了巨大的经济价值，也因为其独特的设计理念、先进的技术和别具一格的外观创造了极高的文化和艺术价值。这些建筑以上海环球金融中心、东方明珠，北京的国家体育馆（鸟巢）、国家大剧院，广州的广州塔，台北101大厦等为代表。现代建筑资源的文化属性体现在两个方面，一方面，在设计、建造的过程中，需要大量的知识、技术和相关领域人才。建筑并不只是力学和工程的结合，也是美学和艺术的创造，这就使得这些建筑物一建成就具备了很强的文化属性。另一方面，这类建筑的存在不仅创造了经济价值，也成为城市的地标和品牌、旅游目的地。这些建筑具备现代文化资源的各种特征，它不仅可以从多方面满足人们的工作生活需求，也从某些方面满足了人们的精神需求。

2. 现代知识形态文化资源概况

知识形态的文化资源主要依赖于人们的脑力劳动，用于满足人们多层次的精神文化需求，可以从从业人员、受众群体数量、场所条件等方面考虑。在现代知识形态的文化资源中，动漫资源和会展资源可以作为主要代表，成为重点考察对象。

（1）动漫资源。我国动漫产业产值总体呈逐年增长态势，目前我国有动漫类企业4600多家、从业人员约22万人。2018年我国动漫产业产值为1712亿元，电视动画生产数量为241部，时长为8.63万分钟。2013～2019年我国动漫电影票房和数量占总电影票房和数量的比重呈波动上涨态势，2019年我国动漫电影数量占总电影数量比重为14.46%，动漫电影占总票房比重为11.48%。作为动漫产品主要受众，2015年我国核心二次元用户规模达到5939万人，二次元用户总人数近2.19亿，覆盖了62.9%的"90后"和"00后"群体；动漫用户中，男性和女性各占一半，差距较小；年龄方面，"90后"至"00后"用户占绝对主导优势，25岁以下用户占比超过61%，25~40岁具有一定消费能力的"80后""90后"用户占比31.67%，数量也较为可观，巨大的受众数量成为动漫行业持续发展的内生动力。随着5G时代的来临，4K、AR、VR等技术已经对游戏、直播等文娱领域产生巨大利好，新技术的运用将动漫内容的生产带入精细化运作的时代，深度的算法也将提供可靠的数据支持，多元的合作方式并不会影响数据的可追溯性，营销效率将在技术进步的基础上得到支撑①。

（2）会展资源。2019年，中国境内共举办经贸类展览3547个，展览总面积达到13048万平方米，其中5万平方米以上大型规模展览占比达57.6%；全国91家组展单位共赴73个国家参展办展1766项，比上年增长5.6%；展出面积92.13万平方米，比上年增长11.0%；参展企业6.1万家，比上年增长2.9%。同时，得益于"一带一路"建设高质量发展，全国77个组展单位共赴30个"一带一路"沿线国家组织办展697项，占办展项目总数的39.5%；展出总面积41万平方米，占办展总面积的44.5%，参展企业2.6万家，占参展企业总数的42.3%。2019年，全国展览馆数量达到173个，比上年增长5.5%；室内可租用总面积约1076万平方米，比上年增长9.3%。有6个展览馆租馆率在60%以上，比2018年增加2个；20个展览馆租馆率在30%~60%之间，与2018年持平；50个展览馆租馆率在10%~30%之间，比2018年增加1个。目前，中国展览业的市场规模在全球居于首位，业态模式多元化发展，资源整合日益深化，行业结构和区域布局持续优化，对于国民经济发展的促进作用和影响力进一步提升，在推动经济发展方式创新，引领产业转型升级，推动经济社会高质量发展等方面发挥着重要作用②。

---

① 2020年中国动漫行业发展现状及动漫行业发展趋势分析［EB/OL］．中国产业信息网，2020-06-19.

② 《中国展览经济发展报告（2020）》。

二、我国文化资源产业化开发的现状

（一）我国历史文化资源开发现状

文化资源产业化开发是建立在文化资源保护的基础上的，对于历史文化资源的保护，自中华人民共和国成立以来，我国的重视程度一直比较高，各式各样的历史文化资源大都得到了系统性的保护。按照“保护为主、抢救第一、合理利用、加强管理”的文物保护方针和“保护为主、抢救第一、合理利用、传承发展”的非物质文化遗产保护方针，我国已逐步构建起了科学有效的文化遗产保护体系。2018 年底，全国共有文物业机构数 10160 个，从业人员 16.3 万人。1998 ~2018 年，文物业机构数年均增长 5.3%，从业人员数年均增长 4.6%，其中，2013 ~2018 年的年均增速分别为 8.8% 和 4.5%。截至 2018 年底，全国重点文物保护单位总数已达到 4296 处，较 1961 年公布的第一批全国重点文物保护单位 180 处，增加了 22.9 倍；我国世界遗产总数已达到 53 项，位居世界第二；全国共有国家级非遗项目保护单位 3154 家，入选联合国教科文组织人类非物质文化遗产代表作名录的项目总数达 40 个，是目前拥有世界非物质文化遗产数量最多的国家①。

在历史文化资源的开发上，以我国的十大名胜古迹万里长城、桂林山水、北京故宫、杭州西湖、苏州园林、安徽黄山、长江三峡、台湾日月潭、承德避暑山庄和西安秦兵马俑为代表，这些景区目前都做到了在文化资源保护的基础上进行适度的产业化开发。以北京故宫为例，自 2012 年故宫博物院年度接待观众人次首次突破 1500 万人次，截至 2018 年 6 月 22 日，故宫博物院六年来累计接待观众达到 1 亿人次；同时，北京故宫还设计研发文化创意产品 8683 种，文化产品销售额达到 10 亿元②。

除此之外，国家文化和旅游部还评定了 247 家国家 5A 级旅游风景区，并建立了一套严格的准入、管理、退出机制，以确保其能够为广大人民群

---

① 余仁俊．文化事业繁荣兴盛 服务体系日趋完善［EB/OL］．国家统计局网站，2019 -09 -09.

② 故宫博物院六年来累计接待观众达到 1 亿人次［EB/OL］．央广网，2018 -7 -21.

众提供高质量的服务，最大限度上满足消费者更高质量的文化消费需求。

除了对历史文化资源中物质文化资源的开发以外，近年来，我国还加大了对非物质文化遗产的保护和开发。如川剧、昆曲在国内外的大规模演出，剪纸、杨柳青年画的热销等。目前我国已经建立了大量非物质文化遗产数字博物馆，对我国的非物质文化遗产进行宣传和保护。除此之外，还设立了文化传承人保护工程，主要是开展对非物质文化遗产传承人的保护，涉及民间文学、民间美术、传统手工技艺、传统医药等5大类134个项目。与物质性文化遗产的开发相比，目前我国的非物质文化遗产的产业化发展，还处于产业化发展的初级阶段。总体上看，非物质文化资源中得到有效开发的资源数量少、种类单一、形式不够丰富、受众群体有限，创造的经济价值相对较低。

（二）我国现代文化资源开发现状

1. 物质形态文化资源开发现状

现代物质文化资源的开发主要体现在文化主题公园、博物馆、图书馆、体育馆、科技馆、城市地标等建筑文化资源的开发上。经过改革开放后40多年的发展，所有的大、中、小城市配套都建立了公共文化设施，基本满足了广大人民群众日益增长的精神文化需求。从和人民关系比较紧密的图书出版产业发展情况看，2015年，全国出版、印刷和发行服务实现营收21655.92亿元，比2014年增长8.46%；利润总计达到1662.08亿元，比2014年增长6.29%。2016年全国范围内，出版机构共出版319147种书籍，按中国图书馆分类法分类（五级）划分，马列主义、毛泽东思想、邓小平理论类图书565种，哲学类图书8106种，社会科学类图书248355种，自然科学类图书58802种，综合性图书3319种。此外，从和人民精神生活密切相关的休闲、娱乐和购物场所看，截至2016年第一季度，我国一、二、三线城市已有3547个建筑面积在2万平方米以上，主要提供休闲和购物的建筑场所，建筑面积达35284.5万平方米，总计经营面积达23040万平方米[①]。

① 2016年中国出版发行行业发展状况及行业细分市场情况分析。

总体上看，随着国家对文化设施投入的加大，以及市场的放开，广大民营企业也融入现代文化产业的开发浪潮，各种类型的物质形态文化资源开发目前都处于快速增长时期。

2. 知识形态文化资源开发现状

21 世纪是知识经济时代，现代知识形态的文化资源种类繁多，这里以电影资源、电子游戏资源、教育培训资源等为代表，来探讨我国知识形态的文化资源产业化开发现状。

（1）电影资源的产业化。2016 年，中国电影银幕以每天增加 26 块的速度递增，目前，中国电影市场的银幕数量已经超过 4 万余块，跃升至世界第一。根据相关统计，2016 年全年，我国共制作故事片 772 部、动画片 49 部、科教片 67 部、纪录片 32 部、特种片 24 部，总计 944 部，其中，故事片数量和影片总数量比 2014 年增长 12.54% 和 6.31%①。2016 年票房超过 1 亿元关口的影片共计 84 部，其中国产电影有 43 部。截至 2016 年 12 月底，全国票房总量已近 440 亿元，总观影人次增长 9.5%，达到 13.8 亿人，首次超过中国人口总数②。这一数据也首次登顶全球，证明了我国电影产业的蓬勃发展。

（2）电子游戏资源的产业化。2016 年，我国游戏产业销售额达到 1656 亿元，同比增长 17.7%；我国游戏注册用户达到 5.34 亿人，同比增长 3.3%③。在诸多细分领域中，移动游戏产业是份额最大、增长速度最快的细分产业。移动游戏产业销售额为 819 亿元，比 2015 年增长 59.2%；手机游戏用户达到 5.28 亿人，同比增长 15.9%④。与游戏相关的还有游戏直播，2016 年全年，游戏直播注册用户数量突破 1 亿人次关口。游戏直播平台的活跃用户数量快速增长。

（3）教育培训资源的产业化。2015 年全年，中国教育培训机构总量约为 14 万家，保持着高速增长态势。据不完全统计，2015 年我国教育培训市场规模为 8821 亿元，其中语言、IT 类型的培训机构占比最高，分别占全部机构总量的 27.80%、17.30%⑤。预计 2016 年教育培训产业增长会保持每年 13% 左右的增长率，市场规模将突破一万亿元⑥。我国的教育培训

①②③④⑤⑥ 2016 年中国出版发行行业发展状况及行业细分市场情况分析。

产业目前还处于上升期。

总的来说，我国的文化资源开发目前呈现出“百花齐放、百家争鸣”的发展势头，多个领域迅速发展，市场反响热烈，资本大量涌入并呈现出欣欣向荣的景象，基于文化资源产业化开发的文化产业发展，已经成为我国 21 世纪经济发展新的增长点。

第二节 我国文化资源产业化开发面临的问题及原因

我国拥有的历史文化资源丰富，开发潜力巨大。但我国的文化产业发展并不是世界第一，可谓是“文化资源大国，文化产业小国”。这样就产生了一个疑问：我们的文化资源产业化过程是不是存在问题？如果存在问题，那么造成这些问题的原因是什么？这都是目前亟待解决的问题。

一、我国文化资源产业化面临的问题

（一）文化资源开发过程中破坏严重

我国的传统文化资源具有数量大、种类多的特点，但存在开发不充分、利用不科学、过分注重形式而轻视文化内涵、不能充分体现传统文化的历史感和价值等问题。与此同时，现代文化资源的开发还处于刚刚起步的阶段，存在急功近利、简单粗暴，导致现代文化资源的开发具有不可持续性。“重开发，轻保护”，在开发文化资源的产业化过程中，以牺牲文化生态环境为代价片面追求经济效益，是文化资源开发过程中存在的主要问题。

在文化资源产业化的过程中，对文化资源的浪费、破坏现象屡屡发生。例如，在举世闻名的秦都遗址开发过程中，新城多处项目涉嫌违法，违规单位甚至有位于秦汉新城的新咸阳博物院。博物院的重要功能之一就是发掘和保护文物，却也直接或间接对文物造成了破坏，秦代高等级礼制乐器差点被当成建筑垃圾，这样的行为对历史文化资源的打击可以说是毁灭性的。相似的例子还有：广东开平市的碉楼，在过度开发之后，导致游

客满意度急剧下降。这些开发没有合理利用自身独特的文化资源，都是对文化资源的浪费、践踏。

（二）文化资源价值挖掘深度不够，导致文化产品雷同

现阶段由于文化创意水平较低，造成非常多的文化产品的内容空洞、形式相同，没有主旨精神和文化内涵，相互抄袭成风，文化产品结构雷同，对文化产业健康持续的发展造成不利影响。典型的例子是近几年来，在我国各地出现的古镇同质化开发现象。这些分布在全国各地的古镇，无不号称自己所具有的独特历史文化背景，别具一格的人文气息，通过政府、企业投入大量资金进行宣传改造。但是等到游客到来时，却无一例外地用鳞次栉比的商店迎接着他们，里面销售的产品也都大同小异，这些商店主要由特色餐饮、酒吧、手工艺品销售、零食小食摊位组成。走在不同的古镇、古街，却有着几乎完全相同的感受：耳旁是嘈杂的叫卖吆喝声，闻到的是油炸烧烤或清蒸食材的味道，视线所及到处都充斥着大小不一、色彩斑斓的招牌。这样的古镇开发并没有让游客体验到不同地域的文化，只是换了面貌的商场和互联网线下体验店。

总体上看，我们在文化资源的开发上，存在着简单粗暴、急功近利的想法，缺乏一个整体的规划和战略，同时又在开发的过程中缺乏创新创意等问题。

（三）文化资源开发政策不健全，存在过度监管问题

我国文化资源开发政策存在的问题可以用“缺、弱、变、散、乱、粗”六个字来概括。它们分别是：政策缺失、无法可依的现象依然存在；相关产业政策对文化资源的保护、扶植力度偏弱；政策多变，缺乏必要的稳定性；产业政策针对性不强，重点不突出；各部门政策缺乏统一协调性；一些规定过于原则，可操作性差。

在文化资源产业化开发过程中，还存在着监管政策在制定阶段不透明，执行过程中不公开，过度监管、缺乏行业自律组织和社会角色参与等问题，使得对文化资源的监管成为“一言堂”，没能协调文化资源开发过程中的各个主体，造成了政策执行阻力较大，虽然监管力度大，但是效果

并不理想。审慎监督并不是一味地对文化资源开发的所有主体、所有领域进行全方位、无差别的监管，那种喊着维护秩序的口号，目的是守住既得利益、埋葬新生事物的行为，既会断送文化资源产业化开发，也会“堰塞”我国文化产业转型升级的机会。

（四）文化资源保护与开发中融资渠道单一，资金匮乏

我国文化资源保护和开发的过程中存在着“融资难”问题，主要是由宏观和微观两个方面的因素造成的。

宏观层面的政策法律等方面的原因主要表现在，我国的资本市场不成熟、缺少针对文化资源产业化开发的项目融资和相关金融服务体系。文化资源的开发和保护有其自身的特点，与大部分制造业、金融业等行业具有显著的不同，其无形资产占比大、固定资产少，且无形资产的价值难以合理评估。如果以一般的行业为标准，文化资源开发和保护的大多数主体很难满足现有的金融领域的融资标准。而面对这样的风险，又缺乏对投资者的权益保障机制，使得对文化领域感兴趣的投资者望而却步，文化企业的融资难度进一步加大。

微观层次的原因主要是文化企业自身的局限造成的。我国文化领域的企业现阶段多为中小企业，中小企业没有雄厚的资金实力，技术水平低、创意创新能力弱，企业内部管理存在多种潜在风险，其经营的不确定性高、文化产业贷款面临的风险大，由此导致通过银行贷款融资困难等。

（五）文化资源开发层次低，存在过度产业化现象

长期以来，文化资源产业化开发过程中，存在创新能力弱，开发层次低等问题，导致很多文化资源开发陷入低俗丑陋的表演、拜金主义、油腔滑调的娱乐消遣、程式化的哗众取宠，一些早就被历史抛弃的文化垃圾又被抬出来招摇过市。每一个新鲜词汇的出现，都成为社会大众舆论的焦点。这些问题的存在，是因为我们对文化资源的认识和开发层次不高，在没有完全理解文化资源本身的价值之前，就急于将文化资源转化为文化产品来获取利润。过度地迎合低级趣味，是对历史文化资源极大的不尊重，

也可以说是在诱导低俗文化，这样对文化资源的开发，不仅容易导致“信仰危机”，更会弱化主流文化的价值，也是对文化资源的浪费和破坏，对文化资源造成短时期内难以修复的影响。

过度产业化的问题在非物质文化遗产（以下简称“非遗”）的开发过程中表现得尤为明显，对非物质文化遗产的损害也比较严重。过度开发会破坏非物质文化遗产的精神、文化内涵，曲解非遗的文化典故、意蕴，对非遗的内在文化属性及精神含义造成严重伤害。还有一些开发过程中随意对非遗进行改编、重复与扩散的行为，使得原始非遗物质形态发生变化，例如：把具有独特性的手工艺简单扩充为规模化、机械化的流水线生产，以扩大产量之名，损害了非遗手工艺技术传承的“命脉”；忽视文化承载能力，不设人流限制，盲目增加参观人数，带来非遗难以承受的游客数量；甚至有一些非遗文化资源成为少数人群的“私人会所”，成为他们举办个人娱乐活动的场地，降低了非遗的文化价值。

总之，非遗的过度产业化对非遗的物质形态及文化内涵造成了难以估计的破坏，对非遗的传承和保护造成了严重的负面影响。

二、我国文化资源产业化开发问题形成原因分析

（一）缺乏对文化资源的价值认识，忽视对文化资源的保护

文化资源开发的过程中，对文化资源的价值认识不足，缺乏对文化资源的保护，由此造成了在文化资源开发过程中大量的浪费、破坏现象。造成这样问题的主要原因有两个：一是急功近利，在很多时候一旦做出了对文化资源开发的决定，就盲目追求“多、快、好、省”，对文化资源的开发没有合理的计划和安排，一味追求文化资源的快速变现，或迅速增加规模，以实现扩张，这是对文化资源不合理利用所造成的破坏；二是在经济建设中忽视文化资源的历史文化价值，在城市化、工业化过程中，为了追求其他经济领域的利益，大规模地、盲目地实行旧城改造工程，直接或间接地牺牲相关的文化资源，这对文化资源的破坏往往更加彻底，对文化资源的破坏将是不可修复的。

近些年来在一味地强调城市化建设的过程中，对传统村落、民俗的破

坏尤其严重。传统村落是指那些同时拥有物质文化遗产和非物质文化遗产、具有极高的历史价值和文化价值的村落。这几年来，随着我国城镇化进程的快速推进，传统村落的消失速度加快。中国村落文化研究中心研究人员早在20世纪80年代中期就开始着手对我国“江河流域”（即长江流域与黄河流域）以及其他广大地域的传统村（镇）落的政治、经济、文化情况开展田野调查。特别是2009～2010年，中国村落文化研究中心20个课题组267人集中对我国长江、黄河流域以及西北、西南17个省113个县（含县级市）中的902个乡镇传统村落文化遗存进行了为期25天至30天不等的综合性复查。据“遗存实情”记录统计数据显示，传统古村落生态状况令人担忧。这些地域中，颇具历史、民族、地域文化和建筑艺术研究价值的传统村落，2004年总数为9707个，至2010年仅幸存5709个，平均每年递减7.3%，每天消亡1.6个传统村落。国家住房和城乡建设部调查发现，过去几十年中国的城市化、工业化发展过程中，大量传统村落已经消失，现存数量的传统村落仅有全国行政村总数的1.9%。根据专家学者最新的测算，目前全国仍有较高保护价值的传统村落的数字已经低于5000[①]。

城市化过程中对传统村落的影响绝不仅仅是对土地的占用，还有民间文化艺人的流失，鼓楼、禾仓、古井、古道等器物文化遗产的破坏。大寨是贵州黔东南北部地区最大的侗寨，曾是中国保存最完整的侗族村寨之一。然而，2015年3月的一场大火，却让有着300年历史的侗寨几乎毁于一旦。针对这次火灾，黔东南州住建局副局长顾华先评价道：木制房屋防潮防湿，火灾成为最大的安全隐患。而村里的年轻人多外出打工，使得村落的主体流失，导致传统建筑无人维护、传统文化无人传承，也是造成这次事故的重要原因。要想避免传统村落的快速消失，必须从重新定位文化资源价值、树立文化资源保护观念做起。

（二）文化资源保护体制不健全

中华人民共和国成立以来，我国已经建立了一整套文化资源保护体系，出台了相关的文化保护法律法规，对我国的文化资源总体上形成了较

① 胡彬彬．我国传统村落及其文化遗存现状与保护思考［N］．光明日报，2012－01－15.

好的保护作用。但是由于文化保护体制建设的滞后，文化资源保护的措施缺失，这些法律法规只是集中出现在特定类型的文化资源上。

以城市中的历史建筑被破坏为例，2017 年上海巨鹿路 888 号优秀历史保护建筑被业主拆毁，重建成钢筋水泥浇筑的现代建筑的消息引发了全国人民的关注。被拆的巨鹿路 888 号，设计者是从俄国战俘营逃到上海的匈牙利人邬达克，他还设计过“远东第一楼”国际饭店、大光明电影院等 25 个上海市优秀历史建筑。888 号的问题绝不仅仅只是一个个案，而是一个城市内部建筑文化资源保护问题的缩影。位于巨鹿路的 12 栋洋房，除了巨鹿路 886 号洋房能够保留历史风貌以外，其余 11 栋洋房几乎全部进行过各种形式的改造，只不过其他洋房的业主没有像 888 号的业主那样彻底地对洋房进行拆除①。其中，有的业主在洋房边加盖了车库等建筑，有的业主在房屋的外墙贴上了高级墙砖，有的业主为了搭配新建的喷泉，直接给洋房重新涂上了颜色，等等，这种对于历史建筑的破坏，使其历史文化价值很难恢复。

对于这些建筑文化资源的保护，我们还没有建立起一套行之有效的预防体系、科技手段滞后，更为严重的是整个社会对历史建筑的保护意识不强。目前我们还没有一个清醒的认识，认为所有者可以随意改造房屋，忽视了历史建筑本身所具有的文化价值和承载的文化内涵。

（三）对文化事业与文化产业界限不明晰，认识模糊

文化资源具有经济属性与社会属性，按照文化资源的经济属性功能大小不同，可以把文化资源分为四个基本层次。

第一，完全属于文化事业范围的文化资源：文物、博物馆、革命历史等就属于文化事业的范围。这一类文化资源的产生往往是在历史中积淀而成，抑或是由重大历史事件形成、为重大事件而创造的，这种具有纪念价值的文化资源，其存续不是以创造经济价值为目的，因而属于文化事业保护的范畴。

---

① 王子涛．上海优秀历史建筑被拆，关于巨鹿路 888 号不得不说的事儿［J］．环球网，2017 - 06 - 12.

第二，介于文化事业和文化产业之间的文化资源：广播电视、报刊、新闻出版等，这些文化资源具有文化事业的属性，其承担了国家文化宣传的重要职责，与此同时又能够创造一定的经济价值，它是介于文化事业和文化产业之间的文化资源范畴。

第三，不属于文化事业，但是文化资源特色不强，市场潜力较小的文化资源：部分传统民间技艺、传统手工艺等。这些文化资源有可能是因为时代发展、技艺革新，其具备的娱乐或生产属性已经逐步降低，但是其作为我国历史发展的见证，也存在较大的传承意义和文化价值。

第四，文化资源特色性强，市场潜力比较大：电影、动漫、游戏、文化产业园区等。这些文化资源产生的过程与市场紧密相连，它的发展、传播都会创造巨大的经济价值，同时这些文化资源所承担的历史、政治价值又相对较低，符合一定的市场条件即可大规模开发。

四大文化资源中，第一种文化资源完全属于文化事业资源，不适合产业化开发，因为其本身比较脆弱，开发会对资源造成较大的破坏；有些资源本身承担了重大的历史价值和政治含义，在文化产业发展过程中，只能以文化事业的发展模式出现。第二种文化资源介于文化事业和文化产业之间，可以在加强文化资源保护的基础上对产业化进行控制使得其传播正确的价值观，满足社会的基本文化需求，同时又可以创造一定的经济价值。政府在制定好基本规则和监控的基础上，允许社会资本适当参与，以增加其活力和竞争。第三种文化资源不具备产业化开发的条件，但可以通过补贴、保护等手段予以扶持和帮助，不能任由这些文化资源自生自灭。第四种文化资源是文化资源产业化开发的重心，只要满足市场需求，不违反法律法规和社会基本道德，都可以以市场方式进行大规模开发，以满足人们的精神文化消费需要。

对文化资源的开发层次认识不清楚，才会出现对文化资源的掠夺式开发问题。但在我国很多地区，目前为止并没有对文化资源进行全面、系统的普查和评价，因而也难以形成合理开发这些文化资源的科学依据与评判标准。

（四）文化资源产业化开发领域管理人才匮乏

不论是历史文化资源的保护方面，还是在文化资源的产业化开发和市场化运行方面，都需要大量的高水平文化专业人才。但长期以来，由于片面重视文化事业的发展，而忽视文化产业的存在与发展，导致目前我国文化产业领域之中，存在着"宣传型"人才济济，然而"经营型"人才比较匮乏的局面。总体上看，目前我国从事文化资源产业化开发的人群中，存在着人才缺口较大、总量偏少、高层次人才稀缺、知识更新度不够、年龄结构不合理、中青年人才匮乏等问题，成为制约我国文化资源产业化开发的最大问题。

相似的问题在文化管理层面中也显现出来。现在我国政府机关、文化管理部门的管理者，大多是半路出家，其观念相对陈旧，在对文化市场的监管过程中，监管措施乏善可陈，虽然各级部门每年都发布大量的文化产业规划、监督文件，但真正可落实、能落实、有成效的政策少之又少。在文化资源产业化过程中，需要一群文化修养相对较高、创新能力强、懂得监督、善于管理的文化产业管理人才。只有有了一批这样的文化管理人才，才能在文化资源的调查识别、分类保护、产业开发的过程中做出更好的决策，促进我国文化资源产业化高效运行；减少政府干预对文化资源产业化发展的阻碍，让政策、调控真正能够助力文化产业的启航。

（五）文化资源产业化开发投入不平衡，政策不配套

文化资源的产业化过程也是一个大规模的经济开发过程，需要足够的资金进行开发、维护、运营。在经济发达地区，资本数量相对充足，政府的财政也比较宽裕，在这些地区，一般来说适合市场开发的文化资源，都会受到民营企业关注和开发，资金投入比较宽松，而不适合市场开发的文化资源，地方政府大都通过财政资金进行适当地投入、补贴，以促进文化保护产业的发展。

我国的中、西部地区存在着丰富的文化旅游资源，保持着原汁原味的民族特色和风俗习惯，文化资源开发的综合利用价值被普遍看好，理应得到较好地开发，但是开发现状却不尽如人意。因为这些地区往往地处偏远、交通不便，可进入性差，与外界交流难度大，交通、住宿、餐饮、基本卫生条件非常落后，这就需要通过加大资金投入、加强基础设施建设，以推动文化资源的产业化开发。但现实是我国中、西部经济发展相对落

后，市场缺乏对文化资源开发的资金投入，地方政府财政收入水平低，基础设施发展滞后成为限制文化资源产业化开发的重要制约因素。

第三节 促进我国文化资源产业化的对策研究

在我国的社会主义市场经济体制下，市场在资源配置的过程中起到决定性作用。对于文化资源产业化的过程来说，由于涉及文化资源的保护与文化安全等问题，如果完全放开、过度依赖市场，可能会导致文化资源产业化过程中出现各种各样的问题，在这种情况下，需要政府出面为文化资源产业化开发创造条件。政府要在尊重市场经济规律的前提下，从体制创新、市场运作和政策配套三个方面，进行改革与配套，不断优化文化资源产业化的发展环境，以推进文化资源产业的可持续发展。

一、文化体制创新

我们的文化管理部门众多、规则繁杂，针对不同的文化行业、不同类型的文化企业、不同类型的文化资源，各个文化管理部门必须结合不同文化经济主体的特点，以及我国人民日益增长的精神文化需要，对原有的管理体制进行有针对性的改革与创新。当然，创新不是强制要求我们改变一切，而是我们应当保留现有管理体制中合理的部分，删除现有管理体制中限制文化资源开发与文化产业发展的内容，通过文化管理体制创新促进文化资源产业化开发的进程。

具体来看，围绕着文化资源产业化开发的文化体制创新，应该包括以下几项主要内容。

在政策许可范围内减少审批环节、简化审批手续、提高办事效率、缩减行政管理范围，减少不必要的行业管制。在具体管理过程中创新管理方式，不是在事前管理，而是要加强事中、事后管理。

我们的文化管理体制中，近些年来最为人民大众所诟病的，应该是我国的电影文化管理体制，电影产业管理体制已经接近非改革不可的地步。

对于电影的监管体制改革创新也不是毫无根据的调整，我们可以借鉴国外先进的管理方法，对我国的电影产业进行管理、规范，以促进其发展。

在中国逐步推行电影电视节目分级制度改革，以此来满足中国观众不同层次的需求；适度解放电影电视题材的禁区，借鉴上海自由贸易区的“黑名单制度”，对于黑名单以外的选题、内容不予干涉；建立能够有效运作的审查申诉制度。

电影电视节目分级制度的实施具有非常现实的意义。由于缺少节目分级制度，一部电影在接受审查时的前置条件，是这部电影的潜在观众，应该适应所有年龄段的所有观众，这导致电影在创作之初，就要照顾到从牙牙学语的幼儿，到垂暮之年的长者。这给我们的电影创作者，戴上了一条沉重的锁链，因为对社会的认知和学习，不同年龄阶段的观众，对于不同题材的认可、接受能力或者适宜观看程度有着巨大的不同。建立电影的分级管理制度，做到在电影话语面前各方平等，让更多不同类型节目满足不同类型观众的需要。另外，如果能够实现电影分级管理制度，也会促使更多的电影制作者投入针对儿童的电影创作与拍摄，同时必须严格区分带有敏感镜头的影片与儿童影片的镜头语言、影片内容，依据中国儿童和青少年的思维特点，制作出更多适合他们的电影，让我们从世界儿童大国变成儿童电影制作大国。而这里所说的体制创新，与电影电视节目审查制度和电影分级制度并不冲突，其是在电影分级的制度上，对不同类型的电影采用不同的审查制度，这样既能够使得监管部门对于我们的电影有所把控，也能让电影审查不再是“一刀切”。不同类型的电影电视节目只要符合对应类型电影的标准，不违反“黑名单”上的内容，不违背法律法规和公序良俗，都应当予以通过，让人民群众都有投票权，用票房检验一部电影的好坏。

建立电影分级制度就是要在文化管理工作中明确底线，在此范围之外减少行政审批；同时，减少了事前审批不代表政府对文化行业失去了控制力，而是更注重事中、事后管理。我们国家其他的文化管理部门对文化产业管理体制也应当进行适当的调整，把原来的只重视“事前审批”的监管体系，逐步转变为有条件的放宽事前审批，加强事中、事后监管、问责，建立有效的申诉和意见反馈体系，形成良性互动；划定监管红线，对红线以内要严格监控，对红线以外要允许市场自由运作。只有加强文化监管体系的创新，才能为我国的文化资源产业化道路打下坚实的基础。

二、市场化体制创新

文化资源产业化离不开市场运作，政府的体制创新、政策引导等都不能取代市场的作用，而是为了更好地对接市场，使各种不同的文化资源价值兑现，创造更大的经济效益与社会效益。而为了实现这一目标，需要通过面向市场的文化管理体制改革，为文化资源产业化开发创造一个宽松的市场发展环境。

（一）明确区分文化产业与文化事业的不同作用

在市场化体制创新层面，首先要区分文化资源产业化开发主体，根据主体性质的不同，采取不同的监管模式与政策，不能一概而论。

一般来说，文化资源产业化开发主体，从性质可以分为文化事业主体与文化产业主体（主要是文化企业）。文化事业主体主要从事公益性文化和部分市场文化，其运营资金主要来自国家投入，也包括一些公益基金、非政府组织和社会捐赠，其运行目的是为了满足社会公众的基本文化需求，而不是盈利。文化事业单位和组织要接受国家各级文化主管部门直接或间接领导，他们没有创收的任务。这些单位有：音乐、歌舞、喜剧等艺术表演团体，还有公共图书馆、博物馆，文物研究单位等机构，其从事文化资源开发的经费由主办单位提供，基本是免费的，或是一些象征性的收费。

文化事业与文化产业在性质、运营、目的方面都存在着显著不同，所以在体制与政策法规体系上，要采取不同的管理模式。具体来说，文化事业采取事业化管理方式，由国家财政提供生产与运营经费，重点关注与考核其产生的社会效应。而文化产业则必向面向市场发展，实行企业化管理，独立核算、自负盈亏，以市场为主导，走产业化发展之路。国家实行宏观调控、间接管理，对企业所进行的文化资源开发活动，只要不违反法律法规、不违反社会基本道德和社会公众的利益，我们不应该加以干涉，要给予文化产业更多的自由和活力。

长期以来，我们把文化资源的意识形态属性放在第一位，一直都在压制文化资源的产业功能，这导致我国的文化事业蒸蒸日上，而文化产业发展缓慢、止步不前。需要通过深化文化体制改革，完善文化资源产业化开发的政策体系。具体来说，对于文物级别的物质文化遗产与非物质文化遗产，由国家相关事业单位负责保护、开发与管理，推进我国文化事业的进一步发展。而对于一般的文化资源，则可以放开，由社会上有志于文化产业开发的相关企业与实体，通过市场化的手段，去实行产业化的开发，以推进我国文化产业和文化贸易的发展，扩大我国文化软实力的影响力。

（二）引导社会资本开发文化资源，形成多种所有制共同开发局面

鼓励市场运作，就是要引导各类资本流入文化产业。财政资金对文化资源产业化的支持和投入，不论提升到什么水平，不论如何优化结构，对于快速发展的文化产业来说，都难以满足需要。为了使文化资源的产业化过程拥有足够的资金，就必须引导社会资本参与到这一进程中。

从客观现实性来看，改革开放以来经济的飞速发展，已经在社会上累积了大量的资金。而当前中国资本市场不活跃，房地产市场又受到政府部门的严格调控，大量传统行业存在着大量的资金需要寻找新的投资方向与出路，这给文化产业的发展提供了大量引入社会资本的良机，文化资源的产业化开发已经具备大规模开发的基础。

社会资本与财政资金最大的不同在于资本的逐利性，而这一特性在很大程度上可以保证文化资源以更高效率、更快速度进行开发。纵观文化产业发展得比较好的西方发达国家，经济主体都是具有开拓精神的文化企业，国家在文化产业的开发过程中，只是发挥守夜人的作用。具体到我国，围绕着文化产业的发展，文化资源的产业化开发应该充分调动包括国家、企业以及个人的积极性，发挥公有制、民营经济和个体多种所有制形式的作用，在文化资源保护开发的前提下，鼓励各类社会资本发挥其主动性和创造性，参与文化资源的产业化开发，以此来实现社会资本在文化产业领域的快速增长，使我国的文化资源产业化开发成为新的经济增长点，引领我国经济发展转型，实现持续平稳增长。

（三）健全文化资源市场开发体制，营造公平竞争氛围

市场化配置文化资源就是用价格、供求和竞争机制在文化资源配置中发挥作用，提高资源利用效率。通过文化资源市场开发体制创新，把丰富的传统文化资源保护好、利用好、开发好、配置好，转化为文化产业发展的优势，是推动区域经济繁荣发展的重要途径。

我们必须要不断完善现代市场体系，推动文化资源能够向文化资本转变。文化资本的本质就是能给文化资源带来新价值的文化价值积累的资本，其价值增值的方式是在优化文化资源配置后，得到文化产品和文化服务，只有当文化资源走向市场，文化资源才能称为文化资本，从而创造经济价值。为了实现文化资源向文化资本的转化，只有不断完善现代文化市场体系，发挥文化资源市场化配置制度的作用，促进合理的文化资源流动、实现文化资源优化配置。在一个健全的市场体系中，政府不应过多依靠行政命令、政策法规来对市场进行管理，而是更多的利用市场的手段，对市场进行调节、导向。在文化资源的产业化开发过程中，对文化产品和服务以及文化企业，各级政府应该运用税收政策和价格政策进行宏观调控，结合文化企业的具体情况，实施差别税率和浮动税率等；要制定有利于文化产业发展的政策，促进社会资源、生产要素向特色文化产业和文化企业集聚；也要加强政府对文化市场的干预和调控，明确文化市场各个类型的主体权责，改良政府治理方式、加强文化执法、规范文化产业运行，营造公平的文化市场竞争环境。

三、文化资源开发协调政策

（一）财税支持政策

财政税收支持对于文化资源开发具有十分重要的作用，对于大多数文化经营机构和文化事业机构来说，在现阶段它们的利润水平较低、组织规模小、抗风险能力弱。通过适当的财政补贴、税收减免，如：减免增值税、营业税，对新办文化企业，3～5 年内免征企业所得税等，对文化产业的不同分类，实行不同的税收优惠政策等，这些措施为增强文化资源开发

企业生存能力，繁荣文化产业打下扎实的基础。

我国现行的财税政策体系，对于推进文化资源产业化曾起到非常积极的作用。但不可否认，现行的财税政策，也存在政策支持力度不够、调节方向不明等问题，在不同程度上影响了文化资源开发的市场化进程。对此，必须通过财政、税收改革等新举措，促进文化资源开发与文化产业发展。

首先，各级政府文化部门财权与事权相匹配。按照中央政府和地方政府在文化产业发展过程中的定位不同，合理界定中央政府与地方政府的文化事权和财政责任。具体来说，国家主要在维护国家文化安全、促进文化事业发展、加强文化遗产保护等方面发挥主导作用，重点在保障文化事业的发展。当然，中央政府对文化产业发展工作取得巨大成效的地方，也可予以重点资金支持和奖励，并作为财政支持力度的依据和评判标准，增强财政资金使用效果。对于地方政府来说，在发展文化事业的同时，需要根据自己的文化资源禀赋和文化产业发展的需要，制定不同的文化产业促进政策和财政支持政策，推动地方文化资源产业化开发工作的有序进行。

其次，设立文化产业开发基金，完善财政投资方式。积极探索政府资金扶持那些涉及文化资源开发的公益性文化事业、经营性文化产业；创新文化产业投资基金的运作，充分发挥政府资金的杠杆作用；设立文化产业开发基金，采用与社会资本合作，设立子基金模式运作，拓宽政府引导文化企业参与文化资源开发渠道，为推进我国文化资源产业化开发创造一个良好的融资环境。

除了财政补贴这种形式外，还应该制定一个完整的文化企业产业开发税收减免政策。对涉及文化企业发展、文化项目实施的文化资源开发的各个环节，应该进行适当的税收减免。在主体资格层面，对于经营性文化事业单位转制为文化企业，应该减免征收企业所得税；将文化服务、文化产品等内容及相关技术纳入国家重点支持的高新技术领域；对被认定为高新技术企业的文化行业企业，按特殊税率征收企业所得税；对于提供文化服务的社会组织，经认定取得非营利组织企业所得税免税优惠资格的文化企业，依法享受相关优惠政策。

此外，在税收政策体系中，还应当特别鼓励文化产品和文化服务对外出口，实施增值税低税率，增强我国文化产品的国际竞争力、增强文化贸易产业对人才的吸引力，积极鼓励文化产品的出口等。

（二）金融支持政策

对文化产业的金融支持政策具有一定的复杂性和特殊性。我国的金融监管政策目前仍处于分业监管的状态，如由中国证监会负责证券市场的监管、中国银保监会负责保险业和银行业的监管、中国人民银行对货币市场进行监管、中国投资基金协会对基金业进行自律监督等。对文化产业的金融支持政策需要多个部门共同努力，联合多个金融监管部门出台新的管理办法，从顶层制度设计上推动金融支持文化资源产业化开发工作的顺利实施。

首先，大力发展多层次资本市场，提高文化企业的直接融资比例。要鼓励发展成熟、经营稳定的文化企业通过证券交易所上市融资，已上市的文化企业如有业务开展需要，可以通过公开增发、定向增发等再融资方式，优先安排资产并购与企业重组活动；组织对文化企业的文化资源开发项目的筛选和储备工作，支持那些符合条件的文化企业上市，或在全国中小企业股份转让系统挂牌交易。

其次，银行部门要加强对文化资源产业化开发企业的信贷等方面的支持。要积极开发与文化资源产业化相关的专项信贷产品，完善文化资源开发项目的授信模式，加大对文化资源产业化开发的金融支持力度。同时，要积极探索适合文化资源产业化开发的多种贷款模式，对于行业发展前景好、融资规模较大、项目较多的文化企业，鼓励商业银行以银团贷款等方式提供金融支持；对处于文化产业链中的中小型文化企业，也要鼓励各种类型的商业银行通过探索联保联贷等方式提供金融支持。要建立科学的信用评级制度和业务考评体系，确定内部评级要素，设定针对文化企业的内部评级指标体系、评级模型和计分标准；要充分考虑文化企业和文化资源开发项目的特点，建立科学合理的信用评级和信用评分指标体系。

最后，设立文化资源开发的专项基金。从总体上看，可以将文化资源产业化开发专项基金划分为文化产业发展基金、文化产业投资基金和再担保基金三种类型。文化产业发展基金以行业培养为目标，促进文化资源开发主体的成长；文化产业投资基金以小规模基金为主，主要面对中小微型文化企业，对中小微企业初创期起到一定的支持作用；再担保基金是基于政府财政资金为主，社会资本参与原则，共同出资组建担保基金，从而缓解文化资源开发项目融资难的问题。

（三）文化贸易政策

文化贸易是我国当前文化资源产业化过程中较为薄弱的一个环节。原因有两方面：一方面是目前我国文化产业在国际上相对缺乏竞争力，文化出口产品少；另一方面是我们过往的政策过于重视有形产品贸易而忽视了文化服务贸易，由此形成我国文化产品普遍缺乏竞争力的现象，造成文化贸易逆差。鉴于以上的情况，为了充分利用我国的文化资源，应加强自身的文化竞争力，鼓励文化企业“走出去”，逐步缩小文化贸易逆差，使我国发展成为文化贸易强国，是完善我国目前文化贸易政策的基本方向。

具体来看，以文化资源产业化开发推进我国文化贸易的发展，主要应该从以下几个方面做出努力。

第一，完善文化贸易体制，推动我国文化产品“走出去”。要在负面清单的基础上，实施文化贸易体制改革；完善文化企业外汇使用管理制度，提高文化产业贸易投资便利程度，便利文化企业的跨境投资，满足文化企业对外贸易、跨境融资和投资等合理用汇需求，提高外汇管理效率；要简化外汇管理业务流程，促进文化企业提高外汇资金使用效率，提高我国文化企业的核心竞争力，加强国际间合作，以此推动中华文化“走出去”。

第二，利用国外的先进技术与理念，加强文化资源开发领域的国际合作。发达国家的文化产业发展早、技术先进、管理水平高，而我国的文化资源丰富，但开发能力有限、管理水平低，因而要在文化资源的开发过程中，广泛开展国际合作，以提高我国文化资源的开发水平。可以考虑通过投资新设、跨国并购资产重组等方式，设立跨国文化生产与贸易企业；鼓励通过与有实力的全球性文化企业进行产业合作，搭建文化产品的国际市场营销网络与体系，达到推动我国文化产品和服务出口的目的，以提高中国文化产品的竞争力，开拓国际市场。

第三，加强对文化贸易的相关服务。强化知识产权的保护工作，构建文化知识产权的价值评估体系，熟悉并掌握境外知识产权、法律规范以及适用范围等有效信息，并及时提供咨询服务，对企业海外维权增强支持力度。创新发展对外文化贸易公共信息的服务措施，对国际文化的市场动态，以及产业政策的改变，要及时跟踪和发布；加强对外文化贸易综合人才的培养，吸收更多高素质人才加入；完善行业的中介机构组织，在促进出口、国际交流和行业自律方面，鼓励其发挥积极作用。

（四）文化人才支撑政策

推动文化资源的产业化开发，形成文化产业集聚，既需要大量文化资源的研究型人才、文化创意人才、高科技人才，也需要能够熟练掌握市场运营和营销方式、擅长企业管理的经济类人才。文化资源的保护、开发、创新的每一个环节，很大程度上依赖于是否拥有一支高素质的人才队伍。而由于文化产业发展的历史不长，培养人才有限，目前在我国的文化资源开发队伍中，大量缺乏相关的专业技术与管理人才，人才稀缺已成为制约文化资源产业化开发的一个主要问题。应该破除文化产业的人才培养和流动、集聚的各种限制因素，积极主动地吸引各领域优秀人才到文化资源产业化开发这一领域发展，为他们提供实业发展空间。

首先，从宏观层面看，要加强文化产业相关领域的人才培养。要重视培养文化产业、文化资源开发和文化贸易等方面的人才。各个高校与文化产业相关院系，要积极开设文化资源开发专业，积极培养专业人才，以满足社会的迫切需要；要设定适当的人才认定和评判分级制度来培养人才、识别人才，做到人尽其用，提高各类文化产业人才的积极性，以加速文化资源产业化开发进程。

其次，从微观层面看，从事文化资源产业化开发的企业，在对文化资源开发的过程中，必须按照现代化企业经营管理制度，完善对人才物质和精神方面的鼓励与约束机制。在一些条件允许的情况下，我们可以考虑允许对文化企业的管理人员、核心技术人员和开发人员进行股权激励；加强对相关技术与管理人才的在岗培训。同时鼓励文化、艺术、历史、社会等方面的专家、学者、知名人士等作为文化产业和文化经营企业发展的特别顾问，用他们的灵感和知识素养来不断地推动文化资源产业化开发内容、方式与发展模式，推陈出新、不断进步。

最后，要积极调动民间艺人的积极性。在人才的挖掘过程中，不应忽视一个特殊的群体，即民间文化艺人。民间艺人作为文化资源的一部分，既可以说是文化领域的人才，也可以说是文化资源本身，是不可多得的宝贵的文化财富。要加强对他们在资金、政策方面的支持，鼓励他们把那些濒临失传的传统文化和传统民俗技艺重新整理，通过挖掘其自身的文化内涵，提高文化资源的知名度和影响力，最终才能实现传统文化的影响力，才能促进传统文化实现产业化发展，实现文化艺人自身的文化价值。

（五）文化资源保护政策

在文化资源产业化的过程中，最容易忽视的就是对于文化资源的保护，制定和实施文化资源保护政策，是推进文化资源产业化开发的前提条件。

目前，对于文化资源的保护中存在以下两个比较严重的问题：第一，对于已经开发的文化资源，普遍存在着过度开发和保护不足的问题；第二，对于介于文化事业和文化产业之间的文化资源和市场潜力较小的文化资源，则缺乏关注，更谈不上保护，由此导致这些文化资源失传，乃至消失。如何对已开发的文化资源在创造经济价值的同时，进行合理的保护；如何对缺乏生存能力、面临消失和失传的文化资源进行保护，是制定和实施文化保护政策的核心内容。

完善文化保护政策是一个系统性工程。总体上看，对于已经开发的文化资源保护，要明确文化资源开发的主体责任，严格贯彻“谁开发，谁负责”的原则；对于物质文化遗产的开发，要出台措施限制，保证文化资源的产业化开发不会对文化资源的存续产生破坏性影响；对于非物质性文化资源的开发，要考虑对文化资源的载体的影响，合理利用文化资源，使其不因文化资源的开发而丧失其独特性、民族性；要拓展与丰富文化产业的表现形式、支持举办多种形式的展示活动，以文化产业发展为载体，推动非物质文化遗产的保护工作；要建立文化资源评估制度和监测体系、加强文化保护技术的研发与改进；要设立文化保护专项资金，加强对文化资源的修复与保护。对没有市场化条件，面临被破坏、消失风险的文化资源，要以政府为主导，开展文化资源的抢救性保护工作。在保护过程中，要强调文化资源环境和生态的整体保护理念、让非遗在当地得到传承和生存的社会空间；也要继续加强非遗保护过程的国际间合作、开展非遗资源的重点补充调查等措施；对于一些非物质文化遗产，聚集有能力、有水准的创作团队和传播团队，用现代科技手段，以系统、专题、系列的形式拍摄一大批既有深刻文化内涵，也能反映文化遗产状况和历史演变过程的纪录片，实现对非物质文化遗产的抢救保护目的。

第八章

文化资源产业化开发的典型案例分析

对于文化资源的产业化开发，国际国内有很多成功的发展模式。美国的迪斯尼、好莱坞，法国的巴黎，英国的伦敦，意大利的罗马、威尼斯，日本的动漫，韩国的韩流等，都是我们耳熟能详的文化资源产业化开发的成功典范。从国内来看，北京的故宫、西安的曲江模式、深圳的华侨城、杭州的宋城集团等，都是在华夏历史文化资源的基础上，发展起来的文化产业品牌。

下面将围绕本书探索文化资源产业化开发的五大路径，分别择其成功的典型案例，对文化资源产业化开发问题进行实证分析。

案例一：文化资源与文化创意产业融合发展——故宫模式

一、故宫文化创意产业发展的现状

我国物质文化遗产资源丰富，开发潜力巨大，但是最初形式较为单一，开发路径基本以传统旅游业为主，供大家观光。最近几年，文化创意产业开始蓬勃发展，文创产品开始脱颖而出，受到人们的喜爱，“文化+创意”的新模式为我国历史文化遗产的产业化开发开辟了新世界。而在我国所有的历史文化遗产中，北京故宫无疑是一颗耀眼的明珠，借助自身拥有的文化资源禀赋，北京故宫在文化资源创意产业化发展上取得了令人瞩目的成绩，打造出了独具特色的“故宫文创”模式，为我国物质文化遗产的创意产业发展之路提供了借鉴。

故宫的文创产品形式多样，主要分为实物产品和新媒体产品两类，其中实物产品主要指日常用品等实体产品，这类产品实用性较强。故宫拥有“故宫博物院文创旗舰店”和“故宫淘宝”两家网店，这些产品与大众联系非常紧密。故宫的新媒体产品或者称数字化内容产业属于虚拟文创产品，是一类以不同终端（包括电脑、平板、手机）、一些应用软件（App）和网站为平台运营的影视作品或者动漫产品，主要是和高科技结合而形成的数字内容文创产品。除此之外，故宫为了开发出各种类型的文创产品，选择与不同类型产业的公司进行跨界合作，包括互联网行业中的腾讯、网易云，金融领域里的中国银行等，使文创产品的运用呈现出多元化的形式。

文创产品的走红不仅给故宫博物院带来了更高的知名度，还带来了巨大的经济效益。2017 年故宫文创的最新销售收入已经达到 15 亿元，超过了故宫的门票收入，这在我国是绝无仅有的一家，由此开创了我国文化创意产业的“故宫模式”!

二、故宫文化资源禀赋概况

“故宫模式”是建立在兑现其历史文化遗产价值的基础之上的。北京故宫属于遗址建筑类遗产，是世界上规模最大、保存最完好的古代皇宫建筑群，被誉为世界五大宫之首，体现了我国古代的建筑水平和宫廷生活，具有巨大的历史遗存价值。紫禁城曾是五个多世纪最高权力的中心，因而当之无愧地成为明清时代中国文明的历史见证。

故宫博物院不仅是作为明清皇家建筑群与宫廷历史的保护管理机构，也承担着我国古代文化艺术品的收藏、研究和展示的重要责任。故宫博物院院藏文物涵盖古今、历史悠久、文物体系完备、品类丰富、品质精良，藏品价值高，现有藏品总量达 180 余万件（套），以明清宫廷文物类藏品、古建筑类藏品、图书类藏品为主，藏品总共分为 25 种大类别，其中一级藏品 8000 余件（套），堪称世界艺术的瑰宝。

具体的故宫文物分类及其代表性遗产如表 8 - 1 所示：

表 8-1 故宫文物分类及代表性遗产

藏品种类	代表性遗产
绘画	东晋顾恺之《洛神赋图》、隋代展子虔《游春图》、唐代阎立本《步辇图》等
书法	东晋王献之《中秋帖》、东晋王珣《伯远帖》卷
瓷器	三国至唐五代陶瓷器、元瓷、清中晚期御窑、宫廷陈设用瓷、紫砂器、多釉彩大型瓷器
铜器	是世界上收藏中国青铜器数量最多的博物馆，历代钱币 1 万余枚、铜镜 4000 面、印押 1 万余件
玉器	以清代宫廷玉器为收藏特色
钟表	收藏中外钟表 1500 多件，外国钟表包括英国、法国、瑞士、美国、日本所产精品
甲骨文	20 世纪 60 年代调查粗估有 22463 片
诗作	4 万多首“乾隆诗稿”

资料来源：作者根据相关资料整理。

三、故宫文化创意产业模式的形成与特点

（一）故宫文化创意产业的形成与发展过程

故宫文创属于博物馆文创产品，是指在博物馆线下商店或者电商等线上平台销售的，以创新性的方式提取出馆藏文物的文化艺术元素，基于文化艺术元素，创意人员利用高科技手段重新设计、制作的一类兼具审美性、艺术性、纪念性、实用性的特殊文化商品。

一般文化产品本身并没有新增附加值，而文创产品则是基于文化资源创造出前所未有的产品，创新创意使静止的历史文化资源“活”了起来，增加了普通文化产品的附加值。一般情况下，博物馆为了宣传，会售卖一些文化产品，称之为“（旅游）纪念品”，这些纪念品多以明信片、小挂件等形式出现，以纪念意义为目的，形式比较单一，缺乏审美性、实用性，附加值较小，所以并没有得到人们的接受与认可。故宫博物院文创产品除了具备一般文化商品的基本特征外，还满足了人们日益增长的对于精神文化的需求。但是更特别的意义在于，故宫文创产品承担了重要的社会责任。从文化传承意义上来说，一件件融合了故宫文化的创意产品无一不在诉说着一个个有关中华文化的故事，向本国乃至全世界人们宣传中华民族

的文化。故宫文创产品通过创意让文化资源鲜活起来，人们认同与喜爱故宫文创产品，所以想要更加了解，就更愿意探索故宫，从而掀起了“博物馆热”，并且直接推动了故宫文化旅游产业的发展，形成一票难求的局面。

但是，故宫文创产业化开发之路并不是一帆风顺的。故宫博物院历史悠久，但最初博物院比较重视藏品，或者只是把简单的复刻藏品作为旅游纪念产品，和其他博物馆产品一样，缺乏亮点，难以吸引消费者。

从2007年起，北京故宫开始与洛可可设计公司、中央美术学院等合作，设计生产文创产品。截至2015年底，北京故宫文创产品达到8700多种，营业额超过10亿元。随着故宫文创产品的形式日益多样化，形成品牌效应，2017年故宫文创的销售收入已经达到15亿元——超过1500家A股上市公司的收入①。借鉴台北故宫的文创之路，北京故宫博物院经过一步步探索，终于形成了自己的文创产业发展模式。

经过了十几年的发展，故宫文创产品不断成熟，给故宫博物院带来了颇为丰厚的经济利润，所获得的销售收入又被故宫博物院所利用，作为进一步开发创新产品的资金支持，如此循环往复形成良性循环，文创产业发展之路发展越来越好、越走越宽。

（二）故宫文化创意产业化开发的特点：故宫博物院资源＋文化创意

故宫文创产品之所以开发得较为成功，本质上说是依托其丰富的文化资源，利用文化创意使沉睡的文化资源复活，充分兑现其历史文化价值，打造文化产业链，优化文创产品结构，从而在全国范围内掀起了一股“故宫文创产品热”，使故宫文创产品涉足于寻常百姓生活的各个方面。

目前，从故宫博物院（以下简称“博物院”）的文创官方旗舰店来看，故宫文创产品的分类包括紫禁服饰、故宫笔记、创意生活、金榜题名、出行甄选、家居陈设、宫里过年、国礼之选八大版块。八大版块不仅涉足内容广泛，且名称深有考究，有文化气息；价格方面，从几十元、几百元、几千元甚至上万元不等，满足了各个不同购买力层面的对于精神文化有强烈需求的消费者的需求，故宫文创产品（实体类）的分布大致如表8－2所示：

① 卢扬，徐芝蕙．故宫文创产品欲打开大众消费市场［EB/OL］．北京商报，2016－5－20.

表 8－2　　故宫文创产品（实体类）分布

分类名称	独特含义	代表产品
紫禁服饰	彰显紫禁城之美	“千里江山”桑蚕丝丝巾、故宫魔术发带、“掌扇明珠”耳环手链项链、“顶上添花”夏季遮阳帽等
故宫笔记	记录生活点滴	“一场春天的旅行”文博手账本、“灿若星辰”仿钧瓷工艺笔记本、“四王书画”便签套装纸贴等
创意生活	传承经典文化	“紫禁花语”艺术桌垫、“海错图”书本灯、“紫禁万象系列”艺术支架、“清明上河图”眼罩等
金榜题名	故宫创意文具	“紫禁太平有象”书签、“千里江山书峰立”金属书签、“祥瑞主题”文件夹
出行甄选	让出行更有趣	“余穉花鸟图”晴雨伞、故宫护照夹、“洪蝠齐天行李牌”旅行箱包挂牌、“清明上河图”钱夹等
家居陈设	尽显中式雅致气息	“千里江山”小立轴、“墨牡丹图扇”装饰画、故宫贡茶养心花香茶等
宫里过年	万福如意迎新春	故宫门神吉祥手账、喜福连绵杯套装、“神来运旺”帆布包
国礼之选	文化底蕴浓厚	“白玉鱼龙变化”玉坠、“清明上河图卷”装饰画礼品、“草书诸上座帖卷”高仿手卷等

资料来源：作者根据相关资料整理。

故宫出品的每件文创产品都拥有一个充满文化气息的名字和“故宫故事”，产品背后的历史典故让其栩栩如生、饱含生命力。正因为“故宫人”对于这些产品，从制作、包装到投放市场每一道关口都花费了大量的心思，才使得这些产品深受消费者喜爱，并且经受住了市场的考验。

故宫文创产业模式发展的成功经验总结如下。

1. 丰富的博物馆文物资源是故宫文创发展的源泉

任何文化创意产业的形成都无法脱离文化资源这片土壤，如果不以文化资源为基础，文化创意产业容易剑走偏锋。失去了文化内涵的文创产品就会失去灵魂和特色。

故宫博物院作为世界五大博物馆之一以及大型综合性国家级博物馆，向世人展示了明清两代的宫廷建筑群和宫廷文化，将近 600 年的历史积淀使得故宫的文化资源成为中国博物馆中之最，这些数量庞大的文物资源为故宫文创产业发展提供了源源不断的创意源泉与灵感。

故宫出品的许多文创产品背后都有独特的“故宫故事”，所谓的“故宫故事”本质就是历史文化资源。每一件文创产品都是基于某一种文化资源被打造出来的。例如，销售量较大并受到消费者好评的“海错图”书本灯，其设计灵感来源于故宫博物院馆藏的《海错图》。《海错图》是康熙年间，画家聂璜创作绘制的，他用生动的图画和优美的文字记录了在中国沿海见到的各种有趣的生物。产品开发人员基于此文化背景，将图画改造成书本形式，并内置 LED 灯，灯光特意打造为暖黄色，营造出复古温馨的感觉，打开书本，图画里的鱼儿仿佛真的游动起来了，让消费者觉得浪漫且有趣。这种以馆藏的文化资源为基础、通过纸张书籍作为文化的载体形式打造出的文创产品，兼具实用与艺术审美价值，受到了广大文艺青年们的喜爱。

2. 创意是故宫文创产品开发的重要动力

文化创意产业与其他产业本质的不同在于其重要动力是创意。文化创意产业是知识密集型产业，必须以文化资源禀赋为基础。对某一文化资源的历史首先要有全方位的了解，然后对其背后的文化含义进行深入挖掘，提取出其中特有的文化符号，将其与人们的需求结合，再进一步的将文化需求注入情感，使得一种普通的文化产品富有“人情味”，最终将会获得人们的认可与喜爱，才能经受住市场的考验。文化创意产品必须来源于文化资源，但又不能纯粹是资源的展示，要注入创意或者说人类的智慧，这需要经过一系列的打磨。

故宫的文化创意设计首先依赖于其背后有一个强大的团队。当故宫想要创造出一件文创产品时，为了不因为追求所谓的“创新性”或者一味迎合大众喜爱和市场需求而让文创产品失去其本身的内涵。因此文创产品的创作分为“两步走”：先由历史学家等研究故宫文化的学者写出传统方案，然后由年轻设计团队在学者的基础上加以改造，再针对文创产品目标消费者——年轻人，以他们更加喜闻乐见的方式最终呈现出来。年轻一代的人们是我国文化资源坚定的传承者，如此一来，既发挥了博物馆文创产品传递历史文化的作用，又协调了与年轻消费者偏好之间的关系。学者们与年轻团队共同努力，将文物的古朴气质与文化创意产品的活泼气质完美融合，使得文创产品具有了故宫文化资源的“精气神”。当然，创作的脚步是永不止步的。为了寻找更多的创作灵感和借鉴建议，故宫博物院不仅多次举办创意产品设计大赛，而且还多次参与国内外各项文化创意交流论坛、展览及博览会。

为了能够获取源源不断的创意与灵感，目前故宫拥有三个部门参与到文化创意及文创产品的开发中来。第一个是经营管理处，主要负责合作经营授权；第二个是文化服务中心，侧重于一般大众文创的需求和消费；第三个是故宫文化传播公司，其更注重于文化的内涵，更偏向文创需求。

正是因为故宫文创产品背后的整个团队对于创意开发的用心投入，故宫出品的文创产品才能在众多博物馆中脱颖而出，吸引消费者并得到大家的喜爱。人们购买文创产品，同时愿意重新认识并愿意主动了解珍贵的历史文化资源。

故宫出品的每一件小小的文创产品，从胶带、挂饰、首饰甚至彩妆都蕴含着浓厚的古典韵味与“故宫特色”；每一件文创产品从名字、颜色、造型都有考究，都被深深印上了故宫特有的文化元素。例如中国十大传世名画之一的《千里江山图》就被作为一种文化元素反复体现在故宫文创产品中，图中所体现的天人合一的思想契合了人类理想的居住环境。其系列产品包括双色表带手表、千里江山笔筒、千里江山图骨瓷杯、手机壳等实用性生活用品，迷你屏风摆件这一类小型装饰用品，满足了人们的物质需求与精神文化需求，因而深受文化人士青睐。

3. 现代科技是故宫文创产品开发的主要手段

故宫博物院始终以面向大众，尤其是向年轻一代传播中国优秀的传统文化为己任，而现代高科技为博物馆将文物打造成为青年人喜闻乐见的文创产品提供了先进的手段，使得文创产品的形式也更加丰富多彩。

故宫文创产品不仅包括像生活用品、学习用品等这类大家可以接触、使用到的实体产品，还包括一些虚拟形式的产品即数字化产品，这类产品的使用必须借助科技的辅助才能供消费者使用，包括游戏、动漫等文创产品。例如，故宫与一些互联网巨头公司联手打造的手机游戏《绘真·妙笔千山》，就是一款以故宫馆藏青绿山水画《千里江山图》为创造蓝本的轻度解谜类游戏，在完美还原古画意境的同时，带给玩家趣味盎然的游戏体验。

此外，故宫文创还推出了“V故宫”系列，让尘封在历史中多年的文化遗产在现代科技中重新“活了”。例如“V故宫”——倦勤斋互动体验，利用虚拟现实技术还原倦勤斋的建筑工艺，逼真精致的三维场景配合恰到好处的古典背景音乐，给用户以身临其境的体验，使得人们仿佛真的穿越到乾隆年间倦勤斋的修复现场。通过这种方式不仅满足了人们的感官体验，而且也让人们了解了古代工匠们精湛的建造工艺。

原故宫博物院院长单霁翔表示：故宫博物院一直以来都在不断探索文化资源创造性转化、创新性发展的方式，通过与网易等公司的合作，故宫文化与新科技文化连接、融合，不断迸发新的创意，满足更多公众尤其是年轻群体的喜好。不论是关注书画的人，还是钟爱游戏的人，都会自然地被吸引，这有助于推动传统文化的普及。

4. 线上线下双渠道运营是故宫文创产业发展的重要平台

故宫博物院善于利用现代营销手段来推广产品，加大和粉丝互动，来扩大产品市场。目前，故宫文创产品营销主要通过实体店铺和电子商务两种渠道，即线上线下双渠道运营。线上渠道主要通过微博、微信公众号、客户端（App）等形式。微博是故宫博物院文创产品宣传的主要平台，故宫文创拥有两个主要的官方微博账号“故宫博物院”以及“故宫淘宝”，这两个账号相辅相成，同时风格互为补充。“故宫博物院”微博账号兼具稳重与正统，内容包括介绍文物、产品推广、一些节气和节日话题以及对故宫一些线下活动的宣传；而“故宫淘宝”账号则以诙谐调侃为主，主要是推广文创产品。微博平台的文案新颖，图片精美优良，给予粉丝优秀的视觉体验。微博账号上内容的推送数量和质量均有保证，通常结合一些传统节日，例如“紫禁城里过大年”春节系列宣传活动，为微博粉丝讲解历史知识，同时也宣传一些故宫新的文创产品，微博平台延续亲民风格，注重与粉丝互动，平台上会开展多种转发抽奖等活动，吸引众多粉丝的关注。与微博宣传阵营相对应，故宫文创也有两个官方的微信公众平台：微博“故宫淘宝”对应微信公众号同名的“故宫淘宝”，而“故宫博物院”对应的微信公众平台为“微故宫”，并在微信营销方面发布文章，使得大批粉丝点赞甚至在朋友圈转发，作为推广故宫文创的又一渠道。

从微博和微信两大宣传阵营各自的特点来看，可以说是相互补充的：微博上的新闻更新速度非常快，例如微博热搜为大家发布实时热点，是每十分钟更新一次的，在短暂的时间里吸引大家的往往都是精美新颖的图片、简短却深刻尖锐的话语以及有趣的小视频，这就决定了故宫博物院在运营其微博平台时更关注的是语言的简练和足够吸睛的图片。但有时候，简短的语言是无法完全说清楚一件事的，这时，微信阵营的运营就是一个很好的帮手，可以将微博里简单提到却没有仔细说清的事情用一篇文章的形式告知粉丝。微信里的文章对篇幅要求并不是很严格，而是对文章的深度和观点具有较高的要求。无论是微博还是微信，两个平台都很好地满足了现如今公众的碎片化阅读需求。

除了在微博、微信上持续推送文案，故宫博物院还开发出了几款手机客户端。例如“每日故宫”，人们打开这款应用软件，就可以在线欣赏到故宫的每一件精美文物，简洁的故宫元素和精细的图文借助电子手段将故宫的历史和文化内涵展现了出来。

故宫博物院通过线上这一系列新媒体的运营方式，借助数字媒体的手段和各种社交平台的推动，原先令人们感觉遥不可及的“故宫文化”，现在使得人们可以打开手机就能实时感受到故宫的魅力。在这一过程中，文创产品精准定位，一步步开拓市场，使得产品实现了“多元化、多样化、流通化”。

除了线上宣传，故宫文创同样注重线下销售。故宫内开设线下馆十大专馆。专馆虽然仅供人展览，但是其用到的科技手段与创意同样是故宫文创的一部分。故宫十大专馆分布如表8－3所示：

表8－3　故宫十大专馆分布

专馆	陈列内容
数字馆	以“数字建筑”“数字文物”的形式，充分突出信息时代的技术优势，把院藏珍贵文物中较为珍贵难以展出的文物，或实物展览中难以表达的内容以数字形态呈现给观众
古建馆	总体区域涵盖自午门至东华门段城墙、东南角楼、东华门和銮仪卫四个部分，并将首次实现东华门城楼、东南角楼、城墙、地面展厅相结合，形成一个立体的、生动的、视野开阔的大型展厅
书画馆	馆内收藏有丰富的中国古代书画。其中既有晋唐宋元的稀世孤本，也有明清各个画派名家的代表作品，可以清晰、系统地反映中国古代书法与绘画艺术发展的脉络

续表

专馆	陈列内容
陶瓷馆	博物院内收藏陶瓷类文物约35万件，而且绝大部分属于原清宫旧藏，可谓自成体系。馆内人员从中遴选出400多件精品，按时代发展顺序予以展示
雕塑馆	陈列在慈宁宫内，分为雕塑荟萃馆、汉唐陶俑馆、砖石画像馆、修德白石馆、佛教造像馆五部分，陈列面积约1375平方米，展品总数为425件
青铜器馆	自汉代以来，地不爱宝，青铜礼乐器时有出土，其上威严的纹饰，雄伟的气度，深得帝王之心，被视为国之祥瑞。馆中藏品，将力图展现中国青铜文化与皇室文化的内在联系
钟表馆	我国的计时器有着悠久的历史，清代以前一直以圭表、日晷、漏壶计时。明末清初欧洲机械钟表开始传入我国，逐渐取代了传统计时器。18世纪，清代宫廷即大量使用机械钟表
珍宝馆	博物院收藏的清代宫廷珍宝，大部分是出自紫禁城内掌管营造的机构——造办处奉旨制作的，还有一些则是逢年节庆典时地方官吏的朝贡品
戏曲馆	本展览依据故宫现存大量戏曲文物，从演戏机构、戏装砌末、剧本、戏台、帝后赏戏景观等方面加以展示，并遴选当年入宫名伶唱片复原播放
家具馆	南大库家具馆，从使用者的角度切入，还原历史上帝王理政、燕居乃至宫廷绘画中的场景

资料来源：作者根据相关资料整理。

每逢中国传统佳节，故宫博物院会结合节日，开展与节日契合的展览。例如2019年的春节，故宫博物院开幕了“贺岁迎祥——紫禁城里过大年”展览活动，迎接游客；同年元宵节，故宫又首次在夜间开放，让游客体验到上元之节的故宫。故宫内原先的“故宫商店”也被更名为“故宫创意馆”，由单一的“商店”到“创意馆”，可看出故宫博物院越来越重视文化产品的创意输出，这背后是理念的转变。并且故宫创意馆的宣传标语是“把故宫带回家”，使得庄重严肃的故宫一下子变得“接地气”起来，有趣可爱的文创产品使得冷冰冰摆在展柜中的出土文物变成了大家触手可及的可亲形象。

5. 跨界合作、强强联合，是故宫文创产业链形成的主要途径

故宫文创产品产业化的成功，不仅是故宫博物院一方的努力。故宫一直努力与不同类型的产业相结合：一方面，与不同产业内的知名公司合作，开发出丰富多样的产品，来满足消费者多样化的需求与偏好；另一方

面，跨界合作是在不断地为自身注入新鲜的元素，保证传统文化一直处于年轻、不与时代发展脱轨的状态。

无论是故宫与腾讯集团在2017年宣布建立合作伙伴关系开展长期合作，或者是与网易公司联合开发的手机游戏，均能看出故宫文创产品的跨界性。对于故宫来说，与互联网公司跨界合作，可以借助科技力量让消费者以更新颖的方式时刻体验传统文化的魅力；对于互联网公司来说，跨界合作之后，公司开发出来的产品更具有古风古韵，故宫的文化元素为互联网公司的产品注入了一股新鲜的力量，增加了科技产品的审美和艺术价值，这种跨界合作产生的效应是“1+1>2”，对于故宫和合作方来说是一种双赢的方式。

现如今随着5G时代即将在各城市试点，故宫同样紧随时代潮流，率先与华为技术有限公司合作建设“5G智慧故宫”。双方致力于打造5G应用示范、建设故宫智慧园区、举办人工智能大赛等项目，共同推动故宫博物院向数字化、信息化、智慧化方向发展。在这样一个合作过程中，华为公司将凭借自身的科技优势，加快推动故宫博物院建设为世界一流博物馆。

故宫博物院在金融行业领域同样有所发展。具体表现在其与中国银行签署的战略合作协议，实现了“文化+金融”的跨界合作，双方将共同对故宫文化进行保护和传承，中国银行将助力故宫进行文创产品的进一步开发销售和品牌联合营销。更值得让人期待的是，中国银行将发挥其海外机构网络和合作伙伴的独特优势资源，与故宫博物院深入开展中国文化和故宫品牌的传播交流项目合作，这有利于故宫文创产品走出国门，开拓国际市场，同时也不失为一种传播中华文化的新途径。

拥有相同的理念是故宫选择与各个领域的巨头公司跨界合作的基础，双方都旨在传承和弘扬中国传统文化。故宫在跨界合作中从不给自身设限，勇于挑战自我，将故宫的文化资源要素运用到各行各业中。如今，故宫出品的产品涉及许多行业，与不同行业的重要公司合作，让故宫里的文化资源得到充分利用，在现代社会获得了更多经济价值，为故宫文创产业发展搭建了广泛的平台。

6. “体验消费”是满足消费者个性化需求的主要渠道

“体验消费”是来自于一种体验经济，这是服务经济的延伸，是农业经济、工业经济和服务经济之后的第四类经济类型，重视消费行为发生时顾客的心理体验。“体验消费”对于顾客来说是一种“过程”，消费者全程参与其中。体验结束后，每个人都获得不同的感受与独特回忆。人与人的感受是不同的，所以从某种程度上说，体验经济给每个人带来的是一种个性化的服务。

在故宫博物院成立92年之际，故宫“端门数字馆”以“发现养心殿”为主题的数字体验展开幕，借助VR技术，品味大国工匠卓越的艺术成就；运用AI技术，与朝中重臣共商国事，让观众一起亲历、体验分享“养心殿里的一天”。VR体验馆是故宫借助科技手段还原历史真实场景的主要线下途径，体验馆吸引观众主动参与进来，给观众以独特的感官体验。因此，从某种程度上来说，这对观众是一种个性化定制服务，消费者在体验真实场景的过程中，就相当于拥有一次穿越历史的经历，由此获得一种亲自参与历史的成就感与新鲜感。这可以让人们在体验的过程中了解历史以及文化资源，相比较于之前的在课堂上或者参观博物馆了解历史，亲身“体验历史”是了解历史的更生动且有趣的渠道。

此外，“发现养心殿——数字故宫体验展”巡展计划将于3年内在我国不同城市展示，冀期使更多的人体验到故宫博物院文化的独特魅力。

7. 品牌塑造是故宫文创可持续发展的基本保障

品牌的成功之路需要时间的积累，故宫的文创之路也经历了一个漫长的发展过程，在这样一个过程中，故宫不断打磨自己的文创产品，以一个个精美的产品亮相于大众面前，并且从不给自己设限，在创新的路上一直不断探索，终于形成了自己的品牌效应。现在，人们一看到或者提到故宫文创，脑海里第一个就会想到故宫的文化形象。故宫文创产品的热度近年来不断升高，被越来越多的大众熟知并且喜爱，与其注重品牌塑造是分不开的。

良好的品牌形象建立在社会责任感和认真负责的态度上。故宫作为我国最大的历史博物馆，承担着保护古老文物等其他文化资源，传播中华文化的历史责任和教育使命。2019年3月3日，故宫文物医院院长宋纪蓉表示，故宫和高校将会合作创建中国第一所文物医学院，也是世界上第一所文物医学院。文物医学院的成立可以招募更多文物修护方面的专业人才，使得文物得到更好的修护。故宫在履行自己的保护文物和传承文物方面尽职尽责，推出其文创产品时本着认真负责的工匠态度，对文创产品生产精益求精，多种多样质量过硬、文化底蕴浓厚、独具故宫特色的文创产品，受到人们的喜欢，为故宫文创积累了一大批粉丝群体，拓宽了市场。

2019 年 3 月，苹果 CEO 库克参观故宫并使用了故宫的相关应用程序，对故宫开发的 App 进行了由衷的赞赏。开发者通过相关程序让更多的用户以电子化的手段了解故宫，让身处在世界各地的人也能时刻探索故宫，使外国友人感受到故宫的魅力，成为帮助全世界的人们了解中国文化的绝佳方式，故宫品牌正在走出国门、走向世界。

总之，质量优良、创意独特、守护国宝、传承文化以及走出国门共同打造出了“故宫品牌”，这成为故宫文创产业可持续发展的名片。

四、故宫文化资源产业化开发的具体路径

故宫文化资源与文创产业的融合发展，是建立在众多的具体文化产品形式上的，主要包括以下几个方面。

1. 文化资源与动漫创意的融合

动漫产业的核心就是“创意”，有自己的民族文化特色，扎根于本民族文化土壤，动漫产业才能成长得更加迅速。以故宫文化资源为基础，开发出适合国人口味的动漫作品，才能有效地促进故宫文创创业的发展。

目前为止，故宫出品了多个包括漫画、手游等在内的动漫产品。2016 年7 月，故宫博物院与腾讯宣布建立合作伙伴关系开展长期合作；2017 年 1 月，《奇迹暖暖》养心殿主题合作上线；2018 年 12 月 28 日，故宫博物院与网易联合开发的手机游戏《绘真·妙笔千山》上线。

尤其值得一提的是，2018 年《故宫回声》故宫主题漫画发行，这是由故宫博物院联手腾讯动漫、NEXT IDEA 腾讯创新大赛共同打造。漫画改编自真实事件，讲述在动荡年代故宫人保护故宫文物的感人故事，在故宫博物院官网和腾讯动漫 App 同步连载，以漫画的形式讲述历史故事，更易受到年轻人的接受与喜爱，并且起到了宣传历史的教育意义。

2. 文化资源与影视创意的融合

与动漫产业相比，影视产业所面向的受众年龄更大、受众人群更广，同时表现形式上也更为自由，题材的选取也更为丰富。2016 年中央电视台推出纪录片《我在故宫修文物》，记录了故宫的一些稀世珍奇文物，包括书画、青铜器、宫廷钟表等领域以及一类“特殊人群”——故宫文物修复者与文物之间的故事。这档节目首次向公众展示了守护故宫文物的“工匠们”的真实生活，节目播出之后引起了人们的热议，对“故宫人”的工匠精神纷纷表示赞赏与钦佩。2018 年，由故宫博物院和北京电视台出品的《上新了，故宫》，在北京卫视和爱奇艺与观众见面，节目组邀请时下当红的影视明星作为新品开发官跟随故宫专家进宫识宝，探寻故宫历史文化，携手顶尖跨界设计师和高校设计专业的学生合作，每期诞生一个引领热潮的文创产品。该节目在豆瓣评分中获得了 8.4 的高分，受到了人们的喜爱与认可。

总体来说，有关故宫的影视文化产业类型主要集中于纪录片和综艺节目，虽然类型不算丰富但是通过观察播出后人们的反响发现，故宫的节目以其新颖的视角和精良的制作水准还是受到了大众的喜爱。

3. 民俗文化资源与创意的融合

民俗文化是一个国家、民族、地区中集居的民众所创造、共享、传承的风俗生活习惯、传统节日及习俗等。作为一种行为艺术，民俗文化可以与体验式的文化创意产业结合起来，发展成为民俗文化创意产业。

故宫对我国传统节日、民俗文化资源进行深入挖掘，打造出了一系列的文创产品。例如 2019 年春节期间，故宫博物院推出了“在紫禁城里过大年”系列，深入浅出地向人们解说故宫里的文物、建筑等；同年元宵节，故宫博物院举办的“紫禁城上元之夜”，更是自故宫成立 94 年来首次向公众在夜间开放，让人们第一次感受到皇城里的元宵佳节。这次的元宵节灯光秀活动持续两天，在微博等各大媒体版面上占据了很长时间的头条，并再度引起学者的分析讨论。故宫将传统节日与文化创意产业发展相结合，借助媒体宣传，吸引人们的回归心理，不仅在创新中传承节日文化，还为其文创产品赢得了持续的关注度。

4. 饮食文化资源与创意的融合

民以食为天，饮食文化是一个民族从日常生活中浓缩出来的文化精华，饮食在很多时候都真实地体现了当地人民的生活习惯与性格。对于饮食文化而言，重要的不仅在于吃的食物是否美味，还在于吃饭时的环境、氛围、餐具、地点等方面。我们时常说的“吃东西吃的是一种格调”大概就是这个道理。纵观整个市场，我们可以观察到，现在无论大到一些餐馆、咖啡馆甚至是小小的奶茶店装修都非常的精美和别具一格，形成自己的独特风格，既满足了人们的味蕾，也满足了人们的审美。

在我国的饮食文化中，人们对于火锅有着独特的喜爱与热情，故宫敏锐地抓住了人们的这一消费心理。2019 年春节期间，故宫博物院在神武门外开设了“故宫角楼餐厅”，白天供应各式简餐，晚间则结合冬季天寒的特点提供故宫特色火锅。作为明清两朝的皇宫，故宫的火锅开创了自己的皇家火锅品牌特点：点菜的菜单做得像圣旨，让食客体验了一把“奉旨点餐”；餐厅最大程度复原了慈禧太后喜欢的“万寿菊花锅”。原本普通的火锅店贴上了故宫的标签之后，就变得“文气”起来，让食客不仅品尝到美味佳肴，而且还能感受到一种身在皇宫的独有氛围。除了火锅店，故宫角楼还开设了一家咖啡馆，咖啡馆历经 4 个月的设计规划，建筑风格延续故宫一贯的格调，古色古香，整体看上去没有过多装饰，但是却给人以华丽庄重之感；为了契合故宫的文化氛围，咖啡外带杯的包装以及店内甜品的命名都没有离开故宫的文化元素。

5. 文化资源与日常用品创意的融合

将文化符号融入我们日常生活可见的一些小物件或者生活用品之中，通过文化创意，将两者结合起来，深入挖掘其审美、娱乐等文化价值，由此上升到艺术品的层次，带来较高的产品附加值，形成文化产业链。

早期博物馆的纪念品形式比较单一，限于明信片、纪念册等。如今，故宫博物院通过公布文化创意的手段，将文化元素融入生产过程中，打造出了大量具有故宫文化符号的生活用品，主要包括在故宫淘宝上销售的胶带、本册、文件袋等文具用品，故宫手账、杯、碗以及摆件等，故宫陶瓷、冰箱贴、手机壳等小物件，手表、手镯等古风古韵的故宫首饰，甚至茶叶、糕点等故宫茶点，其文创产品涵盖形式广泛，涉及消费者吃喝玩乐的各个方面，令人目不暇接。这些平时生活中随处可见的学习用品和生活用品，被贴上了故宫的标签，植入了故宫的文化内涵，使原先随处可见的普通物品具有了审美价值和文化体验价值。除此之外，故宫文创产品非常具有趣味性和幽默感，擅长结合年轻人网络用语习惯，每款产品都有其新颖的名字或者宣传语言，比如“朕不能看透”睡眠眼罩以及印有“朕本布衣”的文艺帆布包。诙谐的宣传语言、可爱精致的平常生活小物件打破了以往故宫给人们的那种严肃感、神秘感，使得故宫古老传统的中华文化借助文创产品形式走进了寻常百姓家。

故宫文创之所以受到大家的喜爱，在于其文创产品饱含故宫文化元素，具有实用性、审美性、创新性、趣味性等特点，满足了不同人群的文化回归需要，因而深受具有一定文化素养的消费者群体的欢迎。

五、经验与启示

综合可见，故宫文创的走红并不是一蹴而就的，是经过长期的努力发展且逐渐形成自己的一套“故宫模式”，打造出了属于自己的“故宫品牌”。在文化创意产业的发展道路上，故宫博物院始终坚持以文化资源为基础、以文化创意为核心、以科学技术为手段、以公众需求为导向，因而走出了自己的“故宫文创模式”。

故宫博物院的“文创之路”是我国博物馆“转型之路”的典范，故宫所带动起来的“博物馆热”，其背后是人们消费的升级、是人们更加追求精神文化消费与文化体验的反映。市场反馈表明，故宫博物院文创产业发展模式已初显成功。“故宫模式”给我们的启示是：深入挖掘文化资源，兑现其历史文化价值，将文化资源与高科技相结合，开发独具特色的“文创产品”，打造自己的品牌，是文化创意产业发展的必由之路。

案例二：
文化资源与文化旅游产业融合发展——宋城模式

杭州，作为曾经南宋的都城，同时享有“上有天堂，下有苏杭”的盛名，不论是物质方面，还是人文方面，都有着相当丰富的资源禀赋。毋庸置疑，将这些文化资源融入杭州的旅游产业发展中去，对于拉动杭州第三产业，甚至整个城市经济总体都是极具潜力的。其中，杭州的宋城旅游景区可以说是文化旅游产业成功发展的一大典范。作为迄今为止规模最大的宋文化主题公园，宋城不同于迪士尼乐园等，其特别之处就在于完全以中国本土文化为载体，让游客们在身心得到放松的同时，也在不知不觉中了解到了宋代文化的魅力。宋城主题公园自 1996 年开园以来，接待了不胜其数的国内外游客，收获了相当正面积极的口碑，甚至让“宋城”成为一种主题公园模式，成为其他地区效仿的对象，宋城发展的“秘诀”值得探讨。

一、发展概况

从“中国七大古都”的区位布局来看，我国历史上封建王朝大都建都在北方，像南宋时期定都到南部城市的情况并不多见，这也使得杭州在南宋到达了鼎盛时期，取得了令人瞩目的成就。宋朝是我国历史上封建制度发展较为成熟的阶段，彼时的中国不论是经济还是文化，抑或是科技水平，放眼整个世界范围内，都是不容小觑的，可谓是盛极一时。而杭州宋城主题公园的兴建，正是为还原杭州在宋朝时期的繁荣昌盛之景。杭州宋城主题园区兴建于 1996 年，从开园以来，宋城集团就对自身有着明确的定位，“建筑为形，文化为魂”是其立园之本，宋城的兴建、发展立足于杭州所特有的文化，以期让五湖四海的游客们在园区特有的建筑、文娱表演、商业售卖等活动中找到“穿越”到宋朝的感觉。

园区的设置分为“清明上河图”再现区、南宋风情苑区、宋城广场区、九龙广场区等多个区域，旨在体现宋朝的历史风貌。园区立足于历史，又高于历史，园区内的建筑风格多采用的是江南传统园林的建法，古朴中又体现出典雅，有序中体现着开朗，给游客极具震撼的视觉享受。除了实景之外，园区内所营造的氛围也处处体现出真切的宋朝即视感。沿街开设的店铺作坊、商贩叫卖的吆喝声、人们穿着的服饰，使游客仿佛穿越到了汴京，身临其境；街头杂耍、皮影戏、越剧、燕青打擂、王员外家小姐抛绣球等民俗表演在宋城内的大街小巷内此起彼伏，让人流连忘返。另外，宋城的招牌演艺活动——宋城千古情，是宋城集团为凸显南宋文化底蕴，斥巨资打造的一档立体式全景舞台歌舞表演，这一剧目立足于杭州特色的历史典故以及神话传说，融合世界歌舞杂耍，同时也运用了先进的舞台灯光设备，只为给观众展现最好的表演效果。

宋城发展至今，被列为国家 AAAA 级景区，每年接待游客逾 700 万人。以“宋城千古情”为代表的各类演出每年在宋城上演的场数高达 15000 余场，观众数目可以达到 5000 万余人次，其中，“千古情”系列演出占比 53.3%，贡献观众人数达到 70%。

二、文化资源禀赋

杭州，自秦朝设县以来，至今已有 2200 多年的历史，毗邻海洋，加之隋朝京杭大运河修建以来，水陆交通便利，在南宋建都以前，杭州便是江南地区人口最多、经济最为发达的城市。再加之南宋迁都到此，杭州进入鼎盛时代。数千年的发展让杭州人文文化资源相当丰富、文化积淀深厚，是吴越文化的代表性地区之一。同时，杭州位于长江三角洲南沿以及钱塘江流域，地形不一，西部有丘陵，东部有平原，如此多样的地势让杭州的自然景观资源有山有水，也拥有国家级的自然景区。

提到杭州，最负盛名的一定是西湖，她以秀美的湖光山色遍布各类名胜古迹而驰名中外。苏轼笔下的“欲把西湖比西子，淡妆浓抹总相宜”，欧阳修笔下的“最爱湖东行不足，绿杨阴里白沙堤”，杨万里笔下的“毕竟西湖六月中，风光不与四时同”，说的都是西湖让文豪流连忘返的盛景。西湖的美，体现在朝霞里，也在晚辉里；在晴空万里下，也在烟雨朦胧里；在春花秋月中，也在夏荷冬雪里。西湖边景点遍地，无一不让人印象深刻，有旧十景、新十景还有三评西湖十景，每次评出的“十景”都不尽相同，足以见得西湖的每一景都使人不忍心让她榜上无名。也正是这样的西子湖畔孕育了许许多多的爱情传说、经典故事。西湖以外，杭州还有诸多的自然景观，水有富春江、新安江、千岛湖、湘湖；山有天目山、清凉峰；森林公园有半山国家森林公园、大奇山森林公园、桐庐瑶琳森林公园等；还有西溪国家湿地公园等。

除了自然景观，杭州数千年的历史自然也孕育了诸多人文景观。1936

年据考古研究发现的良渚文化遗址，是新时期晚期的文化遗址群，群内分布着诸多村落、墓地、祭坛等遗迹。此遗址的发现，对于探究长江下游地区的文明起源有着重要的价值。此外，六和塔、宋城、南宋御街、跨湖桥遗址、拱宸桥、京杭大运河都是值得一去的著名景点。杭州作为古都城之一，自南宋开始，外来移居的人越来越多，不同地域的人乔迁居住在一起，这意味着多元文化的融合，也造就了今天杭州多种传统文化并存的局面，信仰佛教、道教、基督教、伊斯兰教和天主教以及无神论者均有。同时，饮食、服饰、习俗、语言也表现出鲜明的江南特色。

不论是从自然之美的角度，还是人文之美的角度，今天的杭州所拥有的发展文化旅游产业的资源都是相当丰富的，杭州也因此成为一大“休闲旅游之都”。对于宋城而言，其最初的发展定位便是力图让杭州的文化元素融入园区的每一个角落。也正是因为定位准确，杭州这些丰富的文化资源禀赋让宋城的建设更加多姿多彩，让宋城的文化底蕴更加深厚。

三、文化资源与文旅产业融合发展的背景与趋势分析

近年来，随着经济社会的迅速发展，人们对于生活品质的要求也在不断地提升。过去所提出的小康或是富足水平早已不再能够满足大多数国人对于生活的期待，而是日益呈现出相当多样化的趋势。前沿科技日新月异，掀起一阵又一阵热浪，使得我们的生活在一步步变得更加便利的同时，却也让复古生活方式成为一种新潮，人们开始燃起体验古时生活的热情，从近年来穿越题材的影视剧大受欢迎这一点上也可以推知一二。“穿越”当然是不现实的，那么这种复古的生活体验最为便捷的获取方式便是出游。游客出行目的性的增强让旅游从过去的走马观花、蜻蜓点水式的“观光游览”向如今更加注重参与感的“体验式旅游”转变，这也就给旅游景区的设计者以及工作者们提出了全新的挑战，他们不得不考虑到游客想要在这里实际获取体验的诉求，从而为迎合游客而改进景区的“产品”，才能在旅游行业竞争日益激烈的今天吸引更多的游客。也正因如此，文化旅游产业在这样的大背景下得以兴起。

所谓文化旅游，指的是游客为了体验不同文化之间的差异，去往当地

参加各种文化活动，追寻文化名人遗迹，以鉴赏异地传统文化为目的的旅游。文化旅游是以人文资源为主要内容的旅游活动，包括历史遗迹、建筑、民族艺术和民俗、宗教等方面。文化旅游离不开文化旅游产业的发展，文化旅游产业是文化旅游的平台。文化旅游产业是指依照旅游市场要素对社会历史文化资源进行开发和配置，以此拉动旅游者对于文化旅游的消费需求，最终形成文化旅游产业体系的过程。据此，可将文化旅游产业定义为：文化旅游产业是以文化资源开发为内容、通过创造文化差异来吸引游客，以满足人们人文体验与神秘体验为目的，为游客提供文化和精神层面享受的旅游产业。

当前我国文化旅游产业发展势头良好，涌现出一批又一批驰名国内外的旅游景区，不论游客是对于哪一种生活方式、哪一种特色文化心生向往，都能在大江南北的某个景区寻得满足。比如被誉为“中国民俗博物馆”的广东深圳“中国民俗文化村”，在这里，二十七个民族的二十七个村寨按照1:1的比例重现，各个民族的特色风俗民情都能得到体现，甚至可以说，这里就是华夏大地上各个民族和睦相融、团结相处的缩影。游历其间，你会看到傣族的竹楼、布依族的石房、哈尼族的蘑菇房、蒙古族的蒙古包；你会品尝到藏族的青稞酒、壮族的竹筒饭、土家族的特色鸡蛋面、维吾尔族的烤肉；你会欣赏到民族服饰舞蹈《东方霓裳》、影视特技实景秀《大漠传奇》、华夏综艺史诗《龙凤舞中华》；你还会体验到傣族的“泼水节”、彝族的“火把节”、回族的“花儿会”等。在这里体验一天，仿佛是踏遍了整个中国。

再比如江苏无锡的“水浒城”，原是中央电视为将中国四大名著之一的《水浒传》搬上荧幕而特地兴建的影视拍摄基地，拍摄结束后为最大化地利用其价值，开发商将其作为一大旅游景点向世人开放。水浒城以《水浒传》中对于北宋民间下层人民的生活描述为蓝本，其间的官舍衙门、酒楼客栈、梁山无不与书中的描述一致。行至翠云楼，想到的便是众好汉为救一百零八将之一的卢俊义将其一把火烧毁的情景；行至郑屠肉铺，想到的是“鲁提辖拳打镇关西”。同时，城内还有诸多表演，无论是《兄弟相会》《燕青打擂》还是《梁山英豪》，都让你一时恍惚，仿佛身在书中，成为施耐庵笔下的一员大将，心中热血澎湃。

总而言之，这些文化旅游景点能够成功的一大核心就在于深入挖掘了当地所特有的历史文化资源后，对其进行因地制宜的开发利用，使其价值得以兑现，同时结合不断得到发展的科技创新为旅游业发展助力。当然，政府的扶持也是必不可少的。

四、宋城文化旅游产业发展模式的主要特点

杭州作为江南地区首屈一指的文化旅游名城，驰名中外的景点不胜枚举，而宋城仍然能够脱颖而出，成为游客来杭州必到的“打卡地”之一，足以见得魅力所在。它的发展无疑是成功的，无论是从宋城今日的知名度，还是宋城的收入为杭州经济总量所做的贡献而言。宋城发展至今，可以说是已经形成了自身所特有的“宋城模式”，这种模式最值得为人称道的一点就在于充分挖掘所在区域的文化资源禀赋，并在开发利用这些资源的过程中创新了文化资源价值兑现的方式。同时，辅以高科技为手段、文化创意为灵魂、产业园区为载体，使得宋城的发展蒸蒸日上，吸引着越来越多的游人。

（一）《清明上河图》名画文化资源价值的兑现

宋城模式最大的特别之处就在于其创造了文化资源价值兑现的方式，其一就是让《清明上河图》这样一幅传世名画的价值不再仅仅局限于藏在博物馆里供人们欣赏，而是将这幅名画中的景象搬到了现实生活中的一个园区内，游客游历在景区内仿佛就是置身于画中，在这身临其境的感觉中领会到了名画的魅力。

中国历史上像《清明上河图》这样的名画并不少，为何宋城集团的决策者们最终敲定的是“清明上河图”呢？首先，这不得不联系到杭州作为南宋时期的都城（彼时称临安）的历史，也正是这一段历史让杭州在古代总体经济并不发达的南方城市中脱颖而出。杭州利用其“南宋都城”的名号发展文化旅游业服务可以说是名正言顺的。而宋城集团的董事长也正是看到了这一点，在杭州西湖区兴建了如今享誉国内外的“宋城”。既要反映宋代的面貌，又要还原画中的景象，那么以写实主义风

格充分体现了北宋时期汴京城内繁荣景象的《清明上河图》便是当之无愧之选。再者，宋高宗于南宋初建时期便迁都南下，杭州迎来的不仅是汴京来的人，同时还有汴京人的风俗习惯，他们身上所携带的北方文化，与杭州的南方文化碰撞交融、相互影响，让杭州的文化也充斥着汴京的影子。也正是因为如此，在宋城景区内以《清明上河图》为蓝本，不仅是重现画中北宋汴京的经济发展盛况，同时也反映了杭州作为南宋都城的辉煌历史。

把一张画卷中的景象还原到现实生活中的一处文化公园内，同时将这座城市的文化底蕴、风土人情融入其中，不论是对这幅传世名画，还是这座历史名城而言，都是一种传承，也是一种价值兑现方式的创新。宋城以自身多年的实践经验充分证明了这种方式的可行性，同时，也使其成为“宋城模式”最大的特点。

（二）杭州传说文化资源的价值兑现

除了名画资源的价值得到了创新的兑现，杭州的历史传说也是如此。它们不再仅是一代又一代杭城人口口相传的故事，年轻一代人不必再仅听老一辈人的口述然后在脑海中幻想这些故事中的画面，而是能够在观看编剧人员精心编排的舞台剧后深切感受到杭州所特有的传说的魅力。

宋城的家喻户晓除了得益于其对于宋朝文化的传承与发扬，特色表演“宋城千古情”也是功不可没。建园之初，为了让宋城内的文化底蕴更加深厚，也为了在游客们的脑海中、心中留下更为具体的“宋城记忆”，宋城人斥资斥力打造了一台全景式的歌舞表演——《宋城千古情》。这档表演自开展以来，便成为宋城园区内最为吸引游客的招牌节目，每年上演的场数以及接待的观众总数都堪称世界之最。由此，也得以与法国的“红磨坊”、美国拉斯维加斯的“O 秀”并列被称为“世界三大秀”。

不同于西方的另外“两大秀”，“宋城千古情”极具东方色彩，旨在充分体现杭州这座拥有悠久历史的文化名城由古至今不同时期的风貌，整场演出分成了“良渚之光”“宋宫宴舞”“金戈铁马”“西子传说”和“魅力杭州”五幕，糅合多个故事，一场表演下来，我们看到了杭州良渚古人生存劳作的艰辛、看到了大宋王朝的富庶与辉煌、看到了岳飞抗金的家国情怀、看到了梁祝的凄美、看到了许仙和白娘子的人蛇虐恋，还看到了今日杭州的再创繁荣，这也让宋城那句“给我一天，还你千年”的许诺在这场演出中得到兑现。

其中，第三部分“金戈铁马”讲述的是南宋名将岳飞为收复失地，多次率领岳家军北上讨伐、抗击金军入侵的故事。演员们的演绎让大家看到的是兵临城下、山河破败的悲壮，看到的是岳家军将士们保家卫国、浴血奋战的家国大爱。第四部分“西子传说”取材的是古时流传下来的两大极具杭州特色的经典爱情传说——许仙与白娘子、梁山伯与祝英台。静坐在台下，看到的是许仙和白素贞“人蛇之恋”的凄美与苦楚和对法海老和尚强拆鸳鸯的愤恨；看到的是梁山伯与祝英台有情人难成眷属，最终身死“化蝶”的惋惜。这些经典传说经过编剧们的精心编排，演员们的动情演绎，便不再是口中的传说，游客也仿佛是这些感人故事的见证者，故事中所传达出来的杭州所特有的文化底蕴也就在这一幕幕场景的转换中深深印入了游客的脑海。

（三）民俗文化资源的价值兑现

宋城对于文化资源价值兑现方式的创新，当然还少不了民俗文化资源。中华民族数千年的历史孕育了丰富的文化资源，各族人民在不断地相处融合过程中形成了大量的民俗文化，涉及物质生活、社会生活和精神生活各个方面。民俗文化往往不同于一些高雅的文化，但却是古时候人们生活的真实写照，这也是为何宋城内民俗文化的体现比比皆是的一大理由——以民俗充分还原历史人们的生活状况。将各种民俗文化汇聚在一个园区内，增加园区的文化底蕴，在保护了这些传统民俗文化的同时也为园区吸引到更多的游客，这对于一些“难登大雅之堂”的民俗文化而言，其实也算是一种价值兑现。宋城内对于民俗文化的体现比比皆是：物质生活方面，园区内开的客栈酒楼，各种卖胭脂膏粉、定制服饰、零食小吃的店铺；社会生活方面，园区内的各种民俗节庆活动，比如傣族泼水节、新春大庙会、火把节等；人生礼俗活动，比如王家三小姐抛绣球招亲；精神生活方面，比如园区内各种游艺民俗，民俗传说故事的表演，各式街头杂耍应接不暇。

（四）以高科技为手段，提升宋城文化旅游主题公园品质

文化旅游景区如果想要提升自身的档次，同时吸引到更多的年轻游客，那么，高科技的运用不失为一个好办法。将景区内有的“产品”与高科技手段相结合，不仅能够给游客以新鲜感，更能让游客在其中更深切地感受到文化资源与高科技结合后散发的强大魅力。宋城的“产品”设计师显然是深谙其道，“清明上河图电影馆”便是宋城内科技手段应用的一大特色。在这里，可以说清明上河图是“活着”的。馆内引进了高科技设备——Vivitek 工程机，将整幅画用 3D 影像活化起来，并通过多台投影机将活化后的图像放大，投射到总面积超过 200 平方米的幕布上。游客只需要在幕布前踱步，画中的任何一幕场景，不论是繁忙的漕运，还是喧嚣的市井，或是静谧的深宅大院，都活灵活现地映在眼前，仿佛是在欣赏一部 3D 电影大片。

当然，宋城内科技的影子远不仅于此，在聊斋惊魂鬼屋、步步惊心鬼屋等一些惊险刺激的项目中，极其恐怖的氛围营造自然也少不了科技手段的应用。另外，宋城千古情之所以能成之为一档优秀的全景式舞台剧，在观众脑海中留下深刻印象，很大一部分也要归功于舞台器械。如：这一幕场景需要下雨，舞台上便风起云涌，雨水簌簌而下；这一幕需要打雷，舞台上便轰隆作响，电闪雷鸣；这一幕许仙和白娘子被法海拆散，甚至连观众席也会分开成两半。由此可见，为营造出震撼的舞台效果，让观众与剧中的人物感同身受，宋城人在舞台机械的选择上极为严格。无论是灯光效果，还是音质音量，再或是舞台布景，对于舞台设备的选用，都是精益求精、不断更进，只为呈现出最好的效果。也正是因为有这些科技手段的投入，宋城广受好评，吸引着更多年轻游客。

（五）以文化创意为媒介，打造宋城文化主题公园的灵魂

文化资源作为资源本身是不具有活力的，但是当它与旅游产业有机结合，才更显示出其价值，而其中转化的桥梁必不可少，也即让文化资源内化为旅游产业的内核，让旅游产业表现为文化资源的外在，应当是以文化创意为媒介的，这样才能为旅游景区注入灵魂，迸发更强劲的生机。

整个宋城景区内，运用文化创意这一桥梁的例子比比皆是。《清明上河图》能够在电影馆内“活着”展现在游客眼前，既是得益于科技的发展，更是得益于宋城人将这一科技力量应用在活化名画的文化创意；宋城整个园区的建设，即以一幅传世名画作为整个园区布局构造的样本，而不是像其他一些主题公园找设计师进行策划，复原名画为一座公园本身就是一大创意；宋城千古情以杭州数千年的历史为剧本创作，融合杭州的历史发端、经典传说、今日展望成一场完整的舞台剧，将人们脑海中的数千年的杭州印象搬上舞台也是一大创意。

（六）以产业园为载体，推进传统文化传承、创新与发展

将物质性的以及非物质性的文化资源相融合，最好的发展载体就是文化旅游产业园区。宋城文化主题公园就是这样一个产业园区，园区内可以看到严格按照《清明上河图》中宋代建筑风格建造的楼阁、桥梁等物质性的文化资源，也能够感受到各种风俗、民间手艺、饮食和服饰等的非物质文化资源，这些资源在园区内得到传承、创新和发展。同时，宋城也力图在园区内实现旅游全过程的一体化服务，游客们食、住、游、购、娱、行各个方面的需求都能在这里得到满足。

五、宋城文化旅游产业化开发的具体路径

宋城能够取得今日的成就，除了在于其能够创新文化资源价值兑现的方式以外，还依赖于它对于其他一些文化旅游成功案例的借鉴并加以创新，从而在整个主题公园内形成相当良好的旅游景区“生态链”，也使得其产业化的路径更加明晰。

（一）游艺民俗文化资源的文旅开发

民俗文化，作为一种非物质文化遗产，一来是千百年来各个民族或生活群体生活的缩影，二来也是民众文娱生活上的诉求。也正因如此，华夏大地上流传下来的民俗可以说是不胜枚举，游客们在游览景区时，对于民俗表演的参与也是颇具热情。宋城也是看到了这一点，便仿照宋

元时期的景象，在“市井街”上安排一些身着古代服装的表演艺人，命悬一线、提线木偶、叠椅倒立、口咬绝技、驯羊猴等表演应有尽有，观众们往往前一秒还在为艺人的生命安全胆战心惊，下一秒又为动物们的机灵拍手叫绝。

除了这些单纯观赏性质的民俗表演以外，宋城当然也为沉浸氛围中跃跃欲试的游客们准备了一些能够亲身参与的活动。比如“王员外家小姐抛绣球”，每日到了吉时，王员外家的三小姐便会在绣楼上抛出绣球，挑选佳婿。一旦被选中的“女婿”，便有王家人为你穿戴上大红喜服，与王家小姐在秀楼上拜天地。这一活动因其趣味性往往每日都能在秀楼下吸引诸多游客，甚至成为宋城内最受游客热捧的民俗体验表演，这样的民俗文化推广方式也颇受业界好评。

（二）服饰民俗文化资源的文旅开发

为了让游历在宋城内的游客们更有穿越回宋朝的真实感，园区内不论是工作人员、叫卖商贩，还是表演艺人，通通都身着古装。另外，宋城还在景区的入口处放置了近万套的古装，免费供应给有兴致的游客穿上进入景区游玩，不论是为更深切的体验宋人生活，还是拍摄影片留念。当然，如果游客对宋代服装颇有兴趣，园区内也有各式的服装定制商铺，游客可以按照自己的喜好定制专属服装，并带回家留念。服饰为营造穿越实感起到重要作用的同时，也正是在这一过程中，让更多的人了解到了宋朝时期的文化，对于汉服文化这一非物质文化遗产的传承也起到一定的作用。

（三）工艺民俗文化资源的文旅开发

中国五千年的历史绵延，民间传承下来的手工技艺不仅种类繁多，更可以说是个个精彩绝伦，都是中华民族灿烂历史上的瑰宝。但遗憾的是，传统手工艺大都面临着后继无人的窘境，越来越多的工匠后人不再对这些手工艺感兴趣，而是选择了更加时兴的行业，也就是说，这些技艺面临着失传的风险。宋城人看到了民族传统手工艺行业的困局，同时也看到了在宋城内设立各式作坊供游客观赏甚至是亲身体验的可行性，这不论对于手工艺行业，还是宋城内的商业生态都是大有裨益的，可以说是共赢。宋城经过一次又一次的街道整改，才有了如今的七十二行作坊，这里荟萃了各色身怀绝技的能工巧匠，有豆腐坊、打铜铺、稻香酒坊、客家糍粑、南宋扇庄、剪纸、编草鞋等各种作坊，游客们可以伫立在某个作坊门前感受这些匠人们巧夺天工的手法，对哪一门技艺兴趣颇深，也可以亲自参与到制作中，这些匠人师傅定会细致又耐心地教导。

（四）美食民俗文化资源的文旅开发

中国的古话里说“民以食为天”，游客在园区内游玩一整天，肯定免不了感到饥饿，那么，吃当然是整个旅游中不可或缺的重点之一。景区的食物大多分布在市井街以及美食街，街道两旁商铺林立，各式小吃琳琅满目，不论你是哪种口味的爱好者都能在这里得到满足。包子、炊饼这样的小吃看似普通，实则有着一定的文化底蕴，皮薄馅多的孙二娘包子、油而不腻的武大郎炊饼，都是出自《水浒传》中的情节，游客们在品尝这些特色美食的同时，感受到的是名著的魅力，也感受到了宋城人对于文化内涵的用心。手酿酒、叫花鸡、竹筒饭、麦芽糖、手工磨豆腐等都是现做现卖，一道道制作工序现场演绎，让你在感受美食制作技艺的同时，也吃得放心。当然，如果你不满足于小吃，而是想要真正坐下来品尝地道的杭州本帮菜，那么你就可以去状元楼品尝一番，还可以听上一段穷秀才受恩高中后知恩图报的感人故事。即便是境外游客来此，景区内的星巴克、台湾美食街等都能使其宾至如归。

（五）名著文化资源的文旅开发

宋城的建设除了取材于《清明上河图》这幅传世名画以外，还引用了诸多典故。孙二娘包子店、武大郎炊饼店的取名均引自《水浒传》；惊魂鬼屋以《聊斋志异》中宁采臣的经历为主线，同时又糅杂了《鬼吹灯》中对于惊悚场面的描述进行布景；步步惊心鬼屋借鉴了宋代的医学名著《洗冤录》，带领游客梦回大宋，破解冤案。这些民间耳熟能详的典故在宋城内让游客都能够真正地体验一番，也让其中的价值得到了兑现。

（六）异域文化资源的文旅开发

家庭整体出游已经成为当前国人出游的主要形式，这也就意味着诸多景区除了要满足成年人的出游体验需求，还应当考虑小朋友的游玩需求。而学龄前的孩子对于文化底蕴的感知能力相对较差，随着迪士尼等游乐主题公园逐渐深入人心，孩子们对于娱乐的需求逐渐西化。因此，为了满足孩子出游的体验需求，宋城兴建了童心乐园，家长们可以带着孩子到乐园内体验丛林大冒险、碰碰车、迷你飞车、探险岛等游乐项目。不但是孩子能够在这里找到乐趣，家长也能在陪伴孩子玩耍的同时，感受宋城文化底蕴的洗礼。这些游乐设施中包含的是缘起于西方的游乐文化，宋城在发展本土传统优秀文化的同时，借鉴来自西方的异域文化融入自身的建设当中，从而吸引到了更多的游客群体，一方面丰富了景区的文化类型，另一个方面也提升了整体的品质。

六、经验与启示

宋城能够取得今天的成绩，是不容易的。对于任何文化旅游产业而言，它在发展过程中的经验都值得借鉴。

第一，底蕴的挖掘让文化旅游产业经受住了市场考验。文化旅游产业要想在市场上立足的同时打出一片天地，就必须在特色鲜明的同时牢牢抓住文化资源本身这个“根基”，这一点上，主题公园届的“前辈”——美国的迪士尼乐园就是一个很好的例子。迪士尼内不仅有体现美国这种“新欧洲国家”注重体验、注重趣味风格的游乐设施，同时内部也有相当多“美国特色”的迪士尼动画元素。宋城作为最大的宋朝主题文化公园，除了建立在对宋朝文化的充分挖掘外，同时也抓住宋城所在地，即杭州的各式特色文化资源，让“杭州特色”体现在园区的每一处。

第二，创意的注入让文化旅游产业持续迸发活力。一个发展文化旅游的企业想要获得一时的成功或许可以完全依赖于本地的资源禀赋，但是，如果想要这样的成功得以延续下去，企业就必须思考如何保持活力。在企业原有的文化产品内注入创意，是一大解决方案。宋城主题公园创造性地以《清明上河图》为蓝本、以图中描绘的盛景为蓝本，在园区内实景重现，从而让游客仿佛身临其境、梦回汴京。

第三，科技的运用让文化旅游产业渠道大大扩宽。《宋城千古情》之所以能成为宋城主题园区的灵魂，除了演艺工作者们数年如一日对这一剧本的揣摩演绎，也离不开舞台上的灯光效果。这些灯光设备的不断改进即是科技发展进步的成果之一。同时，宋城如今得以家喻户晓，一部分要归功于网络的传播。网络的发展让个人的体验能够迅速地分享给他人，使得人们对于出游的选择有了更多更真实的获知渠道。近一两年来，媒体传播已经走到了自媒体的时代，各种各样的自媒体直播平台层出不穷，宋城集团也机敏地抓住了这一机会，集团旗下的直播 App 石榴直播自 2016 年改版以来，形成了较为稳定的盈利模式，创造了不菲的收入。

第四，品牌的树立让文化旅游产业吸引力维稳。任何一个产品想要能够让消费者放心使用，那么其口碑的培养便必不可少，口碑要能够口口相传，又在一定程度上依赖于品牌的树立，对于文化旅游企业而言，也是如此。积极正面的品牌形象能够使得旅游产品获得持久的吸引力，除了不断吸引新的游客外，还可以让游客自发为景区做广告，从而为景区创造更大的价值。当然，想要树立一个良好的品牌形象并不是一朝一夕能够完成的，其需要的是企业经年累月的努力。如今，除了杭州宋城千古情，还有三亚千古情、桂林千古情等，起始于杭州宋城主题公园的“千古情”演艺节目的开枝散叶可以说是宋城在品牌树立上的一大成就，因为有宋城多年来的发展，让“千古情”三个字成为舞台表演的保证。

第五，政府的支持为文化旅游产业发展保驾护航。任何一个企业想要得到良好的发展，除了自身实力要过硬以外，也依赖于外部环境。政府作为整体经济环境的建设主体，毫无疑问，担负着巨大的责任。政府对企业经营加以干预最通常的途径，包括制定各种产业发展规划指南或是法律法规以及直接的财政拨款等。以杭州宋城景区为例，园区的设立得到杭州市政府的大力支持，时至浙江省文化产业改革时期，宋城的发展无疑借上了“东风”。同时宋城文化创意产业实验区落户在杭州市萧山区世界休闲博览园区内，享受到国家省区市各级政府的文化企业扶持政策。此外，萧山区政府为扶持文化旅游产业发展，还提供信贷倾斜支持，等等。

案例三：文化资源与文化服务融合发展——成都休闲模式

一、成都休闲文化产业发展现状

成都市依靠着武侯祠博物馆、杜甫草堂博物馆、成都博物馆、金沙博物馆、四川省博物院等博物馆资源的优势，策划并开展了以“金沙太阳节”“诗圣文化节”“中秋听琴”“成都大庙会”“夜游武侯祠”等为代表的品牌活动。与此同时，成都市还建成了国际非物质文化遗产博览园，也因此得以连续的成功举办了国际非遗节，并建成“安仁中国博物馆小镇”和“民国风情街”。通过这一系列的举措，使洛带、街子、黄龙溪、平乐、西来、五凤等天府古镇品牌的影响力逐步得到提升，这也使得宽窄巷子、大慈寺历史文化街区等重大文化建设项目顺利建成。它促进了东郊记忆、富园国际艺术村、西村创意产业园等公园的形成，并成功聚集了400多家艺术家工作室和各种艺术机构，包括绘画、书法和雕塑。其中，蓝顶艺术区300多位艺术家齐聚一堂，成功举办了蓝顶艺术节。正是因为这一系列的文化举措和文化活动使成都成为中国当代艺术的新标志之一。2018年中国城市新文创活力指数成都位居第一，第二、第三、第四名分别是北京、杭州、上海。成都第三产业比值也在近些年逐年增加，文化服务产业得到了极大的发展，图8-1是依据国家统计局数据所绘制的各个产业增长图，表8-4展示了“十三五”时期成都建设的西部文创中心工程。

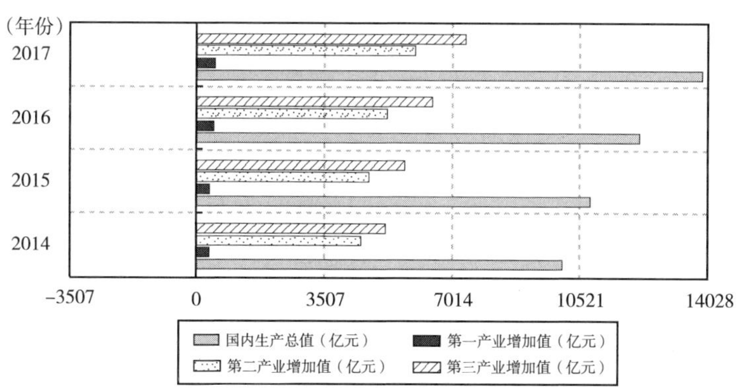

图8-1　产业增加值

资料来源：根据《成都市经济发展年鉴》整理。

表8-4　　　　“十三五”时期成都建设的西部文创中心工程

1. 标志性文化设施建设 建设成都中心、城市音乐厅、成都大剧院、杜甫千诗碑、成都川剧艺术中心三期、成都美术馆、成都图书馆新馆、成都文化馆新馆、成都文物中心库房与遗产保护中心、成都自然博物馆、成都天府新区省级文化中心等一批重要文化设施
2. 文创产业载体建设 推进世界电影主题文化街区、中国西部文化产业园、华熙528艺术村二期、锦门丝绸商贸旅游小镇二期、中国洛带博客小镇、三国蜀汉城、大熊猫乐园、白酒文化博览园等一批项目建设，逐步形成古蜀文化、三国文化、南丝路文化、大熊猫文化、芙蓉文化、酒文化等特色文化设施
3. 博物馆之城建设 新建一批精品博物馆、特色博物馆，发展一批非国有博物馆，试点推进乡村博物馆建设，推进数字博物馆平台建设，推动大邑安仁、龙泉洛带等一批重点项目实施，鼓励博物馆与文化创意、旅游产业相结合，开发衍生产品，打造特色文博旅游产业发展区，建成有区域文化辐射力、带动力和影响力的博物馆之城
4. 音乐之都建设 打造一批音乐演艺设施和活动平台，加强音乐人才队伍和重点园区建设，重点发展原创音乐、数字音乐、音乐演出、音乐产品交易等业态，推动音乐与旅游、体育、动漫游戏、影视等产业融合发展，积极推进凤凰山音乐艺术公园、森林音乐公园、东郊记忆音乐公园建设，建成音乐产业领军城市和中国音乐之都
5. 文创节会品牌建设 进一步提升中国成都国际非物质文化遗产节、成都创意设计周、成都国际友城青年音乐周等重大文化节会的办会水平，重点打造“成都大庙会”“金沙太阳节”“诗圣文化节”等优质文化交流节会，筹办国际性的音乐产业博览会和全国性的音乐产业发展峰会，策划实施丝绸之路—成都国际电影节、中国成都原创音乐榜等品牌性活动，打造文创节会成都品牌

资料来源：《成都市文化产业发展十三五规划》整理而成。

二、成都休闲文化资源禀赋分析

成都市的景点和名胜古迹无处不在，李白曾赋予成都“九天开出一成都，万户千门入画图”的美誉，成都的文化资源有着得天独厚的优势，并极具鲜明特色。本书将分成七个部分来阐述成都休闲文化资源禀赋。

（一）历史文化资源

成都拥有四千年的历史，是一个融合了古代和现代文明、拥有丰富历史文化资源的中心城市。其中，青城山和都江堰被列入世界自然与文化双重遗产名录。成都具有独特的“大熊猫”生态文化，以“金沙”为代表的古代文化：流行的三国文化、优雅的诗文化、独特的古城文化，以及以都江堰为标志的水文化。成都具有悠久的宗教文化、节日、八大菜系中的川菜，以及民间表演等独特的休闲文化和民间艺术。与此同时，成都也是一个著名的工艺城市，它以锦缎、丝绸刺绣、金银丝绸产品、漆器和竹编织而闻名。

（二）饮食文化资源

成都餐饮文化是独一无二的，主要表现有：各种餐饮，长期的餐桌仪式，丰富的餐桌文化和热情的用餐。“吃在中国，味在四川”，成都是四川餐饮文化的集中体现。成都菜肴可分为三类：川菜、火锅和小吃。川菜是中国八大菜系中的第一家，其品相千变万化、口味多种多样。每道菜都有自己的特色，每道菜都有不同的风味，四川菜的厨师都善于用辣。成都有着数量巨大的高端餐厅和中低端餐厅，并且拥有全球唯一以菜品文化为中心的主题博物馆——川菜博物馆。四川美食博物馆占地约 40 英亩，馆内拥有超过 6000 道菜品。博物馆分为：收藏大厅、互动示范大厅、炉灶王、食品加工设备展示区和休闲大厅。除了能品尝到正宗的川菜，游客还可以感受一下成都经典的“一碗茶”，体验成都的休闲文化和成都人的舒适生活。

（三）市井文化资源

市井文化是中国历史文化发展中的特殊形式，其具有人文性、通俗性、广泛性、时尚性等特点，它是起源于街道的一种市场文化。在城市化进程中，“市井文化”逐渐成为人们追寻以往质朴、原始、纯真的生活方式的一种全新的文化。如沿街叫卖的小贩、路灯下一起围观棋局的人、传统的吹糖人/捏面人，或是在夏日晚间坐在街头的竹躺椅上闲聊喝茶的市民等，都属于“市井文化”，这些场景都有其独特的价值和美感。成都具有丰富的市井文化资源，例如：古色古香的锦里古街、抑扬顿挫的宽窄巷子、现代和传统相结合的成都太古里，都是对成都传统市井文化的再现。

（四）茶馆文化资源

明代儒家代表人物顾炎武曾在《日知录》中写道：“秦人亵渎并开始

知道他们是否在喝酒。”由此可知，在秦国入土蜀地之前，蜀国人即今天的四川人就有了喝茶的习惯。成都人都有喝茶的习惯，尤其是对盖碗茶有着特殊的情感。成都的盖碗茶是有一番讲究的，茶水师拿来“三才碗”围成一圈，然后再用长嘴铜茶壶挨个给三才碗沏茶，这就像蜻蜓点水一样，但是这样的蜻蜓点水却没有一滴水溅出到桌上，体现了成都独特的茶文化和魅力。到目前为止，成都拥有3000多个大小不同的茶馆，弯曲的河边、幽静的竹林、一把椅子、一阵微风、一碗茶、一股清香，足以感受到成都的休闲气质。在成都喝茶，更多的是一份市井气、江湖气以及平和与笃定。

（五）戏曲文化资源

川剧和民间演艺，是成都文化中不可缺少的部分。川剧是中国歌剧馆的独特部分，川剧有着悠久的历史，今天的川剧仍然保留了许多精彩的传统曲目，并继承了许多丰富的音乐和表演艺术。在遥远的唐代，川剧有“蜀戏冠天下”的美誉。川剧有很多曲目，一直有“唐诗三千首，宋词八百首，数不清的戏曲数”的说法。这些有名的戏曲当中为人熟知的就有《彩楼记》《玉簪记》《白蛇传》《柳荫记》等。川剧中的表演技能也多种多样，流传下来的很多川剧，其剧情大都风趣幽默，表演人员也能够随着节奏变化表情，伴奏等风格也是很独特的。

（六）棋牌文化资源

麻将是一种游戏，是古时人们发明的，经过多年的演变逐渐成为中国民族的文化精髓。如今，麻将也成为许多现代人茶余饭后的休闲娱乐手段，但要说将麻将玩出名的，那一定是成都市民了，麻将充分体现了成都人休闲娱乐的精神，这是麻将与成都当地文化融合的结果。在成都，大到商业交流、小到平常生活，麻将已充斥在成都人生活的各个层面。除了麻将以外，以象棋、围棋、扑克等棋牌运动为代表的娱乐活动在成都市井街头也很常见。2011年，中国第一个棋牌文化教育基地——成都棋艺学院诞生，学院内开设有围棋、象棋、国际象棋三个专业方向。麻将文化、棋牌文化都佐证了成都棋艺文化的深厚，纪录片《棋与成都》中便介绍了成都的棋艺渊源。

（七）宗教文化资源

成都因为山很有灵气，水也很秀丽，并且具有深厚的文化底蕴，因此成都也是道教的重要发祥地之一。从张道陵中的大邑鹤鸣山创建道教，老子李耳出现在青羊肆并成为领袖，在青城洞中传播道教，使道教走上了中国的历史，青城山、青羊宫等都是有名的道教圣地。

东汉时期，佛教开始传入成都。在千百年来的沉淀下，佛教得到了长足发展。从汉朝到南朝的变迁中，成都成为佛教由西向东传播的中转站之一。在佛教发展史上，成都也占有不可替代的作用，成都的佛教发展对中国佛教发展意义非凡。成都的大慈寺也在一段时期内成为中国佛教的中心地，对今天中国的佛教乃至世界文化影响都产生了巨大影响，也正是因为大慈寺对中国佛教发展的影响，它在中国佛教发展历史上有着不可替代的位置。

三、成都休闲文化产业开发与发展模式分析

自古以来，成都就有着非常浓郁的休闲氛围，休闲生活是成都人的基本诉求，因此“休闲之都”的称号在其民间有着较高的认可度，可以说，成都作为传统意义上的休闲之都是一种自然生成的状态。近年来，成都依托着它浑厚的历史文化底蕴和丰富的旅游资源优势，大力发展休闲相关的产业，锦里古街的打造与武侯祠的整合，以及都江堰国际休闲度假旅游区，将旅游、休闲、度假完美的结合，全面拉动了休闲经济。但是文化资源保护是文化产业发展的前提，结合上文所提到的文化资源禀赋，成都大力发展文化服务产业，打造“休闲文化”品牌，并取得了显著成效。下面将对成都六种具有代表性和借鉴意义的休闲文化产业模式进行探讨。

（一）历史文化休闲产业模式

成都利用大量历史文化资源，在此基础上打造了一大批具有历史特色的民俗文化休闲产业，在此以武侯祠、锦里产业园模式来阐述说明成都是

如何打造民俗文化休闲产业的。

1. 利用历史文化资源进行创新开发

依托武侯祠这个历史景点所打造的“拜武侯，泡锦里”已成为体验成都休闲文化必不可少及最有号召力的一个环节，同时“武侯祠大庙会”“武侯夜话”“夜游武侯”等品牌活动，都是最近这些年成都利用武侯祠和锦里的文化资源，不断推陈出新所打造出的历史民俗文化休闲产业品牌。文化创意及模式创新给锦里武侯祠注入了许多活力，让人们能更加方便和深刻地体会巴蜀文化，同时体验到极具成都特色的民俗文化。根据时代变化和消费者的需求提升，在武侯祠内设置新文创馆，除包含大量三国时期传统文化纪念物之外，还有结合时代元素所设计创意的新颖产品。同时武侯祠在创新模式上也推陈出新，正如春节所打造的“大庙会”“灯火游园会”，极具生活气息和年味，其高人气的影响引发各大媒体关注，中央电视台十度聚焦本次大庙会，北京卫视也对此次特色美食做了相关报道。

2. 体验化的观赏方式

成都在打造具有三国文化的武侯祠时，并不是打造单调的博物馆仅供展览，而是将其体验化、生活化，让人们仿佛回到三国时的生活情景。猜灯谜、做油画雨伞、穿汉服、观澜戏、赏灯笼、参观市场、烹饪美食，亲身体验三国时期人们的生活方式，融入金利夜市，同时围绕市场购物玩具、吃美食小吃。在这条街上，成都生活的精髓集中在餐馆、茶馆、旅馆、手工艺品、舞台、小吃、酒吧、纪念品上，这都是成都的代表和充满活力的文化服务行业的体现。

3. 利用附属品牌增加影响力

为了更好地打造武侯祠的民俗文化产业，实现更大的经济价值，锦里武侯祠不仅塑造其本身的品牌，也利用现有的品牌产品，增加其文化魅力。当人们来到武侯祠和锦里时，不仅能在武侯祠欣赏到变幻多彩的川剧及其他民俗表演，还能在锦里体验成都老街区的感觉，吃到经典的川菜和成都各种著名小吃，躺在竹椅上悠闲地喝杯盖碗茶，听着说书先生讲各种民间有趣的故事。这个大型产业园将各种品牌汇聚一体，能够满足现在人们的多重需求。川菜、川茶、川剧等著名品牌都给此景点带来了巨大的收益。

（二）饮食文化休闲产业模式

成都拥有种类繁多的食品、优质的香料、精细的制作，以及极大的文化底蕴和魅力。如今，川菜和成都小吃已成为推广巴蜀文化的名片。一方面，它具有丰富的味道；另一方面，其味道淡雅、清新。这些风味和口感的结合，使每道菜都有独特的味道。

1. 成都饮食文化的特征

网上流行“食在广州，吃在成都”的说法，这也说明了成都饮食的文化有着其独特的位置，正是由于这些爱吃和会吃的成都人，才使得成都的饮食文化得以发展和创新。成都饮食文化有一个典型的特征就是亲民性。无论是贵族还是平民百姓，每个人都喜欢吃。“亲民”二字，体现了成都小吃的普通和普遍，只要你想吃，随时都可以吃到并且吃得开心愉快。也正是因为成都小吃的亲民性，使得四川小吃走出四川、走向全国。很多的成都小吃或者菜品所用材料都很普通，但是其配料和做法非常有讲究，其主要的调味用品有红豆油、盐、花椒、辣椒、热油辣椒、白豆油、香油、榨菜、橘皮、草果、蒜泥、葱花、豆粉、姜汁、甜酒等。

2. 品牌塑造

品牌是一种产品区别于其他产品的标签，产品具有独特的品牌也是一种无形资产，是吸引消费者的名片。对于大多数消费者来说，品牌产品可以让消费者省很多事（包括思考、纠结等），仅凭对某种品牌产品的信任便可选择，是产品对消费者产生的一种不可抗拒的吸引力。因此，成熟的消费者在选择美食产品上往往首选的是品牌美食产品。首先，与大企业合作，在各地打造知名品牌。成都还专门建了川菜博物馆，让人们更多、更全面地了解川菜，同时各种美食节的举办，提高了当地美食品牌的知名度。其次，通过媒介宣传。四川航空的熊猫餐以及飞机上的美食视频、小视频软件的运用让成都迅速成为一座网红城市。最后，口碑和诗歌书籍对川菜品牌塑造和宣传起到了至关重要的作用。

3. 成都特色小吃互补

成都特色小吃，如火锅、串串都是极具诱惑力的美食名牌，成都大力发展美食产业，让人们对成都的美食流连忘返，美食是打造休闲文化产业极具竞争力的元素。成都一直以来便有“小吃之都”的美名，据相关统计，光是记录在册的各色成都小吃就达3000多种。其中夫妻肺片、龙抄手、担担面等小吃，在成都乃至全国都很有名。目前，随着经济水平和当地人民文化水平的提高，小吃的功能和作用也发生了微妙的变化，并逐渐演变成一种文化和休闲功能。外地游客体验的不仅是这个地方美食的味道，还包括特产小吃的地域文化内涵。这些小吃随着季节的变化而变化，比如在寒冷的冬季我们能品尝到热气腾腾的油茶，而在酷热的夏天能尝到冰凉舒心的凉虾冰粉，各式各样的小吃能满足消费者多种多样的需求。同时，成都小吃更加注重品质和服务，在食品包装上也融入了很多巴蜀元素，让人们更能贴切地感受到当地文化。四川火锅、串串在全国大开连锁，并且客流量极大，各连锁店装潢极具巴蜀特色，一是让远方游子找到归属感；二是因其建筑特色和美食品牌会吸引大批客人。

（三）市井文化的休闲产业模式

宽窄巷子是成都历史文化的重要组成部分，体现了成都独特的生活文化。它由宽阔的小巷、狭窄的小巷和平行排列的小巷组成，由带有绿色瓷砖的古色古香的庭院组成，它也是成都留下的大型清代古街，小巷中的两条长长的古老小巷凝聚着这座历史文化名城的缩影。宽窄巷子是“休闲成都”闪亮的城市名片，“院落式情景消费街区”“老成都生活情景体验区”以民俗生活体验区、公益展览区、高端餐饮区、宾馆酒店区、娱乐休闲区、特色策展区和场景复制区的形式呈现。

1. 修旧如旧，建筑别具一格

宽窄巷子既传承了成都深厚历史文化的积淀，还满足了现代人生活娱乐的需求，同时不失去原有的古色古香的韵味，这里是这座城市留存的记忆，保存宽窄巷子，让它继续成为成都古董的代名词。在成都这个真正的家园中修复这些百年的历史庭院，让它继续保持其古董的真实性。首先，要求改造后的宽窄小巷要保持整体空间的完整性，这将延续清朝人民的风格习惯。其次，所有的建筑雕塑和装饰都应该展现出旧成都的魅力，宽阔狭窄的小巷逐渐接纳原来军营的川西民居，在住宅的内部，仍然有川西住宅的庭院风格。再次，所有街道的基调应该还是以清朝的街道基调为准，从而体现出成都历史的厚重。最后，街道空间层次要满足开展不同的活动所需要的公共空间、半私密空间、私密空间的完整序列。这些不同的要求使宽窄巷子能够满足从旅行到休闲，再到参加各种公共活动的需求。

2. 寻找“老成都文化记忆”

作为历史文化老街，宽窄巷子实现了商业街的功能转型，引领中国历史文化街进入转型潮，成为历史文化遗产的重要品牌。商业街还邀请了许多文化人士的参与，如石光华创办的“上席”私房菜、李亚伟创办的“香积厨”酒楼、翟永明创办的“白夜”酒吧，还有许多收藏川西民居构件的“宽居”、环境优雅的见山书院等。当你投身于这片韵味十足的街区之中，便可领略到旅行者放松的状态，同时还可以感受到青砖院落、碧瓦粉墙与此地繁荣的消费市场的格格不入，但又相得益彰，这也不失为一种独特的城市体验。如今，这片看似古味十足的街区却摇身一变成为成都的新名片之一，成为承载着成都悠久的历史记忆和优秀文化活力品牌的街道。

3. 定位与功能

宽巷子不仅还原了清代成都人的市井生活，也成了“闲生活”地区。狭窄的小巷以休闲旅游为主题，形成以酒店、餐饮、特色民俗、特色休闲茶馆、特色旅馆、特色企业俱乐部为主题的休闲娱乐区。狭窄的小巷被称为“慢生活”区，品牌主题、商业主题将狭窄的小巷建成一个生活方式区，包括各种西餐、本地品牌餐饮、清淡餐饮、高端珠宝、艺术和休闲，以及特殊的文化主题专卖店。景祥子被称为“新生活”，该地区以时尚年轻人为主，所以小巷主要是以现代流行和传统休闲娱乐区的组合方式。老年人可以闲适地看着戏曲喝着盖碗茶享受着老成都的生活，年轻人可以在具有明显传统川西特色的酒吧，听着民谣、看着来往人群，享受着这份惬意与情调。

（四）表演文化休闲产业模式

川剧是中国传统戏曲艺术中的剧种之一，它在戏剧表现方式、表演技艺等方面都有卓越的创新和创造，这些表现方式和表演技艺能充分体现川剧戏曲动人心弦、惟妙惟肖的特点。

1. 变脸是川剧传承的艺术瑰宝

它是以一种浪漫主义手法，来揭示戏剧中人物内心思想和感受，将无形和无知的抽象事物转化为可见的具体事物。改变面貌的方法有三种，“抹脸”“吹脸”“扯脸”，此外，还有一个“运气”面临的变化。川剧变脸的演员的服装和道具都是非常讲究的，扮演不同的角色需要穿着不同的服装。变脸不仅需要演员有着过硬的舞台表现能力，对演员肢体动作与音乐的配合也有着很高的要求，因为变脸过程注重与音乐的契合。川剧演员所做的每一个手势和肢体动作都要与音乐完美契合才能算是真正意义上的变脸。

2. 与茶艺结合营造多元化体验

在剧院喝着盖碗茶欣赏川剧，同时还能欣赏精湛的茶艺表演，满足了游客多样化的精神体验。天府锦绣梨园是川剧歌剧厅一个著名的川剧体验基地。其主要以经典川剧和各种民俗表演为核心。传承已久的西蜀文化，在博大精深、惟妙惟肖、活灵活现的川剧表演中，不觉中使观众梦回古蜀。在这各路名角荟萃的川剧艺术馆内，很久不见的手影戏重返大众视野内，杂技手影将指尖艺术演示得精妙传神。静坐台下，我们可以真切地感受到巴蜀文化、可以领略到地道的川剧表演、可以沉醉于传神的杂技手影之中。

3. 利用国家政策扶持优势

国有川剧团在转企改革过程中，深得品牌塑造的利好，结合国家政策扶持及自身优势，以市场主体身份参与到市场竞争。院团积极进行组织构架、内部管理、作品创作、人才培养、外部演出和广告宣传等活动，全方位打造国有川剧院团的精品牌，不仅赢得了市场也成为传统戏剧行业里的榜样。

（五）茶馆文化休闲产业模式

成都是全中国拥有茶馆最多的城市，在这座魅力十足的城市中，大大小小、各式各样的茶馆坐落在街道两侧、树荫下、护城河边。在茶馆里，人们要么品茶、要么与三两个人聊天。总之，茶馆已成为成都人日常生活中不可或缺的一部分，并深深融入了成都人的休闲血统中。

1. 共享的休闲空间

在成都，茶馆最早出现在 20 世纪 80 年代，顾客常常喜欢到景点附近的茶馆喝茶。成都最著名的茶馆是人民公园的鹤鸣茶学会和望江楼公园的川剧集团茶园。起初，这些茶馆只提供简单的茶饮和休息场所，一些旅行者在这些茶馆喝茶，以缓解旅途中的困倦。随着茶馆文化的发展，一些专门从事旅行接待的茶馆发展起来，比如现在位于青羊区琴台路的蜀风雅韵、位于锦江区华兴正街的锦江剧场茶园等，他们主要是提供舞台来方便游客欣赏四川本地的艺术荟萃（川剧等）。随着时代的发展和人们精神文化需求的增加，茶馆更是走进了成都人生活的各个角落，它们不但成为成都人自身娱乐休闲和商务活动的场所，也成为外来旅客感受成都休闲文化和民俗文化的重要体验区。

2. 体验地域文化的平台

在成都，茶馆不仅是人们品茗、娱乐和商务接待的场所，同时也是展示成都本土文化的重要平台之一。对于外国游客来说，成都茶馆不仅是放松喝茶的好地方，也是了解当地人文化生活的重要渠道之一，游客可以在茶馆中伴着音乐饮茶聊天。对本地人来说，茶馆不仅是一个放松休闲的地方，而且是一个向外来游客传播成都当地民俗文化的交流平台。

3. 多元化精神体验

在成都当地的很多茶馆中，经营者大都会增加茶艺表演、茶文化讲座、制茶体验等特色内容，从而提高茶馆的吸引力。另外，在茶馆内还能品尝到美味的成都小吃、欣赏到具有成都特色的园艺等，有些茶馆还增加了许多现代元素如视频展示、图片文字、语音帮助等来让游客对成都茶馆文化有深度体验，从而获得不一样的感官享受。

（六）娱乐文化休闲产业模式

随着时代的进步，成都人的休闲娱乐方式也更加多样化、时尚化、高品质化。例如成都太古里项目拥有广阔的广场空间、相互交织，展现了城市成都的活力，还引入了快慢的元素，使此项目成为国际大都会娱乐文化休闲的范例。

1. 别具一格的建筑特色

成都远洋太古里是由一群古典风格的街道和广场共同组成的，以“现代传统诠释”的概念建造，内有大慈寺与著名商业区春熙路接壤。该项目保留了原始的古老街道和建筑群，装修采用了川西风格的青瓦坡屋面和大面积的玻璃幕墙，这些建筑与装饰的设计将成都的文化注入在内，将成都这座城市的现代与传统、闲适与开放，以及丰富的历史文化表现得淋漓尽致。快里与慢里的成功结合体现出人与自然、文化与艺术交相辉映，“快里”由三条商业购物街体现成都国际大都市的面貌；“慢里”是以大慈寺为中心，成为以休闲、娱乐、美食为目标的休闲胜地。

2. 功能亮点介绍

远洋太古里因为其核心地段价值，以及地处大慈寺周围这一悠久的历史地脉，因此，远洋太古里被定位为城市精品和时尚复古街区商业购物中心。通过体验式消费的招商和引资模式，通过运营管理来达到高端和终端的合理搭配，这样能够满足不同消费水平对不同消费市场的需求，并将单一的购物行为释放到有趣的城市之旅中。当传统商家感叹网络虚拟空间带走了消费者时，为什么太古里能够逆流而上、赢得人气？因为在这里，购物不再是直接的功利行为，而是与游玩、休闲、娱乐等联系在一起的。在这片现代元素十足和传统文化韵味结合的区域中，人们能够感受到当今的流行元素，也能够感受到历史文化的沉淀。这些感受都给予我们对成都这座城市的新认识与新记忆。

3. 与文化融合

太古里环绕大慈寺而立，而大慈寺是成都甚至是中国历史最悠久的佛教重地。相传其始建于隋朝，唐玄宗赐匾“敕建大圣慈寺”，唐代著名高僧玄奘曾于此受戒并讲经。参观寺庙，看画、买东西、看灯、赏月亮。许多学者和文人留下了他们的足迹，使得远洋太古里项目充满了历史文化内涵。同时各个品牌店的打造都是结合地方特色，正如其中的方所，既是时尚时装的展示，也是西南地区最有特色的书店，是时尚与传统相结合的典范。

四、经验与启示

大量历史文化资源是成都发展文化服务产业的基础，正是找准了发展方向，打造休闲服务品牌，成都这两年发展成为一座网红城市和热门城市，吸引了大批游客去成都旅游和居住。成都在打造休闲产业的过程中，以资源保护为前提，利用其丰富的休闲文化资源和自身特点有针对性地打造其休闲文化产业，并取得了极大的成功。

首先，成都作为五大古都之一，本身就具备深厚的文化底蕴。从古至今，成都在西部都是繁华的商业圈，商业贸易比较频繁。一是有利于成都对新事物的吸收和交流；二是给成都人民的休闲提供了物质条件。成都又因地处内陆、群山环绕，历来都是躲避战乱的好去处，正是安定舒适的地理环境，培养了历代成都人民“休闲”“享乐”的性情。

其次，2004 年以来成都重点打造文化产业，部署了“十二五”规划、“十三五”规划，大力发展休闲文化产业。在国家政策推动和扶持下，瞄准了休闲文化产业打造的方向，迎合消费群众在“吃”“喝”“玩”“乐”各个方面的需求。加之随着人们生活水平的不断提高，对文化和精神消费需求增加，成都各文化产业也不断加深对文化内涵的挖掘。比如：以武侯祠博物馆为代表打造的三国文化体验馆，在各个馆都有电子扫码讲解，一是可以帮助人们在欣赏展品时能够更深入地了解其文化内涵，更有体验感；二是关注了其景点公众号，即便是回家后也能继续在闲暇时收听，也可以播放给小朋友，给他们进行文化熏陶。同时，公众号中除了有武侯祠博物馆的讲解，也有成都其他代表景点的讲解，像青城山、都江堰、锦里等，这就形成了一个连锁效应，形成了一个完整的文化产业链，游客可以附带了解其他景点，也起到了一个很好的宣传作用。

最后，成都在宣传和品牌打造文化休闲服务产业方面确实是很成功的。看似没有进行大力地商业宣传，但实际上对各个细节的处理都恰到好处。第一，各个景点的现场人员讲解场次很多，游客基本都能享受到服务，能对景点有个充分的了解。第二，与大企业合作，增加其影响力。川菜不仅在全国广受欢迎、在全球都是一大品牌且极具名气，正是各大企业在全国各地开连锁，有特色的打造川菜品牌，不论是在装修的文化塑造还是结合当地人们的饮食习惯方面做适当融合，都给川菜赋予了无限的生命力，扩大了其影响力。第三，对新媒体的运用层次高。成都在互联网方面的发展排在全国前五，华为、阿里、腾讯、百度都在此有研发中心，同时，电子科技大学为其提供了人才支撑。正是具备这些条件，网络宣传不经意间就渗透在人们的日常生活中，不论是公众号还是各个小视频软件的运用上，都取得了理想的效果。

案例四：文化资源与文化贸易融合发展——好莱坞模式

作为世界上经济最发达的国家，美国的硬实力主要体现在经济领域和军事领域，而其国家软实力则主要体现在文化霸权上。在思想上，美国到处宣传其普世价值观，以确立西方文化的主体地位；在实践上，则是以推动美国文化“走出去”，希望以美国文化引领世界发展潮流。而作为美国文化贸易主体的影视大片贸易，目前已经占领世界电影市场80%的份额。因此，深入研究美国大片贸易的成功经验，进而探讨文化资源在美国电影中的植入路径，对于推动我国文化“走出去”，具有一定的借鉴意义。

一、美国电影出口贸易的发展现状

当前，电影领域竞争的基本格局没有改变。美国凭借资本、技术、人才等方面的优势依旧处于遥遥领先的地位，基本上垄断了世界市场。位于美国加利福尼亚州的好莱坞以其电影产业而著称，是全球电影集聚区建设的范本，拥有诸多电影行业巨头，如梦工厂、迪士尼、WB（华纳兄弟）等，每年源源不断地向全世界供应电影产品。美国作为世界上最大的电影输出国，拥有强大的出口实力，进口电影在贸易中比例较小，其发展现状与主要特点有以下几点。

（一）美国电影出口规模

美国的对外贸易中，文化产品的输出占据首位，而文化产业中的电影出口产值仅次于航空业。根据美国电影协会（MPAA）统计，每年美国生产的电影达到了全球电影市场80%的份额，而且每年在美国国内上映的电影超过半数出口到了其他国家或地区。

（二）美国电影出口主体结构

美国电影制片商包括华纳兄弟、20 世纪福克斯、迪士尼、派拉蒙、索尼、环球六大主要电影公司，以及其他众多独立的电影生产商。而这六大电影制片商是美国电影海外发行的主体，集中在好莱坞地区。2010 年，好莱坞六大主要电影公司电影海外票房占美国电影海外票房的 67.6%，超过美国电影海外总收入的 2/3。

（三）美国电影出口区域结构

美国电影占领了全球市场，覆盖了世界上几乎所有国家。数据表明，美国电影出口的第一市场是欧洲，其次是亚太地区，再次是拉丁美洲。其中，欧洲地区票房占到一半左右，亚太地区占据 40% 左右，拉丁美洲地区占据 10% 左右。最近几年，欧洲地区电影票房的增长基本处于停滞状态，而亚太和拉丁美洲地区呈现高速增长的态势，好莱坞电影票房不断刷新着纪录，新兴市场成为带动全球票房增长的重要力量。

（四）美国电影出口产品类型

根据题材划分，可以将电影分为 30 余种类别，包括动作、喜剧、犯罪、爱情、科幻、恐怖、剧情、冒险、奇幻、悬疑、武侠、情色、战争、惊悚、动画、传记、经典、运动、音乐、文艺、古装、戏曲、西部、历史、艺术、歌舞等。而在国际上引起轰动的电影以动作片、科幻片、动画片为主，目前呈现出电影元素杂糅的趋势，好莱坞电影往往不能单纯地定义为某一特定类型，而是融合了许多元素的合体。

二、美国电影与国际文化资源利用的特点分析

（一）以美国本土文化素材为主

文化资源是文化贸易发展的基础，文化贸易的发展离不开对文化资源的挖掘。美国大力维护传承和传播自己拥有的“内生”文化，凭借自己后天发展的文化优势，不停地拓展和占领其他国家的文化市场。电影承载着

一定的意识形态，好莱坞电影向全球广泛推广美国的价值理念，让观众在观看电影时无形中接受了其社会理念。比如漫威的超级英雄系列电影包含了几乎所有的美国主流文化价值观——个人主义、民族主义、普世主义、白人至上等思想，这些美国文化价值观掺杂在剧情里的各个环节。美国文化的核心是“个人主义”，即一种崇尚个人奋斗和强调保护个人利益为宗旨的文化。在好莱坞制作的电影《美国队长》中，代表正义的美国队长与代表邪恶的反派展开激烈斗争最后取得胜利的故事便是个人英雄主义最明显的体现，其本质是清教主义精神的当代写照，崇尚勤俭、内省、进取的精神渗透在电影的各个角落。美国好莱坞特有的电影类型西部片（又称“牛仔片”），主要以美国西部开发时期为背景，表现拓荒者的生活、势力斗争、西部犯罪、种族冲突等主题。借助“全球化”带来的机遇，美国电影的文化涉及范围更广、程度更深、力度更大，潜移默化地影响着世界上的所有民族①。

由于历史因素，美国生活着多个民族。美国在发展自身文化中还充分融合了西方的节日文化、宗教文化，但是美国并不是简单地复制他国文化，而是在汲取他国文化过程中融入自己的特色。目前美国文化具有多样性，呈现出“多元化文化”的特点，好莱坞利用其文化多元性的特点，创造出众多符合不同地区市场需求的文化产品，并在世界范围内传播。比如动画电影《埃及王子》，就是取材《圣经》中的“出埃及记”，而《圣经》是犹太教、基督教的经典著作，并不只限于美国。此外，好莱坞电影热衷于对素材进行艺术化、电影化的创作，例如通过对一系列鲨鱼伤人事件的调查，创作的《大白鲨》这部鲨鱼袭击人类题材的经典影片，生动地讲述了令人惊恐万分的真实事件；影片《加勒比海盗》中臭名昭著的“黑珍珠号”海盗船，就是以当年沉入海底的一艘海盗船残骸为原型设计的；由史蒂文·斯皮尔伯格导演的怪兽影片《侏罗纪公园》里对恐龙世界的真实生活的想象，既遵循了科学实际，又有真人原型。

（二）国际文化资源利用

虽然美国的电影贸易在全球拥有难以超越的优势，但是不可否认，

---

① 朱博文．从漫威英雄电影看美国的文化帝国主义［J］．新闻世界，2015（3）：107－108．

美国电影产品的发展受到了一定的局限。从源头上看，这种局限性的原因可追溯到美国历史，即美国电影产品具有先天的局限性。1776 年美利坚合众国正式成立，1787 年通过美国宪法，成立联邦制国家，美国从成立至今，仅有短短 200 多年的历史。相比于世界上其他国家，尤其是历史悠久的几大文明古国，美国的历史并不长，相应地由历史孕育的文化也较为贫乏，因此美国缺乏足够的文化底蕴。如果只凭借自身的文化资源，美国的优势并不明显，远远不足以和其他国家相竞争。尽管存在先天性的不足，但是美国在发展过程中已经摸索出解决自身问题的方法，即采取"拿来主义"的方针，积极利用"外来文化"来发展本国的电影产业，充分挖掘外国丰富的历史文化资源，这很大程度上弥补了自身文化资源不足的窘境。

美国对国际文化资源的利用基本情况如下。

1. 对欧洲文化资源的挖掘

美国文化与欧洲文化同根同源，因而其电影对欧洲文化资源的挖掘最为丰富。好莱坞近年来致力于将带有欧洲地域文化和民族文化特色的题材搬进电影市场，以满足大众的审美需求，从而赢得大众市场。比如名著《战争与和平》《安娜·卡列尼娜》、动画电影《真假公主》等题材都是来自俄罗斯，哈利·波特来自英国的小说，派拉蒙影业出品的科幻悬疑电影《香草天空》翻拍自西班牙导演亚历桑德罗·阿曼巴的《睁开你的双眼》，《斯巴达克斯》来自意大利等，这样的案例不胜枚举。总之，和历史、宗教、艺术有关的大部分好莱坞影视作品，都是源自欧洲文化。

2. 对东方文化资源的挖掘

好莱坞从来不缺少东方景观，电影聚焦东方国家和东方文化的例子也不少。迪士尼创始人华特·迪斯尼在创建迪士尼时曾提出愿景，希望将世界范围内伟大的童话故事、动人的传说和民间神话变成生动形象的戏剧表演。对东方文化的挖掘主要是来自日本、韩国、东南亚等国，如电影《忠犬八公的故事》改编自 1925 年发生在日本的真实故事，《老男孩》改编自韩国同名电影，而引起热议的电影《摘金奇缘》描绘了被称为"东南亚财富典范"的国家——新加坡的都市生活。

3. 对中国文化资源的挖掘

中国传统文化博大精深，上下五千年的历史中包含着千千万万个历史故事、传说等。长期以来，从唐人街到功夫明星，好莱坞一直热衷于中国文化的发掘和利用。动作片《木乃伊3》的故事情节完全以中国文化为背景，以西安、老上海和南京路为影片的重要场景；好莱坞著名导演斯皮尔伯格在拍摄《太阳帝国》时在上海多处取景，包括上海圆明园路、上海体育馆、黄浦江等，通过镜头重现了许多上海20世纪40年代的经典画面。其中最典型的两部电影非《花木兰》和《功夫熊猫》莫属。《花木兰》取材中国的南北朝民歌《木兰辞》，是迪士尼采用中国元素创作电影的首次尝试，全球票房达到3亿美元。整部影片具有中国水墨画的风格，但是对所有的素材都进行了迪士尼特有的加工处理。而《功夫熊猫》系列更具有浓厚的中国色彩，以中国功夫为主题，影片中包含担担面、麻婆豆腐、青城山、道教文化、太极、皮影戏、二胡等，景观、布景、服装等衣食住行均充满中国符号，核心是中国的故事，同时夹杂着美国标准剧本的幽默感，其全球累计票房超过十亿美元。

4. 对其他地区文化资源的挖掘

除去欧洲和东方国家，好莱坞也一直致力于在全球范围内寻找电影素材。电影《特洛伊》向观众展现了古希腊城邦的灿烂文明以及冷兵器时代战斗的残酷；奥斯卡获奖影片《角斗士》生动再现了古罗马时代，描绘了民众可以仅为娱乐消遣而在角斗场中观摩角斗士格斗致死的场面。在迪士尼的经典作品中，电影《一千零一夜》《阿拉丁》取材于阿拉伯古代民间故事集《天方夜谭》；《风中奇缘》是印第安人的故事；而梦工厂推出的动画电影《马达加斯加》里面的动物、海景和房屋等全部取材于印度洋西部的非洲岛国马达加斯加共和国。

美国对其他国家文化资源的挖掘，不仅体现了文化资源全球开放共享的原则，还充分说明其善于发现并利用文化资源价值的眼光，向全球输出优质的、市场竞争力强的影片。其走出的是一条充分“利用他国文化资源，创好莱坞国际电影”发展之路。

三、美国电影文化贸易的发展路径分析

美国电影贸易成功的原因有很多，比如具有完整的产业链、规范的政

策、完善的发行和营销机制、充足的资金等。下面从整合文化资源视角出发，以好莱坞为例，分析美国电影文化贸易发展之路。

（一）以市场需求为导向，深入挖掘文化资源

虽然在进军全球电影市场时，美国电影同样会面临一定的“文化折扣”或文化障碍问题，但是好莱坞已经钻研出了一套能够满足全球各地观众口味的创作方法。从选择电影素材到选择演员和导演等主创人员、从取景到拍摄的各个环节，好莱坞电影的国际化程度日渐提高。比如电影《碟中谍》就在中国浙江嘉善取景，影片中的桥、河流和房屋建筑等明显体现出中国江南地区的水乡文化，既能够有针对性地提高中国地区观影人群的观影热情，又满足了异国观众的猎奇心理。《尖峰时刻》《明日帝国》《致命罗密欧》等诸多好莱坞大片，邀请华人功夫影星加盟，利用明星的名气提高了电影在中国地区的知名度。合作拍摄也是好莱坞以市场为导向的体现，如迪斯尼公司与国内娱乐机构 DMG 娱乐传媒集团合作，拍摄好莱坞大片《钢铁侠 3》，“中美合拍大片”的噱头强烈吸引了中国观影群众的目光。

在营销策划和宣传推广工作中，好莱坞根据不同国家的不同国情，采取不完全相同的营销手段和内容。比如迪士尼公司在推广电影时把宣传曲翻译成不同国家的语言，并邀请当地著名歌星、影星合作演唱。电影《冰雪奇缘》的主题曲《Let It Go》，在全世界被重新配音超过 42 种语言，引起了翻唱热潮，为此迪斯尼制作了由 25 个语种原唱者合作的特别版主题曲。此外，电影预告片和正片的内容，也会为了适应不同国籍的政治环境和文化习惯等作出改变。比如动画电影《头脑特工队》在日本发行时，女主角最讨厌吃的食物从西兰花变成了青椒，缩小了文化差距。

（二）走品牌塑造之路

品牌塑造是文化贸易创意的重要一环。众所周知，随着近年来系列电影的不断涌现，它已经变成好莱坞最为成功的电影生产模式。系列电影剧本通常改编于经典文学名著、畅销的现代小说或青少年读物等。但题材并不局限在某一单纯的类型，凡是具有已经完全成型的叙事框架，得到了广

泛的票房认可的故事题材，都可成为其挖掘并进一步改造的素材。如漫威英雄电影和迪士尼动画电影，聚齐了众多可营销因素，在全球范围引起高度关注；利用一些家喻户晓的“明星”来创造全新的影片，相对于原创故事，这种影片具有更高的上座率的保证。而电影《金刚》的几次翻拍，无论是在技术还是情节上，都有一种全新的视觉体验，能够再次吸引观影群众，具有高关注度的知识产权（IP）电影使其在同档期能够从竞争对手中脱颖而出，在全球电影市场引起轰动。

好莱坞电影不仅形成了具有高商业价值的IP，其衍生产品也极易受到国内外消费者的欢迎，拥有很好的市场前景，能够为企业带来大量的附加价值。据统计，《星球大战》系列累计创造了320亿美元的衍生品收入，远远超过其本身创造的70亿美元票房收入①，系列电影及其衍生产品凭借自身塑造的品牌知名度和影响力在出口贸易中获得了强大的竞争优势。同样地，由美国华纳兄弟电影公司制作、改编自J. K. 罗琳所著的同名小说《哈利·波特》系列电影，道具周边产业发展迅速。全球最大的三家玩具公司在获得了哈利·波特系列玩具与文具的特许经营权后，推出了魔杖等500多种周边产品。收益占据“哈利·波特”主题产业总利润的70%~80%。此外，位于美国奥兰多环球影城内的“哈利·波特主题公园”于2010年开始营业，一比一真实地还原了电影中的许多场景设施，吸引了全世界数以百万计的哈迷前往体验罗琳笔下的魔法世界。

（三）超前的文化创意构思

文化创意是在对文化资源、文化观念、文化习俗等深入挖掘的基础上产生的。美国好莱坞电影采用文化创新的策略，将古典文化与现代文化相接轨，将传统文化变成现在大众可以接受的文化形式，用现代化的形式来表现古典文化的内容。比如电影《特洛伊》向观众展现了古希腊城邦的灿烂文明以及冷兵器时代战斗的残酷，但其实质上仍是英雄的成长史诗，依旧体现了浓厚的个人主义。好莱坞这种将商业与文化紧紧结合的模式，取得了文化输出和商业利润的双丰收。

---

① 任芳.《星球大战7》上映 电影衍生品市场火爆［EB/OL］. 央广网，2016-01-10.

电影产业的核心价值是人的创意，美国的文化产业很早就明确了其创意经济（creative economy）的定位。市场价值的实现需要好的创意与商业化的紧密结合。美国电影产业将创意运用于电影的投资、生产、宣传、营销等各个环节，已经运用地得心应手，经验丰富。在激烈的市场竞争下，美国电影业始终紧跟观众的需求，将文化与商业进行有效统一，不仅给国内电影业带来了高额利润，也注入了新的活力。

好莱坞的幻想类电影包括科幻片、恐怖片、丧尸片等，能带给观众刺激。同时，好莱坞电影能够与时俱进，不断创造高口碑科幻电影，如《星球穿越》《机器人总动员》等人工智能电影。这类电影展现了当今世界的科技发展成果，提供美轮美奂的视觉享受，如2015年获得奥斯卡最佳视觉效果奖的电影《机械姬》。最重要的是，科幻电影能引发观众的思考和广泛讨论，因为科技发展与所有人都息息相关，没人能够精准地预测世界的未来走向；科幻话题不限国界，具有普适性，面临的理解障碍压力较小，使该类电影容易被各国消费者接受，从而有利于科幻电影在美国以外的其他国家传播。

（四）先进的科技创新手段

根据李嘉图的比较优势理论，一个国家总是出口具有“比较优势”的产品，进口具有“比较劣势”的产品。众所周知，美国是科技强国，在许多科技领域处于垄断地位，科技发展与创新速度遥遥领先，所以美国有能力也更倾向于出口科技要素密集度高的产品。

新技术的迅速发展和广泛应用，比如网络传输、数字化、地球通信卫星等，给文化贸易的创新创意提供了极大的可能性。在席卷全球的数字化浪潮中，好莱坞电影几乎主导全球电影市场，引领全球电影产业朝着数字化、技术化的方向迈进。在特效和后期制作方面，好莱坞遥遥领先，越来越多的“高概念”电影出现，如《大白鲨》《星球大战》《终结者》《变形金刚》等。被认为是数字3D电影开山之作的《地心引力》，富含立体视觉效果，给观众展示了神秘的地下未知世界，实现了票房和口碑双丰收。2009年詹姆斯·卡梅隆亲自执导的电影《阿凡达》自上映以来票房稳居全球第一，高达180亿元，除去电影内容本身优秀外，与电影后期技术离不开关系。《阿凡达》中3D技术的熟练使用，激起了消费者的好奇心和观影热情，并在欧洲、亚洲各国掀起了数字化3D电影热潮，也将全球的数字3D电影推向了一个新的发展纪元。不论是北美票房还是全球票房，3D电影几乎都占据了总票房两成左右的收益。再比如漫威电影通过“动作奇观、速度奇观、身体奇观、场面奇观”创造出震撼的艺术效果，符合视觉时代观众所追捧的视觉体验。而支撑一个又一个奇观出现的正是超前的科学技术，观众进入电影院观看这类电影的动力就是其炫酷的动作特效、壮观的场面。而动作特效和打斗场面等不存在语言等文化交流的障碍，超越具体的文化和地域限制，使得好莱坞电影在全球电影市场的产品供应层面确立了自己的竞争优势。

（五）促进美国电影走出去的其他路径

美国电影文化贸易在全球范围内取得的成功离不开人才的作用。美国已经形成了以产业为导向的电影人才培养模式，培育出了大量电影行业的人才。美国政府为人才培训提供政策、资金、物质等大量支持。除了培养与电影本身有关的创作人才、技术研发和创新人才，美国还大力培育许多管理型和经营性人才。

美国电影企业在国际市场的营销能力和宣传手段都非常强大，在出口电影时起到了推波助澜的作用。电影制作包括生产、发行和放映三个环节，而发行是三大环节中的核心。实力强大的美国电影发行商建立了“海外发行制”即完整独立的全球发行体系，控制了许多国家的销售网络和电影院、出版机构和商业连锁店，建立了高度国际化的分销网络。此外，美国电影企业充分运用国际互联网等新颖有效的促销方式，如发布网络广告、利用网上新闻造势等。

美国电影产业的发达和其大力推行与美国的政策体系密不可分。目前，美国已经形成国家政策扶持与市场规律调整相结合的电影产业经营模式。在促进出口方面，美国政府推出税收减免、税收优惠等补贴政策，降低电影投资回收周期长、资金费用周期不足的风险，从而创造电影的竞争优势；在电影作品版权保护方面，美国在乌拉圭回合关贸总协定的谈判中积极推动TRIPS（《知识产权协定》）的制定，并且积极通过外交手段与各个国家签订双边版权保护协议，利用自己在政治外交上的地位为电影版权保护提供良好的海外市场。另外，美国政府支持多元投资，鼓励非电影企业和境外资金投入文化产业。如今，越来越多的跨国公司接手运作美国文化产业，如美国广播公司和哥伦比亚公司等。这些跨国公司往往经济实力雄厚，具有比较完善的融资体制。

综上，美国目前正处于并将长期坚持以文化资源挖掘为源泉，以高科技为手段的文化产品生产与贸易发展之路。文化资源影响文化贸易的发展，经历了一个文化资源转化为文化产品、文化产品升级成文化产业链、文化产业塑造成文化品牌、文化品牌“走出去”环环相扣的完整开发过程。由于美国电影贸易具有上述几点明显的优势，加上英语已经成为世界通用语言这一推动力，美国的电影贸易正发展得风生水起。

四、对中国的启示

文化产业作为国家软实力的重要象征，它的发展和进步是目前我国社会的一大热点问题。而电影已经成为一种越来越普遍和流行的娱乐消费方式，同时也是一种接受文化信息和价值观传递的方式。如今，中国电影产业得到大幅度发展，许多中国电影作品也走出了国门，但在市场规模、人均观影次数、影片产量等方面与其他发达国家如美国、日本、韩国等仍然存在一定差距。中国电影和强大的好莱坞电影相比，差距依旧明显。为此，我国可以借鉴成功的美国电影产业的经验，寻找促进我国电影贸易发展的道路。

（一）文化资源价值兑现是文化贸易发展的动力源泉

首先，创作电影作品时应该善于利用本国的文化资源。中国具有五千年源远流长的历史，文化底蕴深厚，国学文化包含着无数有形和无形的艺术精华，被代代相传，价值历久而弥新。我国电影并未充分利用庞大的文化资源，未充分发挥我国文化资源的价值，而是停留在有限的题材，前赴后继地对已经开发过的文化资源再次利用。我国应增强文化自信，致力于打造本国的电影品牌，同时赋予传统文化鲜活的生命。结合当今世界范围内掀起的“汉语热”就是一种途径。塑造并传播属于中国、代表中华文化底蕴以及当代中国主流核心价值观的电影，是传播中国文化、提升中国软实力和文化产品全球竞争力的有效策略。

其次，在世界范围内寻找目标市场真正受人欢迎的“故事”，与熟悉当地民俗和文化的优秀导演、编剧合作，创造印有“中国制造”标签的作品。我国的电影作品类型有限，集中于古装片、武侠片和爱情片，并且趋近于同质化。相比之下，好莱坞电影类型多种多样，灵活使用各国的文化资源，切实满足了国际市场和海外受众的需求。总之，中国电影应该创造性地利用国内外的文化资源，创作出优秀的文化产品，使文化价值能够兑现。

（二）文化贸易要和文化创意和高科技手段结合起来

我国应该从供给侧结构性改革，将文化创意运用在电影中，通过高科技手段，创造出优质文化产品，使之“走出去”。好莱坞作品熟练地结合了商业性和艺术品质，相比之下，我国的电影作品往往都是在追求商业性，对表达内容、电影的叙事性和创意不够重视，不具备足够的吸引力。而且中国电影缺乏多样化、多类型、多层次的作品，未充分发挥创作力和想象力，有必要培养具有多种类型有机融合的电影。中国电影在这方面初步进行了有效探索，如《让子弹飞》集合了西部、动作、剧情、喜剧等多种元素，但努力远远不够。

文化资源的产业化要和文化创意和高科技手段结合起来。例如，儒学这一文化符号就是中国传统文化心理结构的重要构成部分。电影《孔子》的成功离不开文化创意的使用。为此编导做出了许多努力，如在叙事结构上打破了人物传记片的常规叙事手法，采用了明显的好莱坞结构模式，同时加入吸引眼球的华丽演员阵容和宏大的场景等商业元素，接近了好莱坞主流大片的水平。数字技术这种无所不能的高科技手段，4K、人工智能（AI）、虚拟现实（VR）、大数据等技术不断革新和应用已经为电影带来新的途径和意义。例如《流浪地球》在外国播出后获得外国观影者的好评，还获得了美国导演卡梅隆的祝福，这部电影75%的特效镜头由中国公司制造，它的成功充分说明了中国科幻电影的实力在不断增强，高科技与电影结合能够极大推动中国电影在国际市场上的竞争力。

（三）政策支持

目前中国文化电影市场竞争缺乏秩序，对电影市场的保护力度不够。在我国，侵犯知识产权的行为频繁出现，却不能得到有效制止。这不仅使文化电影产业偏离了正确发展的道路，而且违背了原创文化精神，严重影响了我国文化电影产品在国际上的声誉。为此，我国政府需要借鉴美国的经验，结合中国国情，制定政策和法律法规，建立完善的法律与监督体系，保护文化产品的创作与传播以及由此产生的版权（著作权），鼓励和发展以版权保护为手段、以智力成果为资源的版权相关产业。加大本国电影产品和电影市场的保护力度，保障我国电影产品的顺利出口。

此外，美国电影能够经久不衰、处于霸主地位，美国政府的作用功不可没，这应该予中国一定的启示。中国政府还可以通过项目补贴、定向资助、贷款贴息等措施，支持包括文化企业在内的社会各类文化机构，提供公共文化服务；引导社会力量以投资捐助设施设备、兴办实体、项目资助和赞助等方式，参与公共文化服务体系建设；大力培育文化创意产品开发的市场主体和平台，鼓励文化单位与社会资本深度合作，采取合资、授权、独立开发等方式，推动文化创意产品的生产和经营；推动取消电影制片单位设立、变更、终止审批等行政审批，使电影从生产到发行放映的行政环节更有效率，为电影企业进出口文化产品提供便利。

（四）其他建议

营销方面，目前我国电影的国际市场营销能力严重不足，电影宣传工作不到位、销售渠道的打通困难重重。我们应该优化传播模式，调整传播策略。在竞争机制方面，中国电影产业整体处于一种低水平的竞争状态，同时，中国电影企业对国际市场的调查不深入、不熟悉资本运作等市场经济规则；在融资渠道方面，国内的电影缺乏完善的投融资体制。中国电影制片业主要的融资方式是联合投资，缺少信贷和风险投资等方式；要加强国内互联网公司、影视公司、投资公司等各界机构的合作，通过产业化、市场化、国际化有效拓展海外市场。

当今，中国电影产业进程方兴未艾且高速发展，但中国电影在国际市场的竞争力不足。由于中国电影的整体水平不高，许多因素妨碍了我国电影产品走出国门，限制了我国的文化资源优势转化为优秀电影产品并在国际市场上取得竞争优势。在电影中更好地展现中国传统文化，从文化产业层面探索国产电影如何更好地出口是一个难题，但是经过政府、企业等各方努力，深入挖掘华夏丰富的历史文化资源，相信有朝一日中国能够生产出世界级的影视大片，能够有机会与美国匹敌，成为电影产品出口的文化强国。

案例五：
文化资源与文化保护产业融合发展——横店模式

文化资源是文化产业发展的前提和基础，离开了文化资源，文化产业的发展就成了无源之水、无本之木，文化保护是文化产业可持续发展的前提条件，而文化保护是一项系统性工程，涉及文化保护资金的投入、技术的创新、文化传人的保护等，在这项工程建设中，将会形成一个新的产业，即文化保护产业。而浙江东阳的横店影视城，在发展文化保护产业方面，走在了时代的前列，其成功经验值得其他地区借鉴。

一、横店影视城发展概况

横店影视城位于浙江省金华东阳市，与市中心相距仅 18 公里，横店镇地理位置优越，处于江、浙、沪、闽、赣经济圈内，距离杭州、温州都不到 200 公里，汽车或高铁均可到达，能够当天来回。横店影视城在创立初期，还只是东阳市南边的一个四面环山、地质条件不好的小村庄，人口总量不到一万人，人口稀疏。另外，横店镇属于熔岩型地质，半山半坡，若是想要发展种植业，希望极其渺茫，就算发展种植业也需要巨大的前期投入。但是横店影视集团看中了这里的地理条件，将山坡等进行合理的改造，相对于许多地方利用耕地来建立影视基地来说不需要占用任何的耕地，就只是利用现有的荒山坡开始建立影视基地及开展旅游业务，这样又拥有了成本优势。随着横店影视城的不断发展，也带动了横店经济的迅速崛起，同时还赢得了“中国第一镇”的美誉。

在1996年时，由于当时《鸦片战争》的拍摄需要，建造了广州街。而又在第二年拍摄《荆轲刺秦王》时，建造了秦王宫景区。1998年，横店影视城的投入更多，当年建成香港街、清明上河图、明清宫苑景区。除了以上这些代表性的项目外，横店影视集团相继兴建了明清民居博览城、梦幻谷、华夏文化园、红军长征博览城、春秋·唐园、圆明新园等景观，耗资巨大。这些景观跨越了中华民族几千年以来的历史长河，同时也将全国各地不同时期的历史文化汇集到了一起，同时建成了两座大型的现代化摄影棚，里面是现代的景观，这样又将现代的部分文化体现了出来，更好地满足了不同剧组不同的拍摄需求。随着横店影视城的发展，周边的配套设施也不断完善，周边新的景区和度假村吸引了更多的游客，后来横店影视城不仅成为大型综合性的拍摄基地，还是集旅游和度假为一体的大型旅游区。我们横店影视城在拥有厚重的传统文化底蕴的同时又融合了现代独特的想法，并且配套设施完善，所以自建成以来就深受剧组和游客的喜爱。发展至今历时二十多年，横店影视城作为中国唯一一个“国家级影视产业试验区”，是全球大规模的影视作品拍摄基地之一，并登上美国的著名杂志《好莱坞》，被誉为“中国好莱坞”。

横店影视集团将影视拍摄与文化旅游产业发展结合起来，在建成了江南水乡之后，就承办了首届“中国农民旅游节”，国家文化和旅游部局长为横店题词“中国农民旅游城”，由此带动了横店影视城旅游业的迅速发展，并且取得了不错的收益，游客数量也直线上升，还带动了相关产业的共同发展。由于旅游和拍摄业务的不断发展，之后影视集团就成立了自己的影视产业管理中心，将影视城内相关的配套服务纳入集团统一管理，其中包括拍摄的道具、服装、前期化妆修容、相关设备和车辆租赁以及组织演员队伍等，这一举动就大幅地提高了横店影视拍摄以及后期等相关服务的规范性。与此同时，旅游方面的管理也没有落下，相继成立了旅游营销公司以配合旅游相关的业务发展，使得游客数量大幅提高。横店影视集团于2004年得到国家广播电视总局的批准成为中国唯一国家级影视产业发展基地，并于当年正式挂牌成立横店影视产业试验区。同时于2004年成功举办“第八届中国国际儿童电影节”和“横店影视博览会”。随着集团的不断发展、壮大，据相关数据显示，横店影视城于2010年荣登“中国旅游百强景区”，并且取得第四名的佳绩，于当年接待游客数量达 841 万人，平均每天接待两万三千多的游客。取得了这样的佳绩之后，横店影视城并没有停下脚步，反而屡屡刷新历史纪录，2012 年接待游客的数量突破 1100 万人次，2016 年是横店影视城创建的 20 周年，经过二十年的沉淀，横店影视城累积接待游客人数超过 1 亿。截至 2018 年，影视城总共完成了两千多个中外影视作品的拍摄和制作，成为我国文化产业发展的代表企业。①

横店镇曾经是一个完全不知名的小镇，但是横店影视集团在发展影视文化产业的同时兼顾了横店旅游业的发展，经过二十几年的经验积累，不断的转型升级，从一个偏僻且无人问津的小镇，如今已经变成了大型的影视基地和大型影视主题旅游公园。

二、横店模式的本质：文化的传承、创新与发展

横店影视城的发展离不开对中华文化资源的开发与利用，其利用人们所熟悉的、经过历史沉淀下来的文化元素，融合在一起而形成了一个新的文化产业链，探索出文化资源与影视城开发相结合的、独特的文化产业发展模式。其发展道路就是将中华文化一些本质的东西提炼出来，和影视旅游结合在一起，形成一个新兴的文化产业，从而实现民族文化的传承、创新与发展。

横店影视城有许多景观，比如广州街、香港街、秦王宫、华夏文化园、明清宫苑、明清民居博览城、梦幻谷、红军长征博览城、清明上河图、屏岩洞府、春秋·唐园、圆明新园以及两个大型的现代摄影棚等，这实际上都是对中国传统文化的传承与保护。那么集团是怎么做到这一点的呢？首先，横店影视城通过各种手段，不管是重建还是复制修建了全国各地的建筑，如清明上河图和圆明园等景观，这些景观都保留了建筑原本的样子，使得全国各地的建筑文化元素得以传承下来。其次，通过横店影视城，把一些技艺保护下来。试想，如果没有横店影视城，许多木雕师傅可能将面临失业或者转行的问题，因为在现代化的今天，许多人由于生活的

---

① 陈巧颖．横店影视城已累积接待剧组 2155 个［N］．浙江日报，2018－02－08．

压力都不愿意学习这些技术，这就意味着将来的木雕工匠会越来越少，很可能危及木雕技艺的传承，但是有了横店影视城的出现，在东阳市内的许多木雕工匠，他们其中的许多人可以到横店影视城做木雕，由于拍摄和旅游的需要，让木雕的需求量上升，以至于在横店影视城出现大批的木雕师傅，通过这种方式使得木雕技艺在无形中被保留下来。最后，还有一些民俗文化资源，例如杂技表演，由于拍摄的需要和横店影视城内各处表演节目的需要，尤其是在古装剧中，经常会出现杂技表演，很多的杂技演员出现在各个大大小小的剧组里，再加上影视基地发展的同时也带动了旅游的发展，游客数量居高不下，杂技团也可以经常为游客表演节目，让游客能够体验“复古”的街头表演。这些都使得杂技表演团队不断发展壮大，从而将这些民俗文化传承了下来。总的来说，横店影视城通过这些项目，把中国许多的民俗文化、建筑文化以及手工艺文化等都保护传承了下来。

横店影视城不断地开发文化资源，探索文化产业发展的路径，在此过程中，由于创新的需要，就需要与高科技相结合，这样才能形成现代的文化旅游项目。其创新点主要体现在，它不仅对文化资源做了开发和利用，即不仅仅是完全的照搬原有的东西，而是将其与高科技相结合，形成的是一些现代的文化旅游项目，不是特别乏味的项目，同时也适应了各个阶层，满足了各个年龄段的旅游需求，不管是老年人还是年轻人，只要来到横店影视城，都可以在这里找到自己喜爱的项目，这就体现了文化的创新。

这些年横店影视城通过这种文化产业的发展模式，把中国的文化传承与保护上升到了一个产业的高度。以往我们所讲到的文化的传承方式就是通过到图书馆、博物馆等地方，将文化“放”在图书馆或博物馆这样的地方，作为一个“标本”以供人参观，但是综合来看，我国的大多数博物馆并没有很多人去参观，一般的游客大都不喜欢到类似于博物馆和图书馆这样的地方去参观。但是横店影视城则将其变成了一个新的模式，让游客“穿越”到当时，或者是将其与许多现代的新的元素结合起来，形成了一个新的文化产业传承、保护和发展的模式，且其发展规模在国内首屈一指。而再看其他影视城，例如：无锡影视基地、上海影视乐园、襄阳唐城影视基地、中山影视城等，都没有横店影视城的发展规模。所以，横店影视城的发展模式，从对中华文化资源的开发、利用到创意，与现代科技相结合的方式，都是值得其他影视基地学习的。

横店影视城在开发这些影视项目的同时，在无形中就形成了一个庞大的产业链，在很大程度上解决了当地的就业问题，带动了很多与文化保护相关产业的共同发展，主要包括木雕师傅的就业、东阳雕刻技艺的传承，古建筑的投资等，通过这一产业链，产生了很多的经济效益、保护了文化传人、培养了新的人才、带来了相应的经济利润。

从建筑文化的传承来看，横店影视城中的广州街、香港街等，如果没有横店影视城的出现，重建这些建筑，将其复制和保护下来，那它们很有可能就会随着现代化的发展而消失，而有了横店影视城之后，将它们复原、重建，变成了一个个的主题公园，实际上也就是将这些文化元素传承下来，这种投资也构成了文化保护产业发展的平台。根据官方公布数据显示，截至2006年，横店影视城公共投入资金30亿元以修建横店影视基地。据中国新闻网报道，横店影视城于2012年开始打造圆明园，以1∶1的比例恢复，还原了北京圆明园95%建筑群的“圆明新园”历时三年，于2015年5月10日在浙江横店正式开园，“圆明新园”占地6200多亩，总投资预计300亿元，由横店集团兴建①。横店影视城中明清宫苑占地1500余亩、秦王宫占地800余亩、清明上河图占地600余亩、红军长征博览城占地9000余亩，其中山地面积高达98%②，而这些投入都属于文化保护产业的投入。经过这近千亿的投资，形成了一个巨大的产业链，解决了十几万人的就业问题。从2000年开始，横店影视城对外宣布，实景基地对剧组拍摄免收场地费，所有剧组免费进场。这一举措自然吸引了大批剧组，而随之带来的则是配套产业的收益和整体旅游产业的发展，包括酒店还有整个小镇的第三产业发展。从最早一年几部、几十部影视作品，到2017年达到294部，2018年，这里接待剧组370个，年增长达到30%③。而也是在2018年，横店影视城总共接待游客1700多万人次，带来近200亿元的收入，占整个影视城收入的60%，超过总收入的一半④。同时横店影视集团

①② 浙江横店影视城崛起之路介绍［EB/OL］. 云景点旅游网，2019-12-09.

③④ 陈巧颖. 全年接待剧组370个横店影视城交出亮眼答卷［N］. 浙江日报，2019-01-27.

后期也不断地发展，拥有子公司70多家，扩展了横店娱乐、横店影视等知名品牌，开展的许多项目都对横店影视城文化产业的发展起到了积极的促进作用。

横店影视城发展模式的本质就是文化保护产业的发展。在横店，文化保护产生了两个效益：一是社会效益，其推动了我国传统文化的传承、创新和发展；二是经济效益，即通过文化保护产业打造，形成了文化保护产业链，带来了大量的投资和就业机会，创造了以文化保护产业发展为载体的著名的“横店模式”，推动了横店区域经济的转型升级。

三、横店影视城文化保护产业发展的路径分析

横店影视城文化保护产业的发展，其发展的成功经验可以归纳如下。

第一，横店影视城采取模仿、重建甚至1∶1复制等方式，充分利用我国丰富的文化资源，重建我国历史建筑，对历史文化资源进行载体保护。文化保护可以通过文化产业发展来实现，例如广州街、香港街就是重建了鸦片战争时期的广州和香港的街道而成；而明清宫苑则是以“故宫”为模板建成的，再到2015年开园的“圆明新园”，是按照1∶1的比例复制了北京圆明园95%左右的建筑群。这些主题公园完成后，为了配合文化旅游产业的发展，还将与之配套的民俗文化活动加入进来，举行各种各样的文化表演活动，从而将这些非物质文化遗产保留下来。

第二，将旅游业和影视产业、历史文化资源保护结合，为横店文化保护产业进一步的发展提供可能性。横店影视城的发展模式是影视与旅游双轮驱动，国内的影视城繁多，横店影视城之所以能够脱颖而出，主要得益于这种影视与旅游双轮驱动的模式。在横店，这种模式被称为“影视为表，旅游为里，文化为魂”，此模式将旅游和影视有机地融为一体，相辅相成、携手共进。

横店影视城为了更好地发展影视文化产业和横店的旅游业，从2000年开始，横店影视集团公开宣布对前来拍摄的剧组免收场租，为剧组免费提供场地这一举措吸引了大批的剧组前来拍摄，在2000年来横店影视城拍摄的剧组第一次达到29个，是1999年10个的将近3倍，当年的游客数量也

上升到50万人次，1999年仅36.7万人次[①]。在2008年，横店影视城的摄影棚开始对剧组免收场地费，这就进一步地提高了对剧组的吸引力。而在场地都免费之后，基地的盈利主要是集团提供的相关配套服务，以及利用影视和明星效应而吸引游客前来旅游，从而带来的旅游业的收入。2018年，横店影视城通过游客实现收入近200亿，占到影视城收入的60%，已经有超过一半收入来自游客[②]。

第三，在文化资源的基础上融入现代科技。横店影视集团将这一点落到实处，将科技与现实完美结合，将现代的多媒体设施融入当地的游览项目中，并且在影视作品的后期中加入特效。利用现代科技，让游客体验“穿越”的感觉，身临其境地感受电影中的经典场景。横店影视城的影视服务，包括服装租赁、摄影棚以及道具等，都一直努力保持在行业内的最高水平，希望用最高水平的现代化配套设施和完善的服务来吸引更多的剧组。在影视基地推广方面，集团也采用了高科技手段，主要通过互联网以及广告方式进行推广。在利用科技的同时，集团也不忘培养人才的创造力，对影视基地的运营和专业人才高度重视，将文化之魂注入影视基地，提高科技含量的同时也提高了影视基地的文化内涵。

第四，政府的支持。横店影视城的发展离不开政府和市场的配合与共同作用。2004年，全国首个国家级影视文化产业实验园区经国家广播电视总局批准在横店设立，再加上地方政府的政策优惠，迄今为止，园区已经有700多家企业进驻，涉及前期道具、服装等，以及后期制作、剪辑、版权等影视文化产业链，其中包括华谊兄弟、光线传媒、保利博纳等知名国内外企业。

第五，完善的产业链配套服务。横店影视城不断完善自身的服务能力，打造完备的产业链，能够为前来拍摄的剧组以及游客提供完善的配套服务。完备的产业链是文化产业发展的必经之路，自横店影视城成为国家级影视产业实验基地以来，大批国内外优秀影视制作公司入驻试验园，有

---

① 吴志．接待剧组数量创新高 横店影视城“淡季不淡”［EB/OL］．证券时报网，2020－12－11．

② 央视财经．知否 知否 应是横店旅游…一年收入200亿！它的《吸金攻略》堪称一部大戏…［EB/OL］．央视财经网，2019－02－25．

了他们的加入，就形成了一个影视文化的完整产业链，横店影视城的发展让实验区变得繁荣，同时实验区反过来促进了完整产业链的构建步伐。所以，想要文化产业能够更好地发展，就必须打造一个完备的文化产业链。

四、横店影视城对于我国推进文化保护产业发展的启示

（一）横店影视城促进了我国优秀历史文化元素的传承与保护

不管是广州街还是故宫，以及已经消失的圆明园，都是中国的历史文化元素，都通过横店影视城得到重现和复苏，而这些建筑都有着浓厚的中华民族历史文化底蕴，通过复原雕刻艺术、石刻、建筑模型以及式样，把消失或即将消失的文化元素保存下来，这是对中华优秀文化保护和传承工程的最大贡献。

横店影视城深入地挖掘我国优秀历史文化元素的内涵，打造历史文化精品。从一个乡镇工业企业一步一步发展，最终成为国内乃至亚洲最大的影视基地，横店影视集团成功的最重要的原因是其对文化资源的深入挖掘和开发利用，不只是表面上的利用其拍摄的影视作品来吸引游客。中国拥有五千多年传统的优秀文化资源，可以挖掘和开发利用的文化内涵还有很多，中国文化产业想要进一步发展，离不开对传统文化资源的挖掘利用。长久看来，只有蕴含厚重文化底蕴的东西才能赢得游客长期的青睐。横店影视城充分利用我国优秀的文化元素，建造影视城，促进了我国优秀的历史文化元素的传承和保护，保护了历史文化、复原了部分文化元素，功在当代、利在千秋。

（二）横店影视城的传承与创新保护了我国的优秀民间技艺文化

横店影视城发源于东阳市，众所周知，东阳木雕是我国传统的民间雕刻艺术，因其产地位于东阳市而得名，著名的“浙江三雕”就是由其与“黄杨木雕”和“青田石雕”共同组成的。东阳木雕的起源需要追溯到唐朝，并于明清达到鼎盛时期，在发展到宋代之后就具有很高的工艺水平了。东阳市的木雕历史已有千年之久，所以被称为我国的木雕之乡，目前全国多处都有精美的东阳木雕留世。

东阳木雕主要是平面浮雕，因为其多层次的浮雕和散点透视的构图法使其具有自己鲜明的特色。精妙之处在于既能完成雕刻又能保留木头原本的色泽和纹理，浑然天成、色泽清透、高雅怡人，是最优秀的民间技艺之一，被誉为“国之瑰宝”，并于2006年经国务院批准列入第一批国家级非物质文化遗产名录。

近年来，由于横店影视城的发展在一定程度上带动了东阳市的经济发展，让更多的人了解到东阳木雕。许多人看到了木雕的市场价值和发展前景，从而吸引了更多的人前来学习木雕艺术，这样就使木雕艺术不断地发展起来。在发展横店影视城的同时，通过拜师学艺的形式，带动了木雕艺术的发展，形成了大量的民间手工艺人，培养了大批人才。虽然在这些手工艺人中，有的学历不高，但是仍然能够成为能工巧匠，成为优秀民间技艺文化的重要载体。通过横店影视城的发展将传统的民间技艺保留下来，使得许多民间技艺得以流传，从而保护了我国的民间技艺文化。

（三）横店影视城推动了我国非物质文化传人保护工程的发展

由于时代的发展和现代化的不断推荐，现如今许多年轻人不再愿意学习一些民间艺术，导致许多技艺失传。而横店影视城的发展，带动了民间技艺的发展。因为有了横店影视城的不断崛起，吸引了大批的剧组前来拍摄以及每年大量的游客前来参观。由于游客以及剧组的拍摄需要，尤其是在拍摄古装剧时离不开历史文化技艺的配合，由此就促进了民间技艺的发展，培养了大批的民间艺人，为我国非物质文化传人保护工程注入了新鲜血液。横店影视城在传承技艺的同时也让大批人才愿意将传承非物质文化作为自己的工作，直接推动了对我国非物质文化遗产传人的保护工程的发展。

（四）横店影视城开拓了我国文化保护产业发展的新路径

一方面，横店影视城对许多文化资源采取模仿以及复制的方式进行文化重现，利用旅游与影视产业平台，推动文化产业发展；充分利用高科技手段，打造高端影视产业发展平台，形成完备的文化产业链。与此同时，横店集团特别重视专业人才的培养，包括民间艺人。一直以来都重视培养人才和引进专业技术人员，并在完善经营管理的道路上不断探索。横店影视城于2001年以来就专注人才的引进，据统计，横店影视城截至2013年，城内80多名中层管理人员中，有一半以上是引进的。横店影视城的成功证实了发展文化产业离不开人才的培养，人才是文化保护产业发展的核心竞争力。

另一方面，横店影视城尤其重视影视城文化内涵的建设，影视城的建设不仅看重硬件设施，还站在游客的角度，重视文化元素的融入，以满足人们的精神需求。在内涵的打造方面，以文化资源为核心，将文化元素融入旅游业中，形成了独树一帜的文化品牌。横店影视城从历史中挖掘文化元素，寻求灵感，利用文化资源来强化自己旅游产业的影响力，将横店影视城打造成为“中国旅游演艺之都”，吸引了大量的游客。除此之外，影视基地还开发了与横店的自然景观配套的建筑，形成新的文化与生态旅游景观。这种文化保护产业的全新模式，开拓了我国文化保护产业的新路径，值得我国其他地区学习和借鉴。

参考文献

[1] 安耀武. 黄岗柳编巧 手织美景 [N]. 安徽日报, 2011 - 08 - 19.

[2] 本刊编辑部. 认清"痛点"补"短板", 加速新农村发展 [J]. 甘肃农业, 2017 (14): 13 - 18.

[3] 博思数据研究中心编制. 2010 - 2015 年中国健康养生行业市场分析与投资前景研究报告 [R]. 博思数据研究中心官网, 2010 - 10 - 14.

[4] 糙妞. 我的美国东南部自由行——纽约 (二) 曼哈顿下城、布鲁克林大桥 [EB/OL]. 搜狐焦点.

[5] 曹阳, 徐维群. 闽西客家文化符号文化创意转化机制思考 [J]. 龙岩学院学报, 2016, 34 (6): 31 - 34.

[6] 漕河驴肉官方微博. 漕河驴肉为何 20 年屹立不倒 [EB/OL]. 新浪博客.

[7] 陈汉欣. 深圳文化创意产业的发展特点与集聚区浅析 [J]. 经济地理, 2009, 29 (5): 757 - 764.

[8] 陈汉欣. 中国文化创意产业的发展现状与前瞻 [J]. 经济地理, 2008 (5): 728 - 733.

[9] 陈少峰. 文化产业商业模式 [M]. 北京: 北京大学出版社, 2011.

[10] 陈云萍. 文化与科技融合视角下文化旅游产业发展研究——以科技城绵阳为例 [J]. 产业经济, 2015 (25).

[11] 程恩富. 文化生产力与文化资源的开发 [J]. 生产力研究, 1994 (5).

[12] 迟明霞. 健康养生效应惊人 [N]. 商情, 2011 - 04 - 15.

[13] 迟雪. 文化产业化的困境及其出路 [D]. 秦皇岛: 燕山大学, 2011.

[14] 崔景秋. 浅谈舞蹈审美应具备的基本知识 [J]. 小说评论, 2011

(S1): 305-307.

[15] 单铭磊. 地理集聚与文化认同：区域文化资源产业化与可持续发展研究 [J]. 山东社会科学, 2016 (12).

[16] 邓清南. 许虹. 四川民俗旅游的开发问题与发展对策 [J]. 安徽农业科学, 2011 (8): 48-51.

[17] 丁梦云. 非物质文化遗产产业化开发研究——“芜湖铁画”个案分析 [D]. 芜湖：安徽师范大学, 2014.

[18] 董丹丹. 中原经济学旅游线路的优化建议 [J]. 科技信息, 2013 (35): 186-186.

[19] 董郁倩. 文化传播视角下的孔子学院发展研究 [D]. 石家庄：河北师范大学, 2012.

[20] 杜淼, 刘岩芳, 过仕明. 我国文化资源整合研究现状及其展望 [J]. 情报科学, 2013 (11): 141-146.

[21] 段伟. 开封文化产业发展与创新 [J]. 传承, 2012 (18): 58-59.

[22] 段晓兵. 北京市文化创意产业融资模式探析 [D]. 北京：中央民族大学, 2010.

[23] 段星云. 基于ASEB栅格的西安市文化遗产旅游分析研 [J]. 旅游纵览月刊：自然科学版, 2013 (4).

[24] 段星云. 腾冲火山热海旅游公司经营发展状况和建议 [J]. 云南民族大学学报：自然科学版, 2013, 22 (S01): 101-103.

[25] 樊姝, 牛继舜. 纽约SOHO艺术集聚区的发展脉络及对北京798艺术区的启示 [J]. 山东纺织经济, 2014 (1): 106-108.

[26] 范周. 北京市保护利用老旧厂房拓展文创空间案例评析 [M]. 北京：知识产权出版社, 2018.

[27] 方慧, 尚雅楠. 基于动态钻石模型的中国文化贸易竞争力研究 [J]. 世界经济研究, 2012 (1): 44-50, 88.

[28] 房勇, 周圆. 论我国文化资源的产业化开发 [J]. 山东社会科学, 2016 (11): 175-180.

[29] 冯立鳌. 广州城市文化建设的思考 [J]. 广州大学学报 (社会

科学版), 2000 (6): 18-22.

[30] 傅才武. 文化创意、产业融合和城市发展 [M]. 北京: 中国社会科学出版社, 2015.

[31] 高宏存. 改革创新文化管理体制 [N]. 光明日报, 2015-06-18.

[32] 高静. 清明上河图: 玩转宋文化 [J]. 光彩, 2010 (4): 16-19.

[33] 高磊. 区域文化资源产业化开发存在的问题及对策分析 [J]. 中国文化产业评论, 2013 (1): 367-374.

[34] 高阳. 我国文化产业发展现状及其对策研究——以重庆文化产业为例 [D]. 重庆: 重庆大学, 2008.

[35] 耿选珍. 挖掘少数民族特色饮食文化资源服务新农村建设 [J]. 城市旅游规划, 2013 (12).

[36] 谷万里. 文化创意对贺州工艺品的发展探析 [J]. 艺术与美学, 2014 (10).

[37] 顾江, 吴建军, 胡慧源. 中国文化产业发展的区域特征与成因研究——基于第五次和第六次人口普查数据 [J]. 经济地理, 2013, 33 (7): 89-95, 114.

[38] 顾江. 文化遗产经济学 [M]. 南京: 南京大学出版社, 2009.

[39] 顾晓莹. 秦腔与陕西城市广场文化建设 [J]. 青春岁月, 2013 (11): 94-94.

[40] 管宁. 区域文化: 资源保护与产业开发 [M]. 镇江: 江苏大学出版社, 2012.

[41] 郭兰. 盘点我国8大养生旅游景点 [J]. 维普期刊, 2013 (8): 38-39.

[42] 郭磊. 体认场所感——纽约 SOHO 写真 [J]. 城市规划通讯, 2004 (7): 19-20.

[43] 郭峦, 蒋亚珍, 杨志红. 民族文化资源与旅游业的融合形式 [J]. 边疆经济与文化, 2013 (2).

[44] 海葳号. 文化创意魅力凸显 [EB/OL]. 新浪博客.

[45] 韩雨. 孜邱瑛. 北京南锣鼓巷旅游开发研究 [J]. 合作经济与科技. 2011 (12): 28-29.

[46] 何礼鑫. 金融危机背景下我国文化产业化的分析——由我国近期通过的《文化产业振兴规划》所想到的 [J]. 财经界, 2009 (12): 104-105.

[47] 何频. 论区域经济发展中的文化生产力 [D]. 成都: 四川大学, 2007.

[48] 何玥琪. 文化旅游背景下的韩城古城保护规划策略研究 [D]. 西安: 西安建筑科技大学, 2015.

[49] 河南大学课题组. 清明上河园的成功之路 [N]. 河南日报, 2006-03-17.

[50] 洪蔚脍, 张佑林. 西部地区文化资源产业化开发机理研究——以西安市为例 [J]. 改革与战略, 2012, 28 (1): 150-153.

[51] 洪蔚脍. 西部地区文化资源产业化研究 [D]. 杭州: 浙江财经大学, 2011.

[52] 胡洪斌, 杨传张. 文化产业与现代科技融合的政策体系构建 [J]. 学术探索, 2013 (12).

[53] 胡惠林. 文化产业发展的中国道路 [M]. 北京: 社会科学文献出版社, 2018.

[54] 胡巨成, 王胜昔, 曾昭阳. 清明上河园的"内涵" [N]. 河南日报, 2008-03-25.

[55] 胡珊. 日本文化创意产业的发展经验与启示 [J]. 时代经贸旬刊, 2008, 6 (S6): 98-99.

[56] 胡卫萍, 胡淑珠. 我国文化资源资本化现状及投融资路径 [J]. 企业经济, 2016 (7): 110-114.

[57] 胡小海. 区域文化资源与旅游经济耦合研究 [D]. 南京: 南京师范大学, 2012.

[58] 胡小霞. 音乐舞蹈培训中舞蹈的种类 [J]. 科技信息, 2012 (13): 264-264.

[59] 胡兆量. 中国文化地理概述 [M]. 北京: 北京大学出版社, 2009.

[60] 扈红英, 高国忠. 科技与文化融合提升文化产业竞争力——以河

北省文化旅游为例 [J]. 河北经贸大学学报 (综合版), 2015 (12).

[61] 花建. "一带一路" 战略下增强我国对外文化贸易新优势的思考 [J]. 中共浙江省委党校学报, 2015, 31 (4): 14-21.

[62] 花建. 乘势而上的战略举措——发展中国文化服务产业的战略思考 [J]. 文化艺术研究, 2008, 1 (1).

[63] 黄才贵. 民族村镇保护与贵州旅游业的发展——黔东南观光人类学研究 [J]. 贵州民族研究, 2002, 22 (1): 54-60.

[64] 黄凤娇. 传统文化产业化发展的政府作用研究 [D]. 兰州: 兰州大学, 2014.

[65] 黄宏彬, 孙洪斌. 资源潜能与区域经济发展的关系探讨 [J]. 特区经济, 2011 (11): 286-288.

[66] 黄琳, 张京成. 中国创意城市指数评价体系研究 [M]. 北京: 中国城市出版社, 2015.

[67] 黄荣钧. 孔子学院提升我国文化软实力作用研究 [D]. 成都: 西南财经大学, 2014.

[68] 黄晓. 产业化视角下的贵州民族民间文化资源保护 [J]. 贵州社会科学, 2006 (3).

[69] 黄晓东. 开发历史人文资源　增强珠海城市特色 [J]. 广东社会科学, 2009 (2): 124-129.

[70] 黄秀琳. 宗教文化旅游产品体系的构建与开发——以莆田妈祖文化为例 [J]. 莆田学院学报, 2006 (13).

[71] 黄永林, 胡惠林. 中国文化国情报告 [M]. 武汉: 湖北教育大学出版社, 2018.

[72] 黄永林. 论民间文化资源与发展文化产业的主要关系 [J]. 华中师范大学学报 (人文社会科学版), 2008 (3).

[73] 黄宇. 海南国家级非物质文化遗产体验型旅游开发模式探讨 [J]. 特区经济, 2015 (1).

[74] 坚诚贵金属. 上海黄金交易所 [EB/OL]. 新浪博客.

[75] 江楠. 文旅产业为亚太经济注入新活力 [N]. 中国经营报, 2016-03-28.

[76] 江天若. 博物馆文创产品开发研究 [D]. 西安：陕西科技大学，2016.

[77] 姜辽，苏勤. 旅游对古镇地方性的影响研究——基于周庄的多案例考察 [J]. 地理科学，2016 (5).

[78] 姜韧. 建设文化徐汇——发展创意产业 [R]. 国家经济贸易委员会，2019-2-22.

[79] 姜文军. 历史文化资源保护开发利用的新媒体策略 [D]. 荆州：长江大学，2015.

[80] 姜小玲. 上海文化创意产业十年腾飞 [N]. 解放日报，2011-04-01.

[81] 蒋礼荣. 北海市旅游文化资源开发研究 [J]. 广西社会科学，2005 (1)：85-87.

[82] 蒋依依，刘祥艳，宋慧林. 出境旅游需求的影响因素——兼论发展中竞技体育发达经济体的异同 [J]. 旅游学刊，2017 (1).

[83] 金承志. SMS 评价原则在文化资源开发保护中的运用 [J]. 安徽工业大学学报（社会科学版），2008，25 (6)：19-19.

[84] 晋荣东. 全国第七届辩证逻辑学术研讨会综述 [J]. 华东师范大学学报（哲学社会科学版），1999 (1)：95-96.

[85] 孔子文化节是什么节？孔子文化节介绍 [EB/OL]. 应届毕业生网，2017-09-25.

[86] 赖伟臣. 旅游业中的历史文化名人效应 [J]. 重庆三峡学院学报，2004，20 (6)：68-71.

[87] 兰苑，陈艳珍. 文化产业与旅游产业融合的机制与路径——以山西省文化旅游业发展为例 [J]. 经济问题，2014 (9).

[88] 乐天. “宽体热”背后的逻辑 [J]. 大飞机，2016 (5)：78-79.

[89] 乐祥海. 我国文化产业投资模式研究 [D]. 长沙：中南大学，2013.

[90] 雷鸣，陈洁. 我国旅游景区品牌打造的范式研究 [J]. 旅游经济，2012 (2).

[91] 冷雪. 深圳：32 年文化勃兴之旅 [N]. 山西日报，2013-01-21.

[92] 李淳. 从 SOHO、LOFT、MO，到 MORE [EB/OL]. 新浪博客.

[93] 李淳. 上海商务办公日趋国际化 [N]. 房地产时报，2005 - 11 - 21.

[94] 李凤亮. 文化科技蓝皮书：文化科技发展报告 (2018) [M]. 北京：社会科学文献出版社，2018.

[95] 李海霞. 日本文化产业的主要特点探析 [J]. 天府新论，2010 (6)：114 - 119.

[96] 李怀亮. 国际文化市场报告 [M]. 北京：首都经贸大学出版社，2017.

[97] 李季. 世界文化产业经典案例 [M]. 北京：中国建筑工业出版社，2015.

[98] 李嘉珊. 中国对外文化贸易概论 [N]. 北京：高等教育出版社，2013.

[99] 李康化. 在销售的文化 [M]. 上海：上海交通大学出版社，2015.

[100] 李魁. 基于创新视角的创意产业与创意经济发展研究 [J]. 兰州学刊，2007 (11)：45 - 47.

[101] 李良册，聂晓民. 从名画复原到文化创新 [N]. 中国旅游报，2016 - 05 - 18.

[102] 李闵榕. 论科技创新、文化创意交融发展 [J]. 新重庆，2016 (9)：35 - 36.

[103] 李锐. 少林武学内涵及其当代价值研究 [D]. 武汉：武汉体育学院，2009.

[104] 李姗. 新媒体语境下博物馆文化创意产业研究——以故宫博物院为例 [J]. 艺术科技，2016 (2)：132.

[105] 李威. 对新型旅游产业发展剔除几点想法 [EB/OL]. 搜狐新闻.

[106] 李向民. 文化产业管理概论 [M]. 北京：清华大学出版社，2015.

[107] 李小牧. 国际文化贸易 [M]. 北京：社会科学文献出版社，2014.

[108] 李秀霞. 如何实现地域文化资源向文化产业的转化 [J]. 新乡学院学报 (社会科学版), 2013 (4).

[109] 李雪, 董锁成, 李善同. 旅游地域系统演化研究综论 [J]. 旅游学刊, 2012 (9).

[110] 李雪茹, 白少君, 瞿小璐. “政产学研用” 协同创新模式解析——以西安曲江文化创意产业为例 [J]. 科技进步与对策, 2012, 29 (22): 71-75.

[111] 李杨. 关于完善我国电影审查制度的思考 [D]. 天津: 天津师范大学, 2014.

[112] 李亦奕. 博物馆文创: 寻求传统文化的当代代表 [N]. 中国文化报, 2016-09-11.

[113] 李正元. 文化事业与文化产业的区别与联系——兼论期刊事业与期刊产业 [J]. 出版科学, 2012 (6): 12-16.

[114] 连远斌. 民俗体育文化与和谐社会协调发展研究 [J]. 体育科技文献通报, 2013, 21 (12): 135-137.

[115] 梁昊光, 兰晓. 文化资源数字化 [M]. 北京: 人民出版社, 2014.

[116] 林秋燕. 发展福建外贸产业——在创意经济中掘金 [J]. 科技信息, 2011 (8): 375-376.

[117] 刘凤梅. 开封市文化旅游资源开发研究 [D]. 开封: 河南大学, 2011.

[118] 刘甘. 科技型中小企业柔性战略研究综述 [J]. 江苏商论, 2016 (4): 132-134.

[119] 刘吉发, 陈怀平. 文化产业导论 [M]. 北京: 首都经济贸易大学出版社, 2010.

[120] 刘天. 上海时尚产业发展模式研究 [M]. 上海: 东华大学, 2012.

[121] 刘新田. 西部少数民族文化资源分析与产业化开发对策研究 [J]. 中央民族大学学报 (哲学社会科学版), 2012 (7).

[122] 刘月兰，傅悦. 庆阳红色文化资源特点探析［J］. 陇东学院学报，2016（2）：7－10.

[123] 驴妈妈旅游. 上海欢乐谷——七大分区绚丽缤纷［EB/OL］. 新浪博客.

[124] 吕庆华. 略论文化历史资源的产业开发［J］. 山东商业职业技术学院学报，2007，7（3）：5－11.

[125] 吕庆华. 文化资源的产业开发［M］. 北京：经济日报出版社，2006.

[126] 吕庆华. 文化资源的产业开发的文化资本理论基础［J］. 生产力研究，2006（9）.

[127] 罗明义. 论文化与旅游产业的互动发展［J］. 经济问题探索，2009（9）.

[128] 马奔腾. 文化遗产的保护与利用［M］. 北京：中国社会科学出版社，2014.

[129] 马东跃. 地域文化与旅游纪念品开发探析［J］. 企业活力，2012（9）.

[130] 马华泉，王淑娟. 民俗文化旅游与经济可持续发展［J］. 佳木斯大学社会科学学报，2001，19（5）：21－22.

[131] 马荣，贾雪阳. 洛阳古都文化虚拟旅游开发研究［J］. 河南城建学院学报，2015（4）.

[132] 毛牧然，陈凡，董雪林. 论我国文化科技创新产业政策的现状、不足及对策［J］. 科学管理研究，2014（3）.

[133] 毛小北. 旅游业：高增长“新貌”难掩行业“旧疾”［N］. 中国产经新闻，2016－01－05.

[134] 孟东方. 美国文化产业的发展经验及启示［J］. 企业文明，2012（3）：95－97.

[135] 米世哲. 传统文化资源的开发及产业化分析［J］. 商，2015（7）：246.

[136] 闵光辉. 关于我国文化产业化发展研究［D］. 成都：西南交通大学，2002.

[137] 那仁英·那肯. 中国少数民族经济发展方式与民族文化关系研究 [D]. 北京：中央民族大学，2015.

[138] 潘盛俊. 文化资源视角下乡村旅游业可持续发展研究 [J]. 社会民生，2012 (17).

[139] 盘龙. 传统民间艺术如何适应现代经济的发展——以汝南麦草画为例 [J]. 经济研究导刊，2015 (2)：271-272.

[140] 彭莉娜. 从美国向世界输出文化产业中得到的启示 [J]. 商，2015 (33)：249-249.

[141] 齐勇锋. 中国文化的根基特色文化产业研究 [M]. 北京：光明日报出版社，2014.

[142] 祁丽，谢春山. 特色旅游基础理论研究 [J]. 吉林师范大学学报（自然科学版），2008 (1).

[143] 钱丹青. 基于文化资源开发的区域文化产业发展路径研究 [D]. 杭州：浙江财经学院，2013.

[144] 钱丹青. 民俗文化资源开发与文化创意产业发展研究 [J]. 经济视角，2012 (14)：18-19.

[145] 秦萍. 民族舞蹈的"原生态"文化展现探究——以《云南映像》为例 [J]. 电影评介，2008 (19)：86-87.

[146] 人民日报海外版. 红色之旅：上海 [2][EB/OL]. 人民网，2012-10-25.

[147] 任冠文. 文化旅游相关概念辨析 [J]. 旅游论坛，2009 (4).

[148] 任晓冬，刘燕丽，王娴，等. 贵州丹寨苗族蜡染文化产业化发展现状及特点 [J]. 原生态民族文化学刊，2014 (1)：122-127.

[149] 如何精准扶持文化产业发展 [N]. 中国财经报，2016-10-19.

[150] 沙元伟. 南京在旅游活动中应充分发挥历史文化遗产的优势 [J]. 南京社会科学，1992 (5)：116-117.

[151] 申维辰. 评价文化：文化资源评估与文化产业评价研究 [M]. 太原：山西教育出版社，2004.

[152] 沈宏. 徽文化视野下的黄山市乡村旅游产业升级研究 [D]. 成都：成都理工大学，2010.

[153] 省政府驻沪办调研组. 上海发展文化产业的做法与启示 [J]. 政策瞭望, 2011 (6) : 46 – 48.

[154] 盛希希. 论深圳 OCT – LOFT 华侨城创意文化园的构建 [J]. 青岛理工大学学报, 2014, 35 (4): 72 – 75.

[155] 石中坚, 付春光. 民俗的变迁与地域经济发展的关系——广东潮州意溪与枫溪两镇游神活动的比较研究 [J]. 逻辑学研究, 2004, 24 (6): 4 – 7.

[156] 史红亮, 陈凯. 区域文化经济研究 [M]. 北京: 经济科学出版社, 2015.

[157] 宋朝丽. 豫商文化资源产业化开发的问题解析 [J]. 河南师范大学学报 (哲学社会科学版), 2015 (3).

[158] 宋健. 完善知识产权制度 促进科学技术进步 [J]. 管理现代化, 1992 (5): 1 – 4.

[159] 宋茜. 文化创意产业视角下的非物质文化遗产开发策略研究 [D]. 杭州: 浙江传媒学院, 2017.

[160] 宋振春, 纪晓君, 吕璐颖, 李允强. 文化旅游创新体系的结构与性质研究 [J]. 旅游学刊, 2012 (2).

[161] 苏卉. 文化资源产业化开发潜力的定量评价 [J]. 资源开发与市场, 2011, 27 (9): 797 – 800.

[162] 孙美璆, 杨政洪. 贵州榕江县苗王庙建设规划问题的思考 [J]. 经营管理者, 2014 (32): 135 – 136.

[163] 孙天胜. 浅议我国宗教旅游发展的现状与问题 [J]. 青岛酒店管理职业技术学院学报 [J]. 2011 (1) : 1 – 4.

[164] 孙晓强, 张文婷. 天津第一热电厂产业建筑遗存改造再利用初探 [C]. 转型与重构——中国城市规划年会论文集, 2011: 1 – 4.

[165] 塔宇峰. 时尚文化对现代旗袍审美特征的影响 [D]. 呼和浩特: 内蒙古大学, 2014.

[166] 唐月民. 论文化资源的开发和利用 [J]. 齐鲁艺苑, 2005 (4): 84 – 86.

[167] 滕堂伟, 翁玲玲, 韦素琼. 中国文化产业发展的区域差异 [J].

经济地理, 2014, 34 (7): 97-102.

[168] 天娜. 黄山市旅游资源开发与可持续发展研究 [D]. 芜湖: 安徽师范大学, 2014.

[169] 田坤明. 转型期文化资本对经济发展的作用 [D]. 成都: 西南财经大学, 2014.

[170] 王冰清. 英国文化创意产业发展的成功经验 [N]. 中国民族报, 2014-10-31.

[171] 王冲. 论新农村建设中的农村文化资源开发 [J]. 经济研究导刊, 2010 (34): 56-57.

[172] 王丹. 我国文化产业政策及其体系构建研究 [D]. 长春: 东北师范大学, 2013.

[173] 王迪, 朱学全, 马云平. 我国文化创意产业投融资问题的探讨 [J]. 中国集体经济, 2015 (15): 106-107.

[174] 王晖, 周勇. 基于文化需求导向的我国知识密集型服务业发展研究 [J]. 人文杂志, 2012 (5).

[175] 王君. 中国历史题材动漫剧的文化传承与艺术创新——以《秦时明月》为例 [J]. 影视传媒, 2015 (2).

[176] 王克岭, 毕锋. 产业链视角下的西部民族地区文化旅游业可持续发展思考 [J]. 思想战线, 2010 (5).

[177] 王猛, 王有鑫. 城市文化产业集聚的影响因素研究——来自35个大中城市的证据 [J]. 江西财经大学学报, 2015 (1): 12-20.

[178] 王苗, 王芝玉. 浅谈我国佛教旅游开发现状及发展前景 [J]. 经营管理者, 2016 (2).

[179] 王爽, 张曙霄. 中国文化贸易与经济增长关系的实证研究 [J]. 经济经纬, 2014, 31 (4): 56-61.

[180] 王文章. 非物质文化遗产概论 [M]. 北京: 文化艺术出版社, 2013.

[181] 王文忠. 阜南县柳编产业的历史沿革及工艺发展 [J]. 新闻世界, 2011 (7): 312-313.

[182] 王晓芳. 文化贸易理论文献综述 [J]. 北京联合大学学报 (人

文社会科学版), 2012, 10 (4): 92-98.

[183] 王欣. 从LOFT文化看城市褐色地带的开发与利用 [D]. 西安: 西安建筑科技大学, 2008.

[184] 王雅琴. 影视艺术中的中国传统文化元素——以武侠影视作品为例 [J]. 许昌学院学报, 2014 (1).

[185] 王印. 论企业文化建设与企业品牌打造 [J]. 才智, 2012 (6).

[186] 王颖. 山东海洋文化产业研究 [D]. 济南: 山东大学, 2010.

[187] 王玉霞. 当代中国人的精神需求研究 [D]. 北京: 北京交通大学, 2008.

[188] 王志标. 传统文化资源产业化的路径分析 [J]. 河南大学学报 (社会科学版), 2012 (3).

[189] 王志刚. 推进文化科技创新 加强文化与科技融合 [J]. 文化视野, 2012 (2).

[190] 王治涛. 试论洛阳历史文化资源的特点与开发 [J]. 洛阳工业高等专科学校学报, 2005 (3): 82-84.

[191] 魏鹏举. 文化产业与经济增长——文化创意的内生家长研究 [M]. 北京: 经济科学出版社, 2016.

[192] 文艺橙, 赵秋丽. 养生产业显示广阔发展前景 [N]. 光明日报, 2010-09-13.

[193] 翁钢民, 李凌雁. 中国旅游与文化产业融合发展的耦合协调度及空间相关分析 [J]. 经济地理, 2016, 36 (1): 178-185.

[194] 吴承忠, 牟阳. 从WTO与"文化例外"看国际文化贸易规则 [J]. 国际贸易问题, 2013 (3): 132-142.

[195] 吴德金. 美国文化产业发展研究 [D]. 长春: 吉林大学, 2015.

[196] 吴圣刚. 文化资源及其特征 [J]. 云南师范大学学报, 2002 (4).

[197] 吴书锋. 文化旅游资源开发利用的隐忧及对策 [J]. 江西财经大学学报, 2012 (6).

[198] 吴馨萍. 无形文化遗产概念初探 [J]. 中国博物馆, 2004 (1): 66-70.

[199] 吴彦蓉, 曾锐. 西安曲江主题公园建设及其旅游产业分析 [J].

全国商情：经济理论研究，2009（21）.

[200] 吴胤萱. 儒学复兴的可行性论证 [J]. 智富时代，2014（12）：189－189.

[201] 吴云，张旸. 美国文化产业发展之道，记者深入实地探寻奥秘 [N]. 人民日报，2012－07－26.

[202] 吴钊. 也谈文化资源产业化开发 [J]. 焦作大学学报，2016（6）.

[203] 吴祚来.《大长今》：韩国文化的一次成功登陆 [J]. 商业文化月刊，2005（11）：61－63.

[204] 向勇，陈娴颖. 文化产业园区理想模型与“曲江模式”分析 [J]. 东岳论丛，2010（12）.

[205] 辛平. 舞蹈认识之我见 [J]. 群文天地，2011（6）：96－99.

[206] 邢莉. 观音信仰在四川遂宁地区的传播——兼谈观音信仰在四川遂宁地区的本土化及女性化特色 [J]. 民俗研究，2010（2）：172－188.

[207] 徐浩程. 少林寺：河南文化产业化的标本解读 [J]. 决策，2006（12）：21－22.

[208] 徐洁. 国产动画电影市场发展现状与对策研究 [D]. 上海：上海大学，2015.

[209] 徐婕萍. 旅游产业与文化产业融合发展机制研究 [D]. 武汉：华中师范大学，2013.

[210] 薛东前，张志杰，郭晶，马蓓蓓. 西安市文化产业集聚特征及机制分析 [J]. 经济地理，2015，35（5）：92－97.

[211] 薛琴. 李林蓉. 浅谈四川民族旅游资源开发现状与发展对策 [J]. 四川文化产业职业学院学报，2014（1）：13－16.

[212] 严荔. 发达国家文化资源产业化开发的做法及借鉴 [J]. 经济纵横，2012（6）：48－51.

[213] 严荔. 论文化资源产业化开发 [J]. 现代管理科学，2010（5）：85－87.

[214] 严荔. 文化资源产业化开发的区域实现机制研究 [J]. 四川大

学学报（哲学社会科学版），2013（2）：132－136.

［215］严荔．我国区域文化资源产业化开发策略——以四川省为例［J］．社会科学家，2010（5）：105－108.

［216］杨凤，陈思．论文化科技创新［J］．东北大学学报，2013（6）.

［217］杨宏海．深圳文化产业的调查与思考［J］．社会学研究，1993（4）：8－11.

［218］杨华．基于产业化开发视角的文化资源评价研究［J］．国土与自然资源研究，2015（4）：53－56.

［219］杨姗姗，陈炜．西部地区宗教文化资源的特点及其旅游开发研究——以云南佛教为例［J］．青海民族研究，2013（1）：66－70.

［220］杨雅强．饮食对旅游需求变化的影响［R］．北京交通大学学位论文，2011－12－07.

［221］杨溢，鞠巍．我国城市历史文化资源开发现状研究［J］．开封教育学院学报，2016（2）：215－216.

［222］姚伟钧，任晓飞．论我国文化资源产业化发展方略［J］．湖北大学学报（哲学社会科学版），2010（7）：87－92.

［223］姚伟钧．从文化资源到文化产业［M］．武汉：华中师范大学出版社，2012.

［224］叶德辉．旅游产品设计中的地域文化特色研究［J］．包装工程，2011（8）.

［225］余敏．产品生命周期视角下的主题公园剖析——以广州长隆欢乐世界为例［J］．特区经济，2010（5）.

［226］俞万源，邱国峰，曾志军，肖明曦．基于文化生态的客家文化旅游开发研究［J］．经济地理，2012（7）.

［227］詹石窗．传统宗教与民间信仰在海峡两岸交流中的作用［J］．世界宗教研究，2001（4）：99－105.

［228］张彩凤．论我国文化资源的产业化开发［J］．中共济南市委党校学报，2005（3）：77－80.

［229］张国钧．文化产业的兴起与前景［J］．马克思主义与现实，1996（4）：98－103.

[230] 张杰，吕舟. 世界文化遗产保护与城镇经济发展 [M]. 上海：同济大学出版社，2013.

[231] 张李男. 产业化视角下的徽文化资源开发探索 [J]. 产业与科技论坛，2016，15 (18)：16－17.

[232] 张明灿. 从烂泥塘崛起的中国知名宋文化主题公园 [N]. 中国旅游报，2010－10－13.

[233] 张明灿. 以旅游营销文化塑造中国古代"迪斯尼"乐园 [N]. 中国旅游报，2010－10－15.

[234] 张明灿. 重现宋文化盛世辉煌 [N]. 中国旅游报，2012－02－06.

[235] 张墨宁."围观"孔子 [J]. 文化月刊，2010 (10)：14－17.

[236] 张蔷. 中国城市文化创意产业现状、布局及发展对策 [J]. 地理科学进展，2013，32 (8)：1227－1236.

[237] 张胜冰. 产业化视角下的文化资源开发：问题及其解决方案 [J]. 中国海洋大学学报 (社会科学版)，2008 (5).

[238] 张胜冰. 我国东西部地区文化产业之特点与发展模式 [J]. 民族艺术研究，2006 (1)：43－49.

[239] 张腾飞. 我国西部地区文化资源开发问题研究 [D]. 大连：大连海事大学，2006.

[240] 张武升，肖庆顺. 论文化与创造力培养 [J]. 教育研究，2015，36 (5)：13－19.

[241] 张晓明."原生态"民间舞蹈的文化传承——以《云南映像》为例 [J]. 大众文艺，2013 (19)：59.

[242] 张雪瑞. 对我国文化产业化及其重大关系问题与发展之路的探索 [D]. 呼和浩特：内蒙古大学，2005.

[243] 张亚丽. 我国文化产业发展及其路径选择研究 [D]. 长春：吉林大学，2014.

[244] 张英进. 好莱坞成功背后的秘密 [N]. 人民日报，2005－09－12.

[245] 张勇. 搭建产业平台 诚邀中外客商 [N]. 开封日报，2010－08－30.

[246] 张佑林. 文化：可持续发展的基础 [M]. 北京：经济科学出版

社，2014.

［247］张煜. 反思纽约 SOHO 艺术园区［J］. 大众文艺：学术版，2013（9）：104－105.

［248］张瞻. 论地域文化与区域经济发展的关系［J］. 发展论坛，1998（7）：36－38.

［249］张振鹏，王玲. 我国文化创意产业的定义及发展问题探讨［J］. 科技管理研究，2009（6）.

［250］张中宝，傅林林，先锋. 众多企业瞄准海南养生商机［N］. 海南日报，2010－12－13.

［251］张紫霄. 历史文化资源产业化开发的现状审视与对策思考［J］. 广西社会科学，2016（10）：188－192.

［252］赵爱玲. 水晶石数字科技有限公司网络科技部副总经理网上世博项目负责人之一黄建良：把展览带入数字化时代［J］. 中国对外贸易，2010（12）.

［253］赵光霞，宋心蕊. 国际大奖中的文化密码［N］. 人民日报，2013－01－18.

［254］赵红梅. 论旅游文化——文化人类学视野［J］. 旅游学刊，2014，29（1）：16－26.

［255］赵向阳，李海，孙川. 中国区域文化地图："大一统"抑或"多元化"？［J］. 管理世界，2015（2）：101－119，187－188.

［256］赵永进. 创意经济视角下的农村文化资源产业化研究［J］. 农业经济，2012（8）.

［257］浙江省政府. 浙江省文化服务业"十二五"发展规划［R］. 浙江省人民政府官网，2011－7－28.

［258］郑俊义. 西部地区依托文化资源优势发展文化产业问题探讨［J］. 兰州商学院学报，2001（6）.

［259］郑泽敏. 香港迪士尼：榜样的得与失［J］. 粤港澳市场与价格，2006（11）：20－23.

［260］智研咨询. 2016－2022 年中国民宿投资前景评估报告［EB/OL］. 百度文库.

[261] 中共上海市委宣传部文化改革发展办公室，上海市文化事业管理处.《2019 年上海文化产业发展报告》发布 [EB/OL]. 中国经济网，2020-04-23.

[262] 中共中央，国务院，文化部. "十三五"时期文化产业发展规划 [R]. 北京：新华社，2017-04-20.

[263] 中国产业研究报告网. 2013-2017 年中国健康养生市场行情动态报告 [EB/OL]. 百度文库.

[264] 中投顾问. 2016-2020 年中国民宿行业深度调研预测报告 [EB/OL]. 中国投资咨询网.

[265] 钟坚. 解放和发展文化生产力 [J]. 特区实践与理论，2011 (6)：42-46.

[266] 众信旅游吧. 2015 年报百大股票池深度研报之八：众信旅游 [EB/OL]. 东方财富网.

[267] 周锦，张苏秋. "互联网+"下的文化创意产业的发展模式分析 [J]. 现代经济探讨，2017 (3)：73-77.

[268] 周萍. 浅析我国文化产业融资问题 [J]. 山西农经. 2016 (1).

[269] 周升起，兰珍先. 中国文化贸易研究进展述评 [J]. 国际贸易问题，2013 (1)：117-130.

[270] 周石. 中国软实力提升的文化路径分析 [D]. 上海：上海社会科学院，2012.

[271] 周玉东. 全球化与我国的社会主义意识形态建设 [J]. 长沙大学学报，2010，24 (6)：43-44.

[272] 朱其凌. 浅析手工艺瑰宝部台柳编的发展传承 [J]. 中国市场，2016 (9)：87-88.

[273] 朱自强，张树武. 文化创意产业概念及形态辨析 [J]. 东北师大学报 (哲学社会科学版)，2012 (1).

[274] 庄蓉. 浅析日本文化创意产业 [J]. 魅力中国，2014 (5)：290-291.

[275] 庄严. 日本文化产业发展创新的实现路径及经济效应分析 [J]. 现代日本经济，2014 (2)：18-29.

[276] 邹博清. 经济社会发展是否会导致我国传统节日日渐式微——基于对端午节与圣诞节的比较研究 [J]. 文化学刊, 2014 (6).

[277] Adorno T. W. The Culture Industry: Selected Essays on Mass Culture [M]. London: Routledge, 1991.

[278] Allen J. Scott. The Culture Economy of Cities: Theory, Culture and Socirty, 2002.

[279] Alston, Richard. Announcement of Digital Content and Applications Review: Remarks by Senator the Hon. Richard Alston Minister for Communications [EB/OL]. IT and the Arts, Friday 31 August, 2001.

[280] Baumol W. J., Bowen W. G. On the Performing Arts, The Anatomy of Their Economic Problems [J]. American Economic Review, 1965, 55 (2): 495 -502.

[281] Bucci A., Sacco P. L., Segre G. Smart Endogenous Growth, Cultural Capital and the Creative Use of Skills [J]. International Journal of Manpower, 2014, 35 (1/2): 33 -55.

[282] Cathy Brick Wood. Culture Policy and Employment in the "Information Society": a Critical Review of Recent Resources on Culture Industries, Culture Policy, Employment and New Media.

[283] Cunninghalrl Lawrences S. Culture and Values: A survey of the Western Humanities [M]. Holt, Rinehart and Winston, 1990.

[284] John Hawkins. The Intermediary between Production and Construction: The Producer of Popular Music, Science. Technology and Human, 1989, Values14: 400 -423.

[285] Richard E. Caves. Creative Industries [M]. Harvard University Press, 2000.

[286] Vogel Harold L. Entertainment Industry Economics [M]. Cambridge University press, 5th edition, 2001.

后　记

本书为国家社会科学基金“文化影响经济发展的作用旅游局与机制研究”（批准号：13BJL053）和“上海市文化创意产教融合引领项目”（项目编号：2021 文教办－高－4－25）的主要研究成果。

中华民族具有五千年的悠久历史，是四大文明古国中历史文化唯一没有中断过的国家，留下了灿若星河的物质文化遗产与非物质文化遗产，具有发展文化产业的雄厚基础，如何利用宝贵的文化资源推进我国的文化产业发展，通过何种途径发挥中华“文化软实力”的作用？已经成为摆在各科研究者面前、需要迫切完成的一项重要历史使命！

习近平总书记提出：怎样对待本国历史？怎样对待本国传统文化？这是任何国家在实现现代化过程中都必须解决好的问题①。对于这个问题，党的十九大报告提供了明确的思路，即要“推动中华优秀传统文化创造性转化、创新性发展。”这为我国充分利用文化资源推动文化产业发展，提升国家文化软实力、扩大华夏文明国际影响力、推动 2035 年建成社会主义文化强国指明了前进的方向。

随着近年来我国文化产业的加速发展，文化产业发展研究成为学界的一个热门话题，各科专家从不同的视角展开了深入探讨，并且取得了许多成果。但是，从总体上看，由于文化产业研究涉及面广、问题复杂，文化产业学作为一个学科体系，其理论框架的建设尚处于探讨之中。作为一个文化经济学研究学者，本人希望从文化资源产业化开发的视角出发，对文化产业形成的基础、发展路径、作用机制等问题展开深入的探讨，力求通过对文化产业核心层次的深入解剖，解决文化产业长期增长与发展的动力

① 中共中央政治局 2019 年 10 月 24 日就区块链技术发展现状和趋势进行第十八次集体学习。

源泉问题，为完善文化产业发展理论提供一种新的研究思路，形成一种基于文化资源产业化开发路径的文化产业发展理论。

本书为国家社科基金项目“文化影响经济发展的作用路径与机制研究”（项目编号：13BJL053）的核心研究成果之一。本书是在课题组负责人主持下，课题组成员艰苦奋斗、通力合作完成的成果。课题组主要成员陈朝霞参与了大部分章节的写作，张晞参与了第二章、第六章、第七章的写作，王学茹、项惠琴、胡歆、宋思琴、廖婷婷分别负责一个案例的写作工作。

在本书的出版过程中，得到了经济科学出版社编辑们的大力支持和辛勤付出，在此表示诚挚的感谢。

是以为记。

张佑林

2021 年 4 月于上海